高中排名：P107.
SSAT成绩、P40
寄宿高中、P88
Merits奖学金 P112
PSAT：P112
SLEP：P124
WISK：P129
TOEFL Junior：P204

美国高中
留学指南

朴泰仙◎主 编 李素荣◎副主编

中国铁道出版社
CHINA RAILWAY PUBLISHING HOUSE

图书在版编目（CIP）数据

美国高中留学指南/朴泰仙主编．—2 版（修订本）．—北京：中国铁道出版社，2015.1
ISBN 978-7-113-19381-2

Ⅰ.①美…　Ⅱ.①朴…　Ⅲ.①高中—留学生教育—概况—美国②高中—介绍—美国　Ⅳ.①G639.712.8

中国版本图书馆 CIP 数据核字（2014）第 237911 号

书　　名： 美国高中留学指南（修订版）
作　　者： 朴泰仙　主编　李素荣　副主编

责任编辑： 张艳霞　　**电话：** 010-51873005　　**电子邮箱：** zyxbooks@126.com
助理编辑： 孙晓明
封面设计： 王　岩
责任校对： 龚长江
责任印制： 赵星辰

出版发行： 中国铁道出版社（100054，北京市西城区右安门西街 8 号）
网　　址： http://www.tdpress.com
印　　刷： 三河市宏盛印务有限公司
版　　次： 2010 年 8 月第 1 版　2015 年 1 月第 2 版　　2015 年 1 月第 1 次印刷
开　　本： 700 mm×1 000 mm　1/16　印张：20.25　字数：290 千
书　　号： ISBN 978-7-113-19381-2
定　　价： 49.90 元

赢在起跑线上

坐在电脑前，敲了好多次，就是无从谈起——

好久没有这么亢奋，好久没有这么激情澎湃。这些或许煽情的文字，出自我的手，流淌自我的心田。

窗外是初秋的北京，家里后院的几棵果树，枝头也挂满了果实，这是一个收获的季节。十二年前，也是这样的季节，我拉着行李箱闯荡北京，怀揣理想来收获人生。

缘起

回想当初，哭着喊着丢下教鞭，逃离神圣讲台，义无反顾跃入商海。不是懵懂乍醒的本能，就是不愿碌碌无为的青春无悔。

几番打拼，我终于拥有了自己的事业，但一直总感觉缺少点什么。

事业低谷时，北行俄罗斯，东进韩国，我领着仅存的八员大将终于杀出一条生路。生意成功了，人还是不快乐。事业巅峰时，定期包机，国际专线，我带着几百号精英骁勇打造出一片新天地。生意发展了，人还是不快乐。

也许是宿命吧，感到快乐是一个偶然。

因为从事国际交流，崔姐就以儿子留学相托。当时，除了护照和签证，我对留学一窍不通，也没有留学中介可以咨询。好在咱不懂就问，不懂就学，愣是弄成了。送崔姐的儿子去英国，自己也顺便考察了当地的教育——原来国外的教育比我们先进多了，这对于当过老师的我来说是很大的触动，也让我很怀念曾经如此熟悉和喜爱的校园。突然醒悟，为什么自己总是觉得缺少点什么，总是无法找到发自内心的快乐，原来是远离了那些自己很喜爱的学生们。

一个冲动和匆忙的决定，就在我从英国飞回来的飞机上就这么定下了。落地北京将办公室租好，回去把正在干得如火如荼的旅游事业交给我的团队打理，单枪匹马开始了追求能使自己真正快乐起来的事业的创业之旅。

起步

拉着行李箱，我落脚东三环，在三元大厦迈出了第一步。当时，加拿大移民正火，而加拿大高中留学却无人涉足。我从埃德蒙顿公立教育局驻华办做起，成为埃德蒙顿公立教育局中国首席代表。第一年就成功地送出了上百个中学生，并得到了加拿大有关当局的肯定和支持。我也有幸作为加拿大总理克雷蒂安访华团队一员走进了中南海。我迈出去的第一脚终于可以落地了。

定位

加拿大高中留学，夹缝中生存，有滋有味，得心应手。美国高中留学，理当亦然。思路决定出路。基于多年的市场经验以及对教育行业的熟悉，也基于一直从事中学生留学的经验，我毅然决然定下了樱知叶未来的发展：美国低龄留学。于是乎，在所有人都奔向美国本科和研究生留学的时候，我把樱知叶的船驶向了美国低龄留学的港湾。于是乎，樱知叶从350平方米的泛利大厦搬到了近千平方米的嘉都大厦，樱知叶留学终成美国高中留学领航者。

腾飞

从第一届开始，美国高中教育展连年举办，本书再版的今年已经是第十六届了。

旅美高中生联盟也从第一届延续到今年夏天的第八届，把旅美高中的学生聚拢一起，搭建互动平台，交流思想，建立友谊，分享经验，共同进步。

从单一的美国高中留学，逐渐延伸到英国、澳大利亚、日本、韩国、欧洲，还有我们最早的加拿大高中，樱知叶已经构建了高中留学的大排档，低龄留学的自选城。只要是高中留学，就有选择；只要是留学高中，就选樱知叶。

2005年之后的美国留学，可以用一日千里来形容。我们适时抓住一切可能与机会，着力开凿了这一领域。

始终高扬美国高中留学大旗，矢志不移地坚持我们的既定路线：低龄留学。终成翘楚，无人可及。尤其是进驻美国使馆签证大厅，为留学签证申请人提供专业服务，真正是千锤百炼，傲居群雄。

积极推进美国高中留学相关业务的发展，为完善产业链做好我们的准备与努力。力挺SSAT落户中国，引进美国高中学分修补，强化美国高中课业预先修习，从头一直贯穿到尾，环环相扣。

高中留美奔的还是美国的大学，尤其是美国的顶尖名校。为此，积极营销美国名牌大学，终于赢得了积极的回报。国内申请者需要SAT2200分才能进入顶尖美国大学，而我们在美国读高中的学生仅需要SAT1700多分就可以进入同样的大学。

专业经验的积累，专业水准的认可，成就了樱知叶的美国留学——尤其是美国高中留学。

收获

樱知叶在2005年送出去的第一批留学美国高中的学生，全部升入了大学，而且96%进的是美国前50的大学名校。

无一例外，这些学生和家长都对樱知叶力荐美国高中表示赞赏与感谢。实际上，我们樱知叶人又何尝不是同一感受呢？

当我们把没有可能在国内升大学的孩子送到美国高中并顺利升入美国大学的时候；

当我们在孩子青春期逆反无法完成正常学业而送到美国高中并顺利升入美国大学的时候；

当我们在孩子无语言环境提升英语水平不利而送到美国高中并顺利升入美国大学的时候；

当我们在孩子就是为升入常青藤等顶尖大学而送到美国高中并最终顺利升入目标大学的时候；

当……当……

“中国，等我回来！”当小小年纪的中学生刚到美国时就对祖国这样的表白，就对祖国这样的忠诚，我真的收获了！

这游子感怀，让我激动；这豪言壮语，让我泪满双眼。祖国啊，这民族复兴的呐喊，这满载青春的抱负，是我努力的终极，是我事业的归宿。庆幸自己选择了能使自己快乐的事业；庆幸自己当初没有留在国外，选择了回国发展；庆幸自己选择了低龄留学，能给学生想象的翅膀，飞越成功。

感恩

我怀着一颗虔诚之心，感恩这个难得的时代！

如果不是这个伟大的时代，我没有机会了解自己，展示自己，证明自己。我不可能自己找寻发展的方向，把握人生的舞台。我也没有可能解决温饱、积累财富、追求卓越、迈向未来，一步一步走向人生的真谛，实践生命的意义。

我怀着一颗谦卑之心，感恩我一路走来得到的关爱！

如果不是好心老师的帮助，我有可能赶不上高考，现在的我保不齐是何番模样。如果不是开明的学校领导绿灯放行，我赶不上首批下海弄潮淘得第一桶金，现在的我何谈立业，怎求成功。如果不是众手相抬，倾情相助，成功时警醒不躁，困难时鼓舞斗志，现在的我难保功败垂成。

我怀着一颗真诚之心，感恩与我一路走来，已然另路走往的同事！

是他们，和我一起铸就了樱知叶低龄留学的辉煌，然而，却没能一同写就樱知叶未来的灿烂。就是本书，前期的规划与整理也留有他们的汗水，望着Rose、Jane、Jessica、Carling、Karen……远离的身影，感情是遗憾，内心是祝福。期许大家，奋发有为，明天更美好。樱知叶不会忘记你们的努力与付出——无论何时何地，你们都是樱知叶的功臣！

我怀着一颗火热之心，感恩与我一路走来，又将一路走往的同仁！

棵材难燃映天火，卒萤不亮满空夜。如果不是团队的力量，就不会有樱知叶的今天，就不会成就今日的樱知叶。一路走来，我们齐心协力；一路走往，我们继往开来。

追求

蹦出脑海的字句又打湿了双眼：让我们的孩子赢在起跑线上。

我为此努力！为此付出！！为此奋斗！！！

樱知叶教育集团总裁

目 录

CONTENTS

上篇 百问百答

中篇 专家建言

下篇　实用参考

上篇
百问百答

内容提要

- 美国中学（高中）
- 寄宿中学
- 寄宿高中申请
- 寄宿学生生活
- 奖学金申请
- 美国中学师资
- 高中学生升学
- 美国中学申请大学
- 美国中学活动
- 美国中学夏令营
- 走读中学
- 寄宿家庭
- 走读中学的宗教课程
- 军　校
- 特殊高中
- 艺术高中
- 男　校
- 女　校

第一章
美国中学（高中）

1. 美国中学的类型有哪些？

基于不同的标准，美国中学可分为不同的类型。

根据学校能否向学生提供住宿，美国中学分为寄宿中学和走读中学。按投资主体，又可分为公立中学和私立中学。一般而言，公立中学的投资主体多数为政府，学校的财政来源于地方政府、州政府或联邦政府。与公立中学恰恰相反，私立中学的资金主要来源于私人或者一些组织机构，如教会、企业、财团、社团等。按学生性别的不同，美国中学可分为男校、女校和男女混校。根据宗教背景来看，又有教会中学与非教会中学的区别。根据办学性质，还可分为军校、艺校等。

总之，美国中学种类很多，就看你用什么标准来衡量了。

2. 美国中学学制是几年？

就美国的中小学学制来说，整个美国没有统一的规定。美国各州有权决定州内学生的修业年限，也就是学制。全美国的中学有四年一贯制、六年一贯制、三三分段制、三四分段制和四四分段制等几种学制。不过，现在几乎占全国一半以上的州都采用三四制或四四制。在这种学制下，中学阶段为7年的，初中就为6～8年级，高中就为9～12年级；中学总共8年的，初中就为5～8年级，高中就为9～12年级。

3. 美国私立中学升学率如何？

众所周知，美国私立中学以其优质的教学、严格的学校管理、先进的教学理念及设备享誉全世界。整体而言，私立中学的升学率要远高于公立中学。

私立寄宿中学的升学率几乎可达到100%。相较而言，私立走读中学的规模比寄宿学校要大，学生人数也多，大学升学率通常会比寄宿学校低一点点，不过大多也保持在95%以上。这就是美国私立中学得以延续上百年，并深受人们青睐的主要原因。

4. 美国名牌大学有没有附属中学？

国内有清华附中、人大附中等。与中国相似，美国名牌大学也有附属中学，但不普遍。在美国，附属中学一般有单独的学校名称，而冠以大学名称的并不普遍。比如新英格兰音乐学院的附中，中学的名称为“胡桃山中学”。美国大学与其附中，只是共享部分教学资源，其他方面鲜有依附。如胡桃山中学里的很多音乐课程都是由新英格兰音乐学院的老师来任教。再比如波士顿大学学院（高中）坐落在波士顿大学校园内，可以和大学共享很多教学设施。但是，附中和大学就是没有任何隶属关系。

学生上这样的附属中学对于以后申请该大学还是有利的。

5. 美国只有私立中学可以接收国际学生吗？

答案是否定的。美国并不限于私立学校接收国际学生，公立也可以，公立中学接收的多是交换生。

交换生项目是应美国国务院颁发的《全球人才交流计划》而产生的，而执行这一计划的一般都是公立中学。国际交换生有专门的签证类型：J1，持有J1签证的国际学生在美国交换的期限是一年，一年交换计划完成后必须回到派出国。因而，交换生在美国交换学习一年以后，打算继续在美国留学，就需要做两件事：一是选择一所私立中学，并取得正式录取；二是回国后再次到美国驻华使领馆改签F1签证。

交换生项目的目的是让美国家庭和中国学生互相了解彼此的生活及文化。学生住在寄宿家庭实际是带着任务的，要参与到家庭生活活动当中。该项目结束，寄宿家庭会对学生进行评价并反馈到政府部门。建议参加交换生项目的学生，不要一味追求学习而忽视了与家庭的相处。

同时，参加交换项目、并且来年考虑转学的学生，要考虑到申请学校至少提前半年的现实，提早做好准备。

一般不建议在交换项目中就转学，这样比较周折，比较麻烦。将来大学申请时，推荐信和成绩的评估都会变得复杂，更不用说大使馆签证了，不确定性更多，拒签风险更大。

去美国私立中学读书，学生将直接获得F1签证，持有此签证的留学生没有交换生那样硬性的时间限制，留学年限完全取决于学生的留学计划，即学程的长短决定学生的居留时限。学生去读10年级，I-20表格上就会有36个月的居留时限；去读9年级，I-20表格上就会记载有48个月的时限。

选择公立或私立中学，取决于学生的留学需求。如果学生只是想短期体验一下美国的学习生活，可以选择到公立中学去读。如果想长期在美国求学，最好一步到位，直接选择到私立学校就读。

6. 男女混合校和单一性别学校哪种申请更容易？

一般来讲，申请单一性别的学校胜算的几率会大一些。如果学校同样都只招收8名国际学生，混校接收到的申请通常会比单一性别的学校多，竞争更激烈。但不绝对，申请的激烈程度与学校的知名度、市场宣传等有关。具体来说，知名度高的单一性别学校要比知名度低的混合校竞争激烈。知名度旗鼓相当，就要看市场宣传了。例如Emma Willard School，它在世界上的知名度较高，而且宣传的力度较大，所以申请这所学校的学生不仅不会比一些混校少，相反还会更多，竞争程度更为激烈。但像Indian Mountain School，这所学校的知名度很高，但市场宣传的力度较小，所以申请这所学校的人相对也少些，申请的竞争度也相应会小。

不管申请哪类学校，竞争都是存在的，所以要提前规划，提前准备，不打无准备之仗，等孩子申请学校时，就胜券在握了。

7. 私立中学和公立中学的国际学生身份有何不同？

对于中国学生而言，可选择就读公立中学或私立中学，两者的区别在于学生持有的签证类型不同。去公立中学，是依据美国国务院的国际学生交换计划，学生的身份只能是交换生，持有的签证是 J1 签证。按照 J1 签证的规定，学生在美国最多只能停留一个学年，一个学年期满后，不能续签或停留在美国，学生必须按期回国。

就读私立中学，才是留学生身份，拿的签证是 F1 的留学签证。一般来讲，持有 F1 签证，学生可按 I－20 表格上规定的停留期限合法居留在美国，读三年高中就可以在美国停留三年，读两年就能呆两年。过了签证有效期，学生再次返回美国之前必须要在国内延签。不过学生可以根据自身情况选择到美国驻华使馆面签，或通过中信银行代递进行延签。

8. SAT 是判断一所高中好坏的唯一标准吗？

SAT 平均成绩只是我们选择美国高中的一个主要参考系数，并不是判定一所学校好与坏的唯一标准。美国的教育是多元化的，对学生的要求也是多方面的。要知道，大学在录取学生的时候从来不会仅凭 SAT 成绩的高低排序来录取一个学生或者拒绝一个学生。学生的综合能力，如学生的学习能力、领导力、组织力、个体素质与特长等都是学校考量的内容。这就要求学生平常注重积累，通过各种活动来锻炼自己，提升自己。另外，平常的课业成绩也是取舍的重要指标，也就是常说的 GPA。举例来说，即使学生 SAT 再高，GPA 很低，理想的大学也不会录取。目前中国家长在选校的时候还是很盲目，常常放大了 SAT 的作用，却对学校其他方面的关注不够。

学生在选择一所学校时还应该参考毕业生去向、学校人数、国际学生比例、课程的多少、地理位置、教学设施、培养理念、师生比等。我们要根据学生自身情况来选择适合学生本人的学校，适合的才是最好的。

9. 美国走读中学比寄宿中学便宜吗？

通常来讲，走读中学学费比寄宿中学相对便宜。主要原因是大部分的走读学校具有教会背景，此类学校的经费来自于教会。教会为了回馈其教民，让其子女享受更好的教育，所以学费相对要便宜些。虽然非教会背景的走读中学的学费和寄宿中学的学费差异并不太大，但从整体上来讲，走读中学的费用还是会比寄宿中学的费用要低。

10. 什么时间段留学美国高中最合适？

这要从赴美读高中的目标谈起。

赴美读高中只是中国学生和家长的阶段性目标，最终目标还是美国的大学。美国大学的录取标准是多元的，没有整齐划一的大一统的规范。

学业成绩是其中一项要求，但要求全部学程的 GPA。插班转学的国际学生没有美国高中完整的 GPA，在大学录取中肯定会吃亏。

美国的标准化考试 SAT 又是其中一项要求。英语部分有很多文化要素，不了解美国文学和历史，很难通过，而这并非朝夕之功。

学生的自身条件也是其中一项内容。音、体、美的特长发展，爱心、义工、社团等领袖潜质与社会责任等等，都是申请大学时要考量的内容。我们知道，国内的考试压力、作业压力很大，即使有专长的同学在进入高中后也没有时间再去顾及，有的甚至在初二初三阶段就已经没时间练习。这跟美国中学生相比起来，已存在很大差距。而在美国，中学里的社团活动、义工活动都非常多，中国学生更是只能望其项背。

推荐信在大学录取中有着不可替代的作用，非常重要。无论是学校的总体报告的推荐，还是老师的画龙点睛式的推荐，都需建立在对学生的了解之上。短期的相处，一定不利于了解。时间越长，了解就会越充分。推荐信的客观溢美和内涵作用也就越会放大。

最后，美国大学录取看重的就是学生亲自操刀的作文了。作文一定要用欧美西方的思维和逻辑。不然，很难得到大学招生老师的认同。思维的建立也不是一蹴而就的。

仅从功利的、实用的角度出发，我们就不难看出，赴美高中留学早比晚好，早比晚有优势。

如果学生初二申请，初三去美国留学，就能够读一个完整的美国高中。学生时间充裕，按部就班，从容就学，一切有条不紊，拿着完整的美国高中成绩敲开美国大学名校之门，这是最理想的。高一和高二再去美国，学生要面临学分转换问题，要承受转换学分的损失，还有学分折抵后的选课难题。但还赶得及，就是时间安排上要紧张很多，学生要辛苦很多。高三去美国读高中就晚了。入学没有几天就开始大学申请，根本赶不及。而且美国高中基本不收 12 年级的插班学生。留学美国高中须趁早，的确有道理。

11. 去美国读高中应该从什么时候开始准备？

中美高中学制不同，美国的高中阶段是从九年级开始的。按照美国的学制，我们的孩子初三就应上高中了。所以，如想去美国完整地读完高中，高一再去美国，实际上已经错过了一年。

准备去美国读完整的高中，学生就应提前准备，初二就完成学校申请。如果初三中考后，再去申请美国高中，就更要抓紧时间准备了，最好找一家专业的留学机构，做好申请规划，以免走弯路，贻误宝贵的申请时机。因为美国高中的申请，与美国大学一样，都需在上一年就完成。这和我们国内完全不一样。

12. 如何看待美国高中排名？

在美国，各州有权制定教育法规、政策，所以美国没有一个统一的标准来对学校进行评价，自然也就没有排名之说。各州的学制不是整齐划一的，教材也不是千人一面，更不能与中国的“高考”相提并论。我们现在看到的高中排名，一般是根据 SAT 平均成绩进行的排名，但 SAT 并不是判定一所高中好坏的唯一标准。

我们应该更理性地看待高中排名，切不可把排名作为选校的唯一标准。

13. 美国中学和中国中学有什么不同？

美国中学和中国中学有很多不同，下面主要谈四点。

（1）学制划分不同

在中国，中学通常包括 7 年级至 12 年级（7～9 年级为初级中学，10～12 年级为高级中学），而美国则是 6 年级至 12 年级（6～8 年级为初级中学，9～12 年级为高级中学）。

（2）课程选择不同

在中国，同一个年级的学生所上的课是一模一样的，而在美国，同一个年级的学生所选择的课是多种多样的，甚至有可能没有两个学生选择的课程是一模一样的。例如两个学生甲和乙，甲的数学学得比较好，乙同学学得一般，那么在选择数学课上，甲可能选择数学荣誉课程、AP 课程，但乙可能只能选择数学的常规课程。美国的课程选择完全看学生的水平和兴趣爱好，所以基本上能做到因材施教。

（3）毕业要求不同

在美国是学分制，只要学生在规定的学制内完成学校规定的学分，学生就可以毕业。而在中国，学生毕业是按照学年制，国家规定你 3 年高中毕业，那你就得 3 年毕业，基本上没有提前毕业的可能。

（4）教学模式不同

在美国，学校教学方式采用圆桌讨论方式，课堂以学生为中心。通过讨论、甚至辩论来培养学生的批判性思维能力。大量阅读和写作是美国教学方式最明显的特点。在中国，课堂主要以老师为中心，而且由于班级人数较多，时间有限，无法满足每个学生的互动交流，一般多为老师主讲，学生听课记笔记，课下完成大量作业。美国学校的主角是学生，中国学校的主角是老师。

第二章
寄宿中学

1. 什么是寄宿中学?

寄宿中学，就是能为学生提供住宿服务的中学。寄宿中学寄宿形式通常有两种，5 天寄宿制和 7 天寄宿制。当地学生一般选择 5 天寄宿，周末回家，国际学生通常选择 7 天寄宿。寄宿学校通常是在离市区较远的地方，学校管理相对严格。未经学校允许，学生禁止离校，所以相对安全。即使周末出游、晚会活动，也都有学校老师统一带队。

2. 选择寄宿中学的理由有哪些?

(1) 雄厚的师资和及时的学业指导

美国寄宿学校同其他类学校相比，师资力量更加雄厚。为保证教学质量，学校会雇佣高学历的老师来担任讲师，而这些老师需在教学领域中具有丰富的经验，并对教育深深地热爱，对学生无限地热忱。另外，寄宿学校能为学生提供及时的帮助和指导。寄宿学校大多远离城镇，师生同住，学生和老师自成一个小社会、大家庭，朝夕相处，学生更容易得到老师生活上的照顾以及学业上及时的指导。

(2) 课程选择多样化，注重拓展综合能力

与中国不同，美国中学无“高考压力”，但并不代表美国大学门槛低，恰恰相反，在美国上中学并不轻松。美国私立中学不仅注重学生的学习能力，也很重视开发学生的学习潜能及创造性思维，做到真正意义上的因材施教，使学生的综合能力得到最大化的提高。普通水平的学生，学校可提供足够的常规课程；成绩稍好的学生，可选择荣誉课程、AP 课程；优秀的学生，学校甚至可为学生安排一对一精英教学。以莎士比亚的戏剧课为例，公立学校和私立学校存在很大不同。公立学校只要求学生一年学习一部莎翁戏剧，安排考试；而在私立学校，学生一年需要学习三、四部莎翁戏剧，学校虽没有考试，但要求学生根据剧本创作话剧，所以要认真研读讨论。此种教学方式可使学生大大提高综合能力。

(3) 小班授课，充分关注

“师生比”是寄宿制学校的又一大亮点。寄宿学校都是小班上课，每班通常有10～15名学生。学生可环坐在老师身旁，每个学生与老师之间没有远近亲疏之别，每个学生都平等地接受老师的教诲。小班授课使每个学生都能融入课堂中，并得到老师的足够关注。

(4) 无与伦比的学校设施

大部分寄宿学校都有非常好的体育运动设施：壁球、曲棍球、篮球等场馆。有的学校还建有自己的划艇基地、标准的游泳场馆（如Phillips Exeter Academy），部分学校甚至还有马术队，建有一流的驯马场和马术比赛场馆（Chatham Hall School就有三个马场），不一而足。良好的运动设施给学生提供更多的体育锻炼平台，增强学生的体魄。

(5) 学校课余活动丰富多彩

每所学校一般都有几十个，甚至上百个社团，最少的也不下十几个，有剧团、舞蹈队、瑜伽、攀岩、高尔夫、音乐社等。社团是学生们出于自己的喜好而组建的，他们在社团活动中展示自己的个性，发展自己的专长。多数的寄宿中学建有宏伟的艺术馆和教堂，具备各种艺术潜质、艺术特长的学生都能在这里找到发挥的舞台。部分学校还建有博物馆（如The Webb Schools）、天文馆（如St. Paul's School）等，为学生提供丰富多彩的课余生活。

(6) 图书馆、信息中心资源丰富

图书馆、信息中心丰富的资源是公立学校不可比拟的。私立寄宿学校都有非常好的图书资源，图书馆藏书多，而且都实现了图书馆的信息化，学生可以得到最新的知识及信息。比如Phillips Exeter Academy的图书馆高达9层，藏书多达16万册。

(7) 培养贵族化气质，学会自主自立

美国私立中学招收学生有一定的标准。首先，家庭条件要好，要有足够的经济能力支付其在美国的所有开销。其次，学生除具备很强的学术能力外，还要具备很高的个人素质，包括良好的人际关系、优雅的举止谈吐等。这样能进入私立中学的学生整体素质非常高，而且学校会对他们进行贵族化的培养，所以学生在整体氛围熏陶之下，会形成贵族气质。私立寄宿学校是学生学习与锻炼的最好平台。学生能够在优质的教学环境、优良的师资、严格的管理下发掘自己的潜能，树立正确的人生观和价值观。在这里，学生能够真正地认识自己，发展自己，并学习如何处事，如何与人合作，如何度过生活中的高潮与低谷，并渐渐地学会对自己的行为负责。同时，老师会 24 小时照顾学生，根据他们的情况及时帮助与指导。

3. 寄宿中学的类型有哪些？

寄宿中学根据不同的标准，划分为不同的类型。

根据寄宿形式可分为全寄宿制学校和部分寄宿制学校。顾名思义，全寄宿制学校要求所有学生都必须住在学校，而部分寄宿制学校指学校有不同比例的寄宿学生和走读学生。

根据寄宿时间分为 7 天制和 5 天制寄宿学校。“7 天制”指寄宿学生一周 7 天都住在学校。而“5 天制”寄宿学校指寄宿学生周一至周五 5 天住在学校，周末可回家。

根据寄宿时段分为初中寄宿学校和高中寄宿学校。初中寄宿学校指学校开设的年级为 5～9 年级、6～9 年级、7～9 年级、1～9 年级或 K－9 年级，没有高中年级；而高中寄宿学校专指学校开设年级为 9～12 年级。

根据教学倾向寄宿学校又划分为不同种类，比如军校，一般实行军事化管理，校规异常严格，学生在校必须穿制服，突出军事运动与训练；艺术学校，开设多种艺术类课程，并以培养艺术家为目标；而宗教背景学校由教会建立，学校设置有宗教选修课或必修课，会按期举行宗教活动，但不要求学生必须加入宗教。

根据寄宿学生的性别可划分为男女合校和单性别学校。男女合校既招收男生也招收女生，而单性别校只招收男生或女生。

除以上所述学校类型外，还分特别学校和特殊教育学校等。

特别学校：此类学校专门招收酗酒、吸毒等问题学生。除一些普通课程外，重点放在解决学生的问题上，并为此开设有特别的治疗课程，因此又可以称之为治疗学校。全美共有 20 多所此类治疗型特别学校。

特殊教育学校：帮助学习上有困难或者心理上有问题的学生，针对学生不同的问题，为他们提供特殊教育。从而减小差异，弥合不同，得到帮助，提高才智，塑造人格。

4. 美国寄宿中学的分布有哪些特点？

美国优秀寄宿中学主要集中在东北部和西部。这有一定的历史原因。传统上，美国私立学校的设立都是作为大学的预备校而存在的，就是现如今这传统仍然没有多少改变。

我们知道，常青藤盟校中的8所都位于美国的东北部。为这些顶尖大学名校输送合格学生的私立高中应运而生，依旁而建，就是再合理不过的了。历史上，美国的东北部也是最早现代化的地区，也是文化教育的中心带。人们的教育需求和传统得到延续是很正常的。

这一地区的高中学校为满足大学名校的招生，就需要不断提高学术水准，对学生进行差异化培养，以便增强进入顶尖大学名校的竞争优势。而私立寄宿学校，正满足了人们的这一需求。事实也是这样。在名校门槛一个比一个高的现实环境下，高中学校只能教学相长，不断提高教学质量。既要提高学生的课业成绩，又要重视学生的潜质特长，使学生得到个体素质的全面培养和发展。

由于寄宿高中大多依傍大学名校周围，其中的佼佼者分布在美国东北的马萨诸塞、康涅狄格、新罕布什尔、新泽西、纽约等几个州也是自然的。例如康州的 The Hotchkiss School、麻省的 Deerfield Academy 和 Philips Academy Andover、新罕布什尔的 St. Paul's School 和 Philips Exeter Academy 等，都是耳熟能详的美国的一流高中。

美国西部加州的 Cate School、The Thacher School 和 The Webb Schools 等也都是顶尖高中名校。这些学校有着自己的鲜明特色和特长，例如韦伯的古生物博物馆就堪称一绝，尤其是馆藏的古人类脚印是全球最权威的。美国的西部也是大学名校云集之所，斯坦福、加州理工、南加州大学不用讲了，就是加州也不乏州立名校，还有大名鼎鼎的加州体系，伯克利、洛杉矶、戴维斯、欧文等个个是名校，校校皆精英。因此，西部寄宿高中名校多也是如出一辙，道理都一样。

如果我们说西部是自由开放、活泼洒脱的乐园，那么东北部就可以用贵族典雅、绅士传统来称谓了。这种地域人文特征，同样反映在当地的寄宿高中学校。

中国学生要留学美国高中，就要考虑到寄宿高中的分布特点、人文特色、气候条件等。

5. 美国历史悠久的前20所寄宿中学有哪些？

美国寄宿中学有很多名校，其中不乏历史悠久的学校，前20所见表2.1。

表2.1

序号	学校名称	学校类型	开设年级	建校时间	所在地区
1	West Nottingham Academy	合校	9～12，PG	1744	马里兰州
2	Linden Hall	女校	6～12，PG	1746	宾夕法尼亚州
3	The Governor's Academy (formerly Governor Dummer Academy)	合校	9～12	1763	麻省
4	Salem Academy	女校	9～12	1772	北卡罗来纳州
5	Phillips Academy Andover	合校	9～12，PG	1778	麻省
6	Phillips Exeter Academy	合校	9～12，PG	1781	新罕布什尔州
7	Georgetown Preparatory School	男校	9～12	1789	马里兰州
8	Fryeburg Academy	合校	9～12，PG	1792	缅因州
8	Washington Academy	合校	9～12，PG	1792	缅因州
10	Lawrence Academy	合校	9～12	1793	麻省
11	Cheshire Academy	合校	9～12，PG	1794	康州
12	Oakwood Friends School	合校	9～12	1796	纽约州
13	Deerfield Academy	合校	9～12，PG	1797	麻省
14	Milton Academy	合校	9～12	1798	麻省
15	Westtown School	合校	9～12	1799	宾夕法尼亚州
16	George Stevens Academy	合校	9～12	1803	缅因州
17	Hebron Academy	合校	9～12，PG	1804	缅因州
17	Wilbraham & Monson Academy	合校	9～12，PG	1804	麻省
19	Bridgton Academy	男校	12～12，PG	1808	缅因州
20	Lawrenceville School	合校	9～12，PG	1810	新泽西州

6. 美国私立中学一年的费用有多少？

美国私立中学一般分为寄宿中学与走读中学，美国私立寄宿中学的费用总体来说要比走读中学贵些。选择走读制学校，尤其是教会走读制学校的费用每年约为35 000～55 000美元（含学费、寄宿家庭费、监护人费等）。而寄宿中学一年费用大概在45 000～65 000美元（包括学杂费和住宿费），通常第一年大部分学生需要学习ESL课程，费用会另外再增加约5 000～8 000美元，因此总体费用会达近70 000美元。

以麻省的Concord Academy为例，走读学生的学费是41 800美元，寄宿学生的费用是50 075美元，其中包括学费、住宿费、学校餐费等。

7. 美国寄宿中学是否对学生有年龄限制？

通常来说是有的，美国高中12年级为毕业年级，学生毕业年龄大致是17岁或18岁。不过，有一些寄宿高中对入学的学生有严格的年龄限制，他们要求学生毕业时不能超过20岁。

下表是美国学生上学和毕业的标准年龄见表2.2。

表2.2

年　级	标准年龄
学　前	
幼儿园学前班	4～5
幼儿园	5～6
小　学	
1年级	6～7
2年级	7～8
3年级	8～9
4年级	9～10
5年级	10～11

续上表

年　级	标准年龄
初　中	
6 年级	11～12
7 年级	12～13
8 年级	13～14
高　中	
9 年级	14～15
10 年级	15～16
11 年级	16～17
12 年级	17～18

8. 什么是美国的寄宿初中?

美国的寄宿初中（Junior Boarding Schools）是指提供 5～9 年级寄宿的学校，寄宿初中的学生就是我们常说的初中生。

美国的寄宿初中开设的课程主要是初中的常规课程，学校的活动非常丰富，而且非常适合这个年龄阶段的孩子。学校的管理很严格，老师大部分都住在学校附近或者直接住在校内，学生有任何问题都可以随时和老师沟通。老师也会非常热情地帮助学生，对他们的关心和教育细致到位。

美国初中生与中国初中生作息时间比较见表 2.3。从表中我们可以看出，美国初中学校更注重开发孩子们的特长、爱好、潜能，而不是一味地给他们很大的学习压力。

表 2.3

	在中国	在美国
起床	早上 6：40	早上 7：30
平时（上午）	上课	上课
午餐	在家/在学校	在学校
平时（下午）	上课	课外活动

续上表

	在中国	在美国
周末	不上课，但要做很多作业	不上课，无作业，经常去不同的俱乐部
晚上	做作业	玩游戏、看电视或拜访朋友
睡觉	晚上 9：30	晚上 8：00

9. 为什么说就读美国寄宿初中是一个好的选择？

现在，低龄留学热悄然兴起。据了解，去美国留学的学生中有相当一部分年龄很小，他们留学前在国内读初中 2 年级，甚至是初中 1 年级。那么，这些小留学生是出国读 8 年级，然后升入 9～12 年级的中学好呢，还是读 6～9 或 K－9 年级的中学更合适？这是值得家长们思考的。

有些家长认为，出国留学最好选择一个合适的学校，读几年不变，可以省去好多麻烦。所以如果孩子准备申请读 7 或 8 年级，他们会更喜欢找 8～12 年级的学校，因为这样学生可以在这所学校多呆几年，会比较稳定。但是，这样的学校真的适合这种低龄留学的孩子吗？美国为什么还有那么多的 6～9 年级，K-9 年级的中学呢？它们的存在有什么价值？

这种接纳低年级学生的美国学校不少，它们也有国际学生招收名额（一般日韩学生比较多）。这些学校基本都有 ESL 课程，可以帮助孩子尽快度过语言难关。因为年级较小的孩子考语言成绩没有优势，而且对他们来说压力太大，即便进入优秀的美国高中，无论是语言还是学习都会有很大的压力，这似乎不是家长送孩子出国读书的初衷。而这类学校刚好帮孩子解决了这一难题。

另外，美国注重幼儿教育，低年级配备的教师是很优秀的，他们非常关注每个学生的成长。再加上低年级学校人数通常不是很多，老师能照顾到每一个孩子，可以对他们因材施教，开发他们的潜力。很多时候孩子的潜力需要有人在其未成形的时候进行指导，而这种学校恰恰是配备了这样的老师去发现、挖掘孩子更深层次的潜力。

一年或两年后，孩子该毕业升学了。我们发现这些低年级中学的孩子毕业后都能升入比较好的高中（当然前提是孩子比较努力）。这一方面是因为孩子在美国呆了一段时间，语言方面没有什么问题；另一方面是因为孩子美国中学的成绩单比国内的成绩单更容易得到优秀高中的认可；另外，美国很多知名高中和这些学校是联谊学校，他们经常一起组织活动，相互比较了解。

因此，国内七、八年级的孩子出国留学选择只设置低年级的中学不失为一个很好的选择，没必要选择也设置高中12年级的学校。

10. 美国寄宿初中是否有ESL课程？

寄宿初中是提供ESL课程的。ESL全称是English as a Second Language，中文翻译成“英语作为第二语言”。此课程是专门针对非英语国家的人士提高英语能力的学习课程。美国初中学校会根据学生的入学时的英语水平来决定他们上什么级别的ESL和学多长时间的ESL。中国学生上ESL课程，有助于他们迅速适应环境，并融入学校学习生活，逐步建立语言学习上的自信。

11. 如何申请美国寄宿初中？

寄宿初中的入学要求和美国高中的入学要求基本上是一样的，大多数美国初中都会比较注重学生的语言能力、成绩高低、学生本身的素质。只是学生本身的年龄比较小，在语言要求上要比申请美国高中低一些。

从总体上说，美国初中入学要求如下：

①数学老师、英文老师及班主任的推荐信。如果是有特长的学生，可以让自己的特长指导老师写推荐信；

②最近二、三年的成绩单原件和目前学校的在读证明原件；

③存款证明；

④获奖证书；

⑤填写完整的学校申请表；

⑥如果有TOEFL或SSAT的成绩单，可以提供给学校。这两个成绩单或者之一，对申请优质的美国初中还是会加分的。

美国初中申请流程如下：首先，学生要先把以上申请材料邮寄到美国学校。学校先审查申请材料，如果学校认为学生的申请材料符合学校的要求，那么学校会安排一个电话面试或者是 Skype 面试（视频面试）给学生。通过面试学校将会更直观、更进一步了解学生。面试完后，如果学生符合学校的所有要求，学生将会收到录取通知书。

12. 入读美国寄宿初中的优势是什么？

因为美国很注重培养学生的全面素质，所以在这种教育理念下，学生能获得全面发展，这是在美国读初中的一个优势。但是在中国，学生从初中开始就要面对繁重的学习任务。学校、家长、学生都把如何考进顶级的高中从而升入顶级大学作为头等大事。在这种应试化、模式化的教育下，考试成为学生们的唯一目标，而忽略了素质的全面发展。学生的兴趣爱好被扼杀了，各项基本技能的开发和学习受到了限制。而在美国，学校对学生的综合素质培养非常重视，学校的选修课程非常丰富，例如艺术、科学、体育运动等各类课程，学生能得到全面的发展，潜力得到深层的发掘。

在美国读初中的另一个优势就是，孩子能得到更多的帮助和关心。去美国读初中的学生都是未满 18 周岁的未成年孩子，远离家人、朋友和同学，来到一个文化背景、生活背景、学习背景完全陌生的地方去学习，这对于学生本身来说就是一个极大的考验。对于一些适应能力很强的学生来说，一段时间以后他们能很快适应，而且会变得更加优秀，从而达到自己去美国的目的。但是对于一些适应能力、独立能力、心理素质都比较弱的学生，有的家长会认为孩子的心理成长还不健全，比较不放心。不过，如果家长们知道，寄宿初中的老师对学生非常照顾，给予了足够细致的关爱，他们就不必这么担心了。

目前，中国学生如果想直接升入美国的大学，尤其是进入美国常青藤这样的顶尖大学非常困难。在国内，学生不仅要准备国内的高考，还要安排美国的 SAT 考试以及 TOEFL 等语言考试，二者都要花费相当多的时间和精力。更何况，许多美国顶尖学校并不直接面向海外招收国际学生，这也让相当一部分的国内学生失去了进入美国名校的机会。如果学生尽早选择在美国初中读书，那么学生将会拥有美国的学习经历，也会积累诸多课外活动以及社区活动的经历，这些经历都会获得美国名校的认同。不只这些，相对中国老师写的推荐信和推荐评价而言，美国大学更认可美国老师的推荐信和推荐评价，而这些恰恰是学生升入大学必备的入学比拼材料。

13. 美国值得推荐的寄宿初中有哪些?

美国不乏优秀寄宿初中，如：

- Bement School
- Cardigan Mountain School
- Eaglebrook School
- Fay School
- The Fessenden School
- Hillside School
- Indian Mountain School
- North Country School
- The Rectory School
- Rumsey Hall School
- Fox River Country Day School
- The Greenwood School
- Golden Tree Academy
- Linden Hill

从教学质量来说，以上初中都很不错。其中几所在各方面都表现非常突出，如 Cardigan Mountain School，Eaglebrook School，Indian Mountain School，The Rectory School，Rumsey Hall School，Bement School，Fay School 等。

下面以 Rumsey Hall School（CT）、The Fessenden School（MA）、Fay School（MA）为例，介绍一下美国寄宿初中学校。

（1）Rumsey Hall School（CT）

岚基昊学校成立于 1900 年，坐落在康涅狄格州的华盛顿市。距离纽约市有 80 英里，距离哈特福德市仅 43 英里。学校占地 147 英亩，四周是美丽的群山，风景如画。学校现有教职员工共 51 人，学生则有 302 人。学生来自美国的 20 个州和世界上 9 个国家，其中 5～9 年级的学生有 224 人，幼儿园到 4 年级有 78 个。师生比为 1∶6。

学校成立的目的是为学生步入高中阶段和高等教育阶段，在学术上、纪律上以及心理上做好各方面的准备。学校通过小班授课、紧密团结的宿舍生活、多种多样的课外活动以及高水平的教学质量来实现其宗旨。

2014 Enrollment List

- Avon Old Farms，CT
- Berkshire School，MA (4)
- Canterbury School，CT
- Choate Rosemary Hall School，CT
- Dana Hall School，MA
- Episcopal High School，VA (2)
- Ethel Walker School，CT (2)
- Governor's Academy，MA (2)
- The Gunnery，CT (3)
- Hebron Academy，ME
- Holy Cross High School，CT
- Hotchkiss School，CT (4)
- Kent School，CT
- Kimball Union Academy，NH
- Lawrenceville School，NJ
- Loomis Chaffee School，CT (2)
- Masters School，NY
- Miss Porter's School，CT
- Northfield Mount Hermon School，MA (2)
- Pomfret School，CT (4)
- Portsmouth Abbey School，RI
- Proctor Academy，NH
- Ross School，NY
- St. Andrew's School，DE
- St. Gilgen's School，St. Gilgen，Austria
- St. Mark's School，MA
- Suffield Academy，CT
- Tabor Academy，MA
- Taft School，CT (9)
- Vermont Academy，VT

- Westminster School, CT
- Westover School, CT
- Public School (5)

(2) The Fessenden School (MA)

The Fessenden School 是马塞诸塞州（波士顿以西 12 英里）的一所男校。学校设有 5 到 9 年级，学生总数 480 名，师生比例是 1∶6，提供 ESL 课程。

毕业生去向：

Phillips Exeter Academy, St. Paul's School, St. Mark's School, Groton School, Middlesex School, Suffield Academy, Tabor Academy, Brooks School, Milton Academy, Pomfret School, Rivers School, St. Andrew's School, St. George's School, St. Sebastian's School, Belmont Hill School, Milton Academy, Boston University Academy, Brooks School, Concord Academy, Dexter School, Framingham High School, Groton School, Lawrence Academy, Lexington High School, Newton North High School, Peddie School 等著名高中。

(3) Fay School (MA)

Fay School 坐落于马萨诸塞州（波士顿以西 23 英里），是一所男女合校。学校设有 1～9 年级，学生共计 380 人，师生比例为 1∶6，开设有 ESL 课程。

毕业生去向：

Brooks School, Cate School, Choate Rosemary Hall, Groton School, Kent School, Lawrence Academy, Lawrenceville School, Loomis Chaffee School, Middlesex School, Milton Academy, Phillips Andover Academy, Phillips Exeter Academy, Pomfret School, Rivers School, St. George's School, St. Mark's School, St. Paul's School, Tabor Academy, Thacher School, Westminster School 和 Worcester Academy 等高中名校。

14. 寄宿初中国际学生比例大概是多少?

美国寄宿初中的国际学生比例一般为 10%～15%。为了保持校园文化多样化，每个学校都会有一定比例的国际学生，但他们会严格限制国际学生的比例，以保持校园本土化的特点，同时也为国际学生创造一个良好的语言环境。而一定比例的国际学生对中国学生自身来说，也是了解美国之外的其他国家文化的重要途径，这对于拓宽他们的国际视野非常有帮助。

15. 上完初中后如何申请美国高中？

在美国读完初中后继续申请美国高中，要准备的申请材料如下。

①学生在原来学校的成绩单和在读证明。

②任课老师的推荐信。主要是英文老师、数学老师、班主任老师（Guidance Counselor）以及校长的推荐信。

申请美国的高中，学生初中学校老师的推荐信是很重要的。因为在很多情况下，美国的初中学校和高中学校的招生老师之间都互相有联系，他们会把优秀的学生推荐给合适的学校。这对于在美国读初中的学生申请高中是非常有利的，很有可能一些优秀的高中学校会直接录取推荐的学生。

③获奖证书、奖杯、奖牌、奖状等能够体现学生在校内参加的一些活动的获奖证明。除此之外，还可以提供社会实践、兴趣爱好等书面证书。

④语言成绩，如 TOEFL、SSAT 等成绩单。

⑤认真填写的申请表。

⑥跟申请学校预约一个时间到学校进行面试。面试完后等学校的录取结果。

在美国读完初中后又申请高中，仍然需要标准化考试成绩，如 SSAT 等。但在美国读寄宿初中比在国内读完初中后再申请美国寄宿高中要容易得多。

学生人在美国，无论去高中学校面试，还是主动拜访高中学校，都非常方便，与目标学校的沟通联系没有任何障碍和麻烦。就是遇到万一情况，比如说，目标高中不太愿意录取，也可以相应准备，并直接找上门，向招生老师推销自己，展示自己。

在美国读初中后再申请美国的高中是很便利的，美国高中更认可学生在美国初中的学习。美国高中接到入学申请，可以与初中联系和沟通，了解学生的学习和生活情况，这对学生申请是有帮助的。美国初中老师的推荐、语言考试成绩会比在国内申请的更受到认可，这也是不争的事实。

第三章
寄宿高中申请

1. 美国寄宿高中申请的步骤是怎样的?

高中生留学是每个家庭的一件大事。从确定留学目标开始，就要全面了解美国高中学校及留学的全部过程。建议家长最好做一个完整的时间规划表，同时认真完成每个环节，这样才是对孩子留学负责任的做法。

孩子留学从萌动这个想法到踏上美国国土需要做哪些事情呢?

①了解美国教育体制，确定留学方向，制定适合自己的留学计划;

②了解申请美国留学有哪些入学要求，根据要求，准备相应的申请文件;

③复习准备并报名参加标准化考试，如 TOEFL 和 SSAT 等;

④明确留学目标，并根据个人情况确定至少 3 所以上目标学校;

⑤和学校沟通并索要学校简介和申请材料;

⑥填写学校申请资料;

⑦准备国内成绩单以及老师推荐信;

⑧把材料寄给学校并跟进，看学校是否收到，是否还需补充材料;

⑨跟学校预约面试或电话面试;

⑩学校录取;

⑪根据学校的录取条件（奖学金、学费、ESL 等），从几所录取院校中确定一所学校;

⑫签订学校的入学合同，缴纳学校定位费（通常是学费的 10%）;

⑬申请签证;

⑭体检;

⑮预订机票;

⑯安排接机。

2014 学年的申请出现了多样化趋势。如西储中学出现了双重面试，既要面试学生而且还要见家长。泰伯中学的招生官面试后将学生分为通过者和未通过者，通过者获得校园访问面试资格，未通过者需要通过第三方再次面试谨慎甄别。还有一些学校需要先递交完整的申请材料和申请费，才能预约到学校的面试。总之不同学校有不同的要求，这对于申请者来说，无疑又增添了一份难度。

2. 美国寄宿高中申请的录取率是多少？

美国寄宿高中的录取率，每年都会有变动，主要是受当年申请学生的状况以及学校的招生政策等的影响。近几年，申请美国高中的国际学生越来越多，但是美国学校却不会因为申请人数增多而扩大招生名额；另外，很多美国寄宿高中规模并不大，他们也很喜欢保持这种 Small Community 的学校环境，比如，Thomas Jefferson School 和 Oliverian School 等，他们每年都只维持百人左右的规模，申请的学生再多，学校也只会按照每年既定计划录取有限的学生。所以，如何在这么多申请的学生中脱颖而出就是学生申请时需要花心思思考的问题。表 3.1 为 2013 年至 2014 学年美国部分私立高中的录取率统计，通过这个数据表格，学生和家长能够对学校及学校申请情况有一个大概的了解。

表 3.1

序号	学校	类型	所在州	平均录取率
1	Philips Academy Andover	合校	MA	16%
2	The Thatcher School	合校	CA	18%
3	St. Paul's School	合校	NH	19%
4	Middlesex School	合校	MA	21%
5	Blair Academy	合校	NJ	23%
6	Peddie School	合校	NJ	24%
6	The Hockaday School	女校	TX	24%
8	Saint James school	合校	MD	25%
9	Milton Academy	合校	MA	28%

续上表

序号	学校	类型	所在州	平均录取率
9	The Governor's Academy	合校	MA	28%
11	Canterbury School	合校	CT	30%
12	Concord Academy	合校	MA	34%
13	Mercersburg Academy	合校	PA	37%
14	St. Mark's School	合校	MA	38%
14	Episcopal High School	合校	VA	38%

从以上列表中可以看出，美国优秀高中的录取率还是比较低的。所以如果要进入心仪的学校，就要提前规划，做好充分准备。

3. 学生需要具备怎样的条件才能申请美国寄宿高中？

去美国读高中并不是一件很容易的事情，学生在国外要经历很多在国内不曾遇到的问题，那么，这些小留学生他们真的准备好了吗？他们应该具备哪些素质？

①首先，从学生自身来讲，同时家长也必须确保，就是学生不排斥留学这件事。留学是他们完全自愿的，并且他们愿意去体验一种全新的生活方式，让自己具备国际视野。

②学生要有比较强的适应能力，经过短时间的接触就能适应并融入新的生活中，不会轻易被迥异的文化打败。

③学生最好是拥有开朗的性格，愿意与人沟通，愿意表达自己的想法。这有利于提高学生的语言水平，而且还可以让学生有更多的机会结识新朋友，这样，当他们只身在外的时候也不会觉得很孤单。

④学生具备一定的独立性。因为在国外，远离家人，而且语言不通，很多事情都需要学生自己去面对和解决。如果没有一定的独立性，处理起问题来会很困难，也就很难适应留学生活。

⑤较强的英文能力。这是使学生尽快融入美国学习与生活的重要保证，同时也是学生进入顶尖美国寄宿高中的必要前提条件。

⑥除学习之外，要培养自己广泛的爱好及特长。学习只是生活的一部

分，美国学生不会像中国学生一样，牺牲所有时间去学习，一门心思搞成绩。他们会花相当多的时间在自己的兴趣爱好上。所以，没有爱好、没有特长的学生也是难以适应美国的学习生活的。

⑦另外，经济上的准备也是不可小视的一个方面，当然这一方面主要靠家长准备。因为中学生出国留学，仅仅有极少数的学生能拿到一定数额的奖学金，而且他们尚未成年，不能打工，所以家长要为他们预留出比较充足的准备资金。

4. 美国寄宿高中喜欢录取什么样的学生？

这个问题不可一概而论。不同学校对学生有不同的要求和喜好。总的来说，美国学校还是比较喜欢这样的学生：

①学习能力强，有较强的自理能力和一定的社交技巧；

②有理想，有目标，喜欢迎接挑战；

③有特长，如体育、音乐或绘画等；

④具有较强的组织及领导能力。

不同类型的学校对学生有不同的期许，这和学校的性质、传统及文化有很大的关系。在这里举几个例子来说明，比如有些女校会喜欢优雅、大方的女孩子，他们看重的是女生的个性和气质：她们的言谈举止、她们的思维方式是否都很有女生特有的风范、是不是愿意照顾身边的人、她们是不是有足够的艺术及文学修养、她们待人是否真诚等。具备这些特质的女孩，即便没有很突出的成绩也很有可能被这些女校录取。还有些女校，更重视女性的社会地位及权利，这样的学校更愿意培养女孩们的领导才能，希望她们将来能够成为社会某一方面杰出的领导者，他们往往会比较喜欢善言健谈、有自己的主见和思想、有领导才能的女孩。同样，男校也有他们对男孩子不同的喜好，比如有的喜欢有很强运动天赋的男孩子，有的喜欢心态平和、思维敏捷的男孩子，有的喜欢有突出的创造力及领导才能的男孩等。

5. 面试重要吗？

面试是美国中学申请的重要一环。

学校收到学生的申请材料后，就会着手安排学生的面试。学校面试一般都由招生老师亲自进行，有些学校也安排校友或校友家长代劳。比如Phillips Academy Andover就在招生简章上明确地指定出世界各地的面试校友，让学生就近选择。面试有两种方式：面对面面试和电话面试。面对面面试是首选，不得已才选择电话面试。中国学生的内敛是普遍的，不似欧美学生的外扬。因而，中国学生的内秀，只有当面沟通交流才能被招生老师慢慢感受到，也才能助益申请，给申请加分。每年的10月和11月是学校集中面试的时间。学生提前预约，抓住机会，就省去了赴美面试的奔波劳顿。

没能安排面对面面试的学生，就必须抓住电话面试的机会。电话面试是学校录取非常重要的方式之一，不可或缺，也是目前中国学生普遍选择的面试方式，有必要给予充分的重视。

当学生递交完所有学校要求的材料之后，学校就会写邮件给学生，和学生确定电话面试的时间和方式。一般学校会告诉学生什么时间对他们来说是比较方便的，学生需要根据时差准确计算出中国的具体时间，并确定具体面试时间。电话面试也有两种方式：一种是打电话，另一种是Skype网络电话。学生一旦确定了时间和方式，务必及时通知学校并确认无误。

自2010年以来的面试情况来看，80%以上的学校开始使用Skype的方式面试国际学生，这种面试方式将电话面试可视化，补充了电话面试只闻声而不见人的缺陷，这种方式不仅让校方能够更形象地了解学生，同时也让学生能够有更多的机会向学校展现自己。总体来讲，Skype是一种很不错的方式。

电话面试是学校第一次有机会接触到学生本人，这是抛开繁琐的申请材料与学生互动的一个好机会，通过与学生的交谈增进对他（她）的了解。同样，对于学生来说，这也是个很好的机会。学生可以通过电话线让自己“活”起来。至于如何活起来，学生可在面试培训时根据自己的实际情况跟培训老师咨询。说到底，电话面试需要做的就是通过一次谈话让老师记住学生。如果学生做到了，那么就成功了。一般情况下，面试的老师不会给每个电话面试限定很严格的时间，时间的长短一般掌握在学生自己的手里。但是，只有我们的话题很吸引人，面试老师才会愿意和我们长谈。这就要求学生和家长，根据学生自身情况，作出合适的面试规划，并认真落实准备。只有这样，才能取得电话面试的成功，才能给自己的申请加分。

6. 如何办理转学？转学是否有就读时间限制？

美国是一个认同个性发展和变化的国家。无论是学习、生活，还是工作，人们可在不同的阶段进行自我调整。所以转学也是件很平常的事情。转学的办理流程和入学申请流程差不多。建议家长先和目标学校沟通，看看学校是否愿意接受转学学生，他们对这类学生申请上有无特殊的要求。一般来说，需要提供的资料如下：

①学校的申请表（有些学校提供转学申请表，学生需要仔细阅读学校申请的网页）；

②成绩单（多数学校要求提供在美国就读时的成绩单，但也有部分学校同时要求学生提供国内的成绩单）；

③标准化考试成绩单（根据学校要求提供 TOEFL，SSAT，ISEE 或 SLEP 考试的成绩单）；

④老师推荐信（一般由在美国就读期间的老师提供推荐信）。

然后，预约学校面试。如距离远，也可和学校约好电话面试的时间，进行电话面试。

学校会根据录取要求对学生个人能力等各方面进行考察，并开会讨论，然后给出最终录取结果。

如果转入学校同意接受学生，学生须向转入学校提供转出学校的 I-20 及签证复印件，转学的 I-20 表由转入学校签发。不过，I-20 第三项中会特别注明“Transfer from xxx school”。

转学有就读时间限制，但并不严格。在美国学校入读半年后也是可以的，只是手续上会比较麻烦：第一，学校无法给学生出具一份较完整的成绩单；第二，转学办理时间比较紧张，学生压力大；第三，由于学生入学时和学校签署了一年的合同，学生中途转学属于一种违约行为，依据学校收费政策，学费一般都不能退还。

出国留美前，建议学生及家长在选择就读学校时要慎重。赴美留学后，如果确实对目前学校不满意，最好在学生就读一年半载之后再转，这样对学生更有好处。

学生先在过渡学校过渡一下，再转学到更好的目标学校，这样比较现实。转学需要的材料和申请时所需要的材料是一样的，成绩单和推荐信是重要的评估标准。学生在这样的“过渡学校”里的成绩和校园适应越顺利，离目标学校就越近一步。转学成功与否取决于学生到一个全新的英文环境里的适应情况。谨记：转学需谨慎，避免走弯路。

7. 学生转学需要重新签证吗？

学生转学涉及 I-20 表格的撤销与签发，因而就牵涉学生重新申请的签证问题。I-20 表格是学生在美国合法居留的法律文件，上面记载着留学学校、年级、专业、学费等重要信息，转学之后会发生相应变化。美国驻外使领馆签发的签证是入境美国的许可证，签证的依据就是 I-20 表格，也就是说，学生的签证和 I-20 表格是对应的。

转学的学生实际存在两种情形：回国与不回国。

不回国的情况相对简单，学生只要更换 I-20 表就可以，不需要特意回国重新申请签证。从转出学校办理完退学手续，去转入的学校注册报到即可。这种情况下，学生要向转入学校提供转出学校发放的 I-20 表格及签证复印件。转入学校接到这些材料之后会重新签发 I-20 表，并在 I-20 表的第三项中特别注明“Transfer from xxx school”。

只要回国，转学的学生就必须重新申请签证——无论原有签证是否过期，以便美国使领馆依据新的 I-20 表更新签证信息，否则 I-20 表与签证录入信息相悖，会被阻止入境。

第四章
寄宿学生生活

1. 美国的中学有多少假期?

美国教育方式与中国有很大不同，其中也体现在美国高中学生的假期生活上。美国中学生的假期非常多，也非常丰富，学生有很多时间去做自己想做、感兴趣的事情。而中国学生，尤其是中国的高中生，一上高中，学生的所有假期几乎都被剥夺了。迫于中考或高考的压力，学生连周末休息的时间也没有了，必须去学校上课，或去上各种课程的补习班。而美国学生的生活就完全不同了，从下面列出的美国中学生的假期安排就能深深地体会到这一点。一般以为，美国是有3个假期：春假、暑假和圣诞节假期。其实，他们的假期比我们通常了解到的还要多。美国中学一年假期安排见表4.1。

表4.1

时间	假期	天数
9月1日	Labor Day 美国的劳动节	1天
10月中下旬	Fall Break 秋假	4天
11月第4个星期四	Thanks giving 感恩节	5天
12月末，1月初	Christmas＋New Year＋Winter Break 圣诞节，新年，寒假	20天
1月15日	Martin Luther King's Birthday 纪念马丁路德金诞辰	1天
2月中旬	President Day 总统日	4天
3月中旬	Spring Break 春假	2周左右
3月22日至4月25日之间	Holy Friday 耶稣受难日	1天
5月中下旬	Summer Holiday 暑假	2个月至3个月

耶稣受难日是复活节前的那个星期五。而复活节是春分月圆后的第一个星期日，如果月圆那天刚好是星期天，复活节则推迟一个星期。（因而，复活节可能是在3月22日至4月25日之间的任何一天。）

总体来看，几乎每个月都有或长或短的假期，春假之后到暑假之前是一段比较集中的学习时间，没有太多的假期。各个假期学生可以自由支配自己的时间，国际学生或选择回国与家人团聚，或参加各种校内外的活动。暑假作为最长的假期，国际学生一般会回国或参加不同类型的学校夏令营。学校不会留太多的假期作业给学生，但是一般会要求学生阅读2～3本英文原著，并写读书笔记。

2. 美国寄宿中学的食谱是什么样的？

美国学校的食谱以美国本土食物为主。考虑到国际学生不同的饮食习惯，学校也会按照不同国家的饮食习惯安排一些特别的食物。作为留美的中学生，大多数学生都比较容易适应，所以家长不用担心孩子的吃饭问题。表4.2是Miller中学的部分饮食安排，供参考。

表 4.2

周一	早餐：炒蛋、香肠/小面饼、玉米片、水果、果汁/牛奶；	
	午餐：火鸡三明治、土豆泥/肉汁、豌豆、汤；	
	晚餐：烤土豆、牛肉汉堡、熟西兰花、法式薯条、甜点；	
周二	早餐：法式烤面包、苹果沙拉、燕麦片、果汁/牛奶；	
	午餐：室外烧烤面包、甜豆、凉拌生菜丝、室外烤鸡、汤；	
	晚餐：墨西哥法式蛋挞、炒洋葱、西班牙米饭/豆腐、黑豆沙拉、玉米饼、点心；	
周三	早餐：奶酪煎鸡蛋、油炸土豆片、玉米片、燕麦片、水果/牛奶；	
	午餐：烤奶酪、素汉堡、西红柿汤、混合蔬菜；	
	晚餐：鸡肉乳酪粉、面条、意大利蔬菜、茄子乳酪粉、香蒜面包、甜点；	
周四	早餐：薄片牛肉汤、煮鸡蛋、奶酪鸡蛋、麦片粥、水果/牛奶；	
	午餐：家式面包、面包棒、菠菜、中式馒头、汤；	
	晚餐：鸡肉海鲜、蛋炒饭、豌豆胡萝卜、豆腐/蔬菜、苹果点心；	

续上表

周五	早餐：薄煎饼、水果拼、糖浆、香肠系列、水果/牛奶； 午餐：鸡肉馅饼、素汉堡、蔬菜、汤； 晚餐：海鲜鸡、烤鱼、奶酪、油炸玉米饼、蔬菜、甜点；
周六	早餐：欧陆式早餐、凉燕麦粥、水果、炸燕麦圈； 午餐：汉堡、法式土豆条、蔬菜、甜食； 晚餐：比萨、面包棒、沙拉、冰激凌；
周日	早餐：欧式早餐（9：00～11：00）； 午餐：早午餐、煎鸡蛋、香肠、热燕麦粥（11：00～13：00）； 晚餐：烤面包、土豆、青豆、面包卷、甜点。

像这样的食谱，在这所学校有6套，这只是其中一份。学校一般都会有自己的营养师，这些营养师会根据学生身体所需要的各种营养来安排每日三餐。

3. 寄宿中学的学生节假日住哪里?

寄宿中学的学生平时住在学校，但遇到节假日，学校宿舍会关闭。这时，大多数国际学生的家长就会关注学生会住在哪里。一般情况下，如果是短假期，寄宿学校的学生都在校内度过，而且学校还会安排一系列的活动来丰富大家的假期生活。有时当地同学也会邀请国际学生到自己家里度假，体验美国的日常生活。如果是长假，本土学生大多选择回家或旅行，而国际学生大多数选择回国。那些不想回国又因为校园关闭而不能呆在学校的学生，学校会帮学生安排假期寄宿家庭。学校会和寄宿家庭协商好一切需要注意的事情。学生向寄宿家庭交付一定费用，有时学校也会和家长联系，告诉家长准备一些有意义的小礼物送给寄宿家庭。也有些学校是不负责找寄宿家庭的。学生最好不要自己去合租短期旅馆，不便宜也不安全，还是选择回国为好。

还好，大多数中国学生都会在长假时选择回国。毕竟大多数学生都是独生子女，趁放长假时间回国探亲，释放情怀，感受亲情，享受幸福，这也理所应当。

4. 国际学生怎么过周末？

寄宿中学的寄宿生周末在校的很多。学校会组织安排俱乐部、体育运动、艺术表演、或者去附近大都会逛街和购物等各种活动来丰富周末生活，让大家放松。

社区的青少年活动中心也会举办各种周末活动。如游泳、球类运动、体操、滑冰、钢琴、小提琴、芭蕾、踢踏舞、街舞、写生、素描、油画、棋类以及男女童子军的活动，丰富多彩，赏心悦目。还有私人办的舞蹈、艺术、武术等周末培训。这些，学生都可以自由选择。

同时，学生也可以自己安排自己的周末，组织或者参加主题派对，等等；也可以做一些义工，体现爱心，播撒慈善，体验美国社会，同时为将来的大学申请做了一定准备。

但是，学生离校外出，必须经学校准许。学生外出集体活动，则必须由学校统一组织。学生的安全始终排在学校的第一位。

5. 美国寄宿中学的宿舍是怎么安排的？

美国寄宿中学的宿舍有单人宿舍和双人宿舍两种。一般情况下，9 年级和 10 年级的学生住双人宿舍，高年级学生可以住单人宿舍。高年级学生需要准备各种考试、申请大学并准备面试。他们学习压力大，学习投入多。拥有独立的空间，学生可以根据自己的习惯来安排学习时间。这也算是高年级学生的一种特权吧。

学校并不是随机安排宿舍的。学校会在新生入学前发给学生一份宿舍调查表，以问卷的形式调查学生的性格、爱好以及对室友的要求等。这是一项非常细致的调查。学校会根据学生寄回的表格来为他们安排合适的室友。学校一般会安排不同年级的学生住在一起，以方便高年级的学生给新生各方面的指导。同时，学校也会尽量安排不同国家的学生住在一起。这样可以减少国际学生讲母语的机会，并且便于他们交流思想、经历、见闻，增进他们对不同文化的认知与感受。

在美国高中的寄宿生活总是学生们难以忘怀的一段经历，同时也是他们人生的一大笔财富。

6. 美国学生宿舍是什么样子的？

每一所寄宿学校的宿舍都有自己独特的风格。总的来讲，宿舍格局有单人间、双人间，个别学校也会有三人间。里面有床、桌，有的还有厨房和卫生间。双人间的床既有并排摆放的，也有上下铺的；三人间的床都是并排摆放的。宿舍内没有卫生间和厨房的学生可以使用公用厨房和公共盥洗室。公共盥洗室一般由 2～8 人共用，最多不超过 10 人。每栋宿舍楼都有公共的休闲区和交谊室。每一栋宿舍楼中至少住有一位老师来管理学生的宿舍生活并辅导学生的学习。这位老师被称作是“Dorm Parent”。按照美国的法律规定，未成年人不可以单独生活在独立的建筑中。

寄宿学校就是学生的第二个家。它是一个由学校、教师和学生共同组成的多元化社区，保证学生们在安全舒适的环境中学习、生活和参加各种活动。寄宿学校对学生的管理非常严格，例如休息日外出需要汇报。有的学校还规定，在宿舍里不可以使用手机、手提电脑等。为了促进多元文化互相融合及提高语言能力，学校会把来自世界各地讲不同语言的学生安排在一起居住。寄宿生活将带给留学生独特的生活体验，令他们终生难忘。

7. 国际中学生可以打工吗？

美国的中学生可以做兼职或利用假期时间打工。学生在接触社会的实践过程中，通过付出自己的劳动取得一定的报酬。与伸手向家长要钱相比，这样既增加了学生的社会实践经验，又增强了他们自身的荣誉感和自豪感。

我们发现很多美国中学生就是自己赚钱来中国旅行的。美国中学生的赚钱方法，可以说是五花八门，各式各样。

有自主创业的。如开个网上商店，卖卖小件服装；或者摆摊零卖；或者上门服务，给人剪草修花、代人遛狗、照看孩子、辅导课业等，生意做得有声有色。

大部分学生会去洗车场、停车场、快餐店、洗衣店、零卖店之类的地方做些洗车、泊车、送外卖、洗碗、收银等工作。其中洗汽车和代客泊车是热门的活儿，竞争激烈。学生下手要早，否则抢不上。

也有很多学生热衷于在公园、娱乐场所打工。他们或扮小丑、或卖气球。在其乐融融的环境中，愉悦身心的同时赚取小费。

还有一部分中学生会选择为自己的家庭工作，如整理庭院，并从家长处取得报酬。家长也乐于给孩子提供这样的机会，并认真履行约定。如果做得不合格，家长就要扣钱；如果做得很好，家长就会如约付费。

美国的社区、零卖店等都有打工信息，学生们对此早已轻车熟路。除此之外，有的学校也会在假期为学生推荐一些工作机会。

YEOP（青少年职业培训中心）会为特殊学生群体提供工作帮助和服务。15至18岁的美国青少年，如果出生于低收入家庭或者是无家可归的孤儿，可以通过YEOP来找一份工作，以养活自己或完成中学学业。

美国的中学生打工是受法律保护的。劳工法专门有一章规定了少年打工的最低工资标准以及相关的福利。在美国，工作需要经过专门培训，并持有上岗证书，即使是中学生也不例外。在美国，凡劳动所得均须纳税，当然也包括中学生的打工。

然而，未成年留学生在美国是不能打工的，美国法律不允许未成年的国际学生在社会上打工。所以，中学生去美国读书的高昂费用以及学生的所有花销都要来自家长的腰包，任何希望学生打工赚取学杂费的想法都是不现实的。

8. 在美国读中学用不用穿校服？

大部分的私立中学对学生穿着有严格的要求：在教学阶段必须穿校服，在周末时可穿休闲服，如果学校有活动时学生需穿礼服。所以学生去美国读中学，建议学生一定要准备至少一套礼服。部分学校要求很细致，甚至对女生裙子的长度、丝袜颜色，男生的衬衣、领带、腰带等都有规定。

具体着装要求，学校会在给学生邮寄的须知里详细注明。出国前，家长必须按照学校的要求为孩子准备好合适的服装。否则，有不准入学的风险。

9. 美国中学有哪些禁止性规定？

美国中学有一些必须严格遵守的学校规定和法律法规，具体如下。

①不允许吸毒。

②不允许吸烟、喝酒。

③不允许暴力行为。

④不允许偷窃。

⑤不允许说谎。

⑥不允许对他人不尊重。

⑦不允许作弊/抄袭。

⑧不允许无证/酒后驾驶。

美国中学都各有自己的禁止性规定，大同小异。上述八条较为常见，学生应谨记并遵守。具体规定，学生应以就读学校的官方发布为准。

凡学生都必须无条件遵守学校的禁止性规定。学生一旦违反，学校会根据情节予以相应处罚。轻则校园处罚，如除雪、扫落叶等；重则勒令退学。

值得大家注意的是第 7 条，我们的学生往往重视不够或存在误区。美国非常重视知识产权，尊重别人的劳动成果成为一种习惯。学生在文字中使用他人的素材或观点等必须加以注明，不予注明就有占为己有之嫌。比如，我们有一个学生提交的作业就摘编自网上，但是他没有注明出处。学校据此认为学生品行缺陷，主观故意抄袭。结果，被勒令退学，并限 24 小时内离校。

第五章
奖学金申请

1. 美国的奖学金、助学金、助需金及其区别？

我们把学校给学生的财政资助统称为奖学金，有点不准确，容易造成混乱。实际上，奖学金只是美国学校财政资助的一种形式。美国学校的财政资助主要有三类：奖学金（Scholarship）、助学金（Assistantship）和助需金（Need-Based Scholarship），中学鲜有助学金。

奖学金（Scholarship）是对那些在学业上有优异表现或在某一领域有突出贡献的学生而给予一种物质奖励。例如，在航模竞赛、数学竞赛或体育比赛等项目中表现得出类拔萃，就有可能获得奖学金。换句话说，就是只有学生自身优秀才会使得学校乐于给你财政奖励。所以用 Merit Scholarship 一词是再准确不过了，翻译过来又称之为荣誉奖学金。

助学金（Assistantship）是美国大学普遍使用的财政资助形式，其突出的特点就是资助是有条件的，就是学生必须付出劳动。而按劳动的不同，又分为助研和助教两类。助研，就是帮助教授搞科研，比如做实验、算数据、搞研究、撰论文等；助教，就是帮助教授教学，比如课堂讨论、课后辅导、课外活动等。

助需金（Need-Based Scholarship）是针对那些自身条件优秀但家庭经济不好的学生而专设的一种财政资助。学生在申请学校时需提交 SSS 表，美国 NAIS（National Association of Independent Schools）机构对学生家庭经济情况评估后会把评估结果通报给学校，学校再按需分配评定助需金。

这三者的区别在于以下几方面。

①从学校层次来看，美国大学的财政资助这三种类型都有，而中学仅有奖学金和助需金，没有助学金。因为，中学生还不能够从事助研和助教

的工作，就没有助学金的可能。

②从前提条件来看，奖学金和助需金不需学生的劳动交换，只要学生足够优秀就有奖学金，只要学生家庭经济不好就可申请助需金。而助学金则不然，要求学生付出相应劳动后才能得到资助，是有条件的。可以这样讲，奖学金和助需金是学校的无偿馈赠，助学金则是学校的有偿报酬。

③从侧重点来看，各有不同。奖学金看重的是学生自身的优秀与否，助需金看重的是家庭经济是否困难，助学金则是通过学生的劳动和工作来交换的。

④从决策机构来看，奖学金和助学金都由学校直接受理并自主决定，而助需金则要经过 NAIS 的评估后，才能由学校来评定发放。由此，奖学金、助学金以及录取决定是由学校同时作出的，学生在接到录取信和 I-20 表格时就知道有无财政资助以及资助的额度。而助需金则与学校录取关系不大，录取的学生不见得就有助需金，不申请助需金的学生也不见得有更多录取几率，申请助需金的学生也不见得就不被录取。

⑤从纳税来看，助需金无需纳税，简直就是天上掉下的大馅饼；奖学金在扣除学杂费后，剩余部分要缴纳所得税；而助研和助教的助学金，实际就是劳动所得，从一开始就要缴纳所得税。

2. 美国寄宿中学提供哪些奖学金和助需金?

美国有近百所寄宿中学向国际学生提供奖学金和助需金，只是按就读年级递减。学生直接读九年级最容易申请，插班读十年级还有少许可能，插班读十一年级就很少有，读十二年级录取都难，就更别提奖学金了。此外，各校的奖学金额度又有不同，除极个别学校的奖学金能满足留学所需外，大多数学校的奖学金都不能承担学生的全部学费和生活费，家长还要承担一部分。

美国中学的财政资助有三种情形：只给本土学生、专给国际学生、根据国际学生的优秀程度和家庭经济状况而发放的奖学金。

就专门的国际学生奖学金来看，有些学校规定很具体。进入中国比较早的 Peddie School，就设有 The Annenberg Scholarship，要求学生提交长篇作文并回答相关问题，以评价学生是否具有领袖素质、组织才能、服务意识、精英意识等。而 Emma Willard School 设有的 L. I. S. Z. Foundation Scholarship，就指定授予亚洲或亚裔女生中的佼佼者。

而 Phillips Academy Andover 这类的顶尖名校，只要录取学生，就会根据学生的优秀程度和家庭经济状况而给予一定的奖学金。Cate School 和 St. Paul's School 等也是这样的学校。

3. 中国学生可以申请奖学金吗？

美国私立中学几乎每所学校都设有奖学金，但不是所有提供奖学金的学校都接收国际学生的奖学金申请。美国上万所私立中学，仅有一百所能为国际学生提供一定数额的奖学金。由于提供的学校有限，所以国际学生申请起来也很有难度，竞争非常激烈。中国学生虽然有机会申请到奖学金，但学生自身的条件要过硬。如果学生足够优秀，有充足的实力打败所有的竞争者并脱颖而出，让学校眼前一亮，那么，拿到奖学金的可能性就会比较大。有些学校的奖学金只用申请一次，就是说入学的时候申请到了，就每年都能享有。除非学生入学后出现成绩不好、违反学校纪律等现象才会被扣除。有些学校的奖学金需要每年申请，每年提交相关的材料，由学校根据学生在学校各方面的表现来判断下一年是否继续给该学生提供奖学金。

4. 从美国中学拿到奖学金的几率大吗？

美国的私立高中大多是个人或者社会机构资助的，每所学校都有一定规模的学校储备基金。学生能拿到奖学金的几率直接和学校的财政状况挂钩，学校会根据自己拥有的储备基金情况来决定给学生提供多少额度的资助。这一方面能吸引到更好的学生，另一方面也能鼓励学生提高学习的积极性。每所学校都有自己的奖学金预算，比如，Chatham Hall 有 1/3 的学生可以拿到不同种类、不同额度的奖学金；Emma Willard School 的奖学金多达 56 项；Tabor Academy 的奖学金申请几率是 40%。当然，这些也不是固定不变的。比如，受当年金融危机的影响，美国各个学校给予奖学金的几率都不同程度地有所减少。所以在申请的时候，学生要多在网上搜集信息，并和学校负责奖学金申请的老师及时沟通，详细了解，做到有的放矢，从而达到事半功倍的效果。

5. 申请奖学金是否影响学校的录取？

根据我们多年的申请经验，我们认为申请奖学金肯定会影响学生的录取。但是，对于足够优秀的学生来说，申请奖学金与否，对学校录取影响不大。

如果当年申请的国际学生人数较多，学生整体的素质较高，对于程度一般的学生来说，要挑战名校，最好就不要申请奖学金。如果学生申请的是比较好的中学也应做好放弃申请奖学金的准备，以确保学校的录取。而助需金的申请则需谨慎，因为助需金是从家庭经济困难角度来考量的。这些资助对国内学生来讲，有点矛盾。一般正常情况下，赴美读高中的学生，都是富裕家庭的孩子，都有足够的资金准备，否则，很难拿到签证。

6. 申请美国寄宿中学奖学金需要具备什么条件？

美国私立高中也向国际学生提供一定数额的奖学金，奖学金的数额因人而异。当然申请到奖学金并不是一件容易的事情，那么，申请奖学金需要具备什么样的条件呢？

①优秀的托福和 SSAT 成绩是申请美国奖学金必不可少的因素。虽然标准化考试成绩在高中奖学金申请中所占比例没有大学奖学金申请那么高，但也不能小觑，要有足够的重视。

②学生各门课程的平均成绩要非常优秀，就是 GPA 要高。没有良好的 GPA，申请奖学金几乎是不可能的。

③班级及学年排名要优秀，并要持续稳定。如果想申请高额奖学金，学生还要注重班级及学年排名。尤其是整个学习过程的班级排名，学校考察的是学生整个学习阶段的稳定表现，而不是一时的成绩优异。

④课外实践活动。美国高中的奖学金申请，还会参考申请者在本国读书期间是否参与了学校的课外活动、义工工作、学生团体、俱乐部等。比如，Emma Willard School 为具备领袖才能的女生设有命名奖学金，Peddie School 也设有领袖才能、服务精神的命名奖学金。

⑤学生某一方面特别突出。比如音乐、美术、体育等方面特别突出的

学生获得奖学金的可能性就会更高。比如，Westover School 就对声乐方面有深厚底蕴和前景的学生提供专项奖学金，Granebrook School 也设有音乐奖学金，Emma Willard School 设有舞蹈命名奖学金。

⑥学生契合学校的传统、特色，更容易得到奖学金。例如，一个对古生物特别感兴趣并取得一定成绩的学生，申请 The Webb School 的奖学金就会有加分。因为 The Webb School 建有全美最大的古生物博物馆，馆藏有七万件，还是全球最大的脚印化石馆。所以建议学生先去了解学校的传统、学校的特色，并将自己的专长加以配比，加以发挥，做到有的放矢，则事半功倍。

7. 怎样申请美国寄宿中学的奖学金?

申请奖学金需要的材料和一般的申请不太相同，一般需要准备以下材料。

(1) 申请表

申请奖学金和不申请奖学金的学生填写的申请表是同一份，但是不同之处在于，申请奖学金的同学需要在 Scholarship 的栏里选择申请。另外，有的学校的奖学金有不同种类，比如有学习优秀奖学金、特殊技能方面的奖学金及特殊贡献方面的奖学金。学生需要根据自己的情况选择合适的种类来申请。

(2) 标准化考试

也就是托福和 SSAT 成绩需要网上送分给学校，这点跟一般申请相同。

(3) 成绩单

学校的成绩单是必不可少的，申请奖学金的同学一定要保证自己有一份漂亮的成绩单。如果因为某种原因，个别科目不是很理想；或是考试本身就很难，学生尽管考 70 分，依然是年级前几名。如果有这种情况，学生就需要学校该科目的老师或校长针对这个情况写一封说明信，这样对申请是很有帮助的。

(4) 家长推荐信

家长要客观介绍学生，主要注重学生的天赋、在家中表现出来的一些特点、性格、兴趣爱好等，要从不同的角度来介绍。最好不要和学生自己的介绍有太多的重合，必要时举一些例子就更有说服力。

(5) 老师推荐信

请学校的数学老师、英语老师、班主任各写一封推荐信，要突出学生在学校的表现。同时，学生如果有某方面的特长，要请相关老师或教练写一封推荐信。如果学生参加过一些社会活动或公益活动，需要学生请当时的主办者写一封推荐信。总之，推荐信在申请过程中是很有分量的材料，一份好的推荐信对学生申请名校、申请奖学金都有画龙点睛的功效。

(6) 家庭经济情况的材料

这部分材料在申请奖学金的过程中是非常关键的，它能说明学生家庭的经济情况，是不是真的需要这笔奖学金来完成学业。

家庭经济情况的材料主要有以下几方面。

①SSS 表。这个表格是美国 NAIS（National Association of Independent Schools）机构对学生家庭经济情况的一个评估表，网址是 http：//www. nais. org/go/sss。学生家长需要按表格的要求把相关的信息填到表中，并提交给 NAIS，同时家长自己保留一份。NAIS 对学生的家庭经济情况做出评估后会把评估表格发给学生要申请奖学金的学校。

②学生家长当年和前一年的税单，有的学校会要求提供家长近三年的税单。

③家长目前公司开具的工作收入证明。

④学生家庭的银行存款证明。

把以上材料备齐，并在学校要求的截止日期之前寄送到学校。学校收齐了这些材料会给学生安排面试或者电话面试。随后，学校根据学生的表现及学生做的申请材料来最后决定是否录取学生以及是否发放奖学金。

第六章
美国中学师资

1. 美国中学老师的最高学历是什么情形?

美国中学以教学质量高、教学设备齐全、教学方法先进而著称。除此之外，美国的教师也绝对是“精品”。美国中学的老师都拥有学位，拥有硕士和博士学位的也大有人在。当然，鉴于美国教育的自由、灵活与创新，美国中学在组建师资团队的时候，也并不仅仅看重教师的学位，还会关注教师在某一学科的实际水平，综合以上考虑，学校才会聘用他们来任教。

下面举出美国东部和西部两所学校的师资情况作为参考。Stevenson School 位于美国加州西部，学校有 500 多位学生，该校的老师全部具有教师资格证，拥有高级学位的老师占 55%。Tabor Academy 位于美国东部麻州，学生总数在 600 左右，过半的老师拥有高学历。可以肯定地说，拥有硕士甚至博士学位的老师在美国高中任教是很平常的一件事，这样的师资力量是目前国内许多高中所达不到的。

2. 美国中学的师生比例是多少?

美国中学按照办学性质分为公立和私立两类，私立学校的总体教学质量要比公立学校高。根据美国教育部 2000～2002 年的统计，美国的公立学校总数为 84 735 所，学生总数为 45 366 227 名；私立学校的总数为 27 223所，约占学校总数的 30%，学生总数为 3 262 849 名，占美国学生总数的 10%左右。

公立中学一般由州政府提供资金，实际上都是纳税人在“供奉”，主要服务本社区的学生，学费较私立学校便宜，师生比例一般在 1∶20～1∶30 之间。私立中学的资金大多都是个人或者团体捐赠的，资金充裕，全部小班授课，师生比例一般在 1∶6～1∶16 之间。由此可见，私立学校的师生比例要比公立学校低得多。

国际学生留学美国中学，去公立学校的大多是以交换生 J1 的身份学习一年，去私立学校的是 F1 留学生身份。美国学校又有走读和寄宿之分，走读学校的师生比例在 1∶9～1∶20 之间，寄宿制中学的师生比例在 1∶6～1∶16之间，差别不大。但是，走读学校的国际学生远远少于寄宿学校，走读学校国际学生的比例在 1%左右，而寄宿学校的占到15%～40%。这样来看，走读学校更适合国际学生尽快融入本土文化。

3. 美国中学老师的教学方式是怎样的？

美国老师的教学方式和中国老师的教学方式很不相同，中国的课堂是以老师为中心，而在美国，则是以学生为中心。

就以美国的一堂演讲课为例来讲。

老师在上节课留了作业，要求每个同学介绍校园内的建筑，并发表演说。今天演讲的是 Michelle 和一个男同学。上课后，老师就直接把同学们带出教室。演讲的同学再把大家带到要介绍的建筑面前，然后就开始演讲。其他同学要记录该同学的观点，并准备质疑发难。

每一个同学讲完后，同学们就对刚才的演讲进行评论，老师说得很少，都是由同学们自己来讨论。所有的同学似乎都有准备，因为他们提的问题都很专业，涉及建筑物的建筑背景、历史以及艺术等多方面，如果没有准备相应的资料是很难做到这一点的。

同学们评论完之后，接着老师要求学生把今天评论的议题整理出来交给老师作为论文。然后，布置下周的演讲形式和题目，下一周的题目是要求两个同学组成一组，一个发表颁奖感言，另外一个发表获奖感言，老师给了近 20 个题目，要同学们自己选择并报告给老师，整个课堂顿时活跃起来。学生们首先要找到自己的伙伴，然后讨论合作哪个题目，比如奥斯卡奖或者诺贝尔奖。学生甚至可以自己想题目，于是同学们开始七嘴八舌地讨论各自的题目。经过讨论，大部分同学都确定了自己的主题，这个时候老师讲了具体的要求，告诉大家演讲是要被录像的，大家根据录像再进行评论，这节课就此结束了。整个课堂 50 分钟，老师并没说几句话，都是同学们在说，这与我们国内的课堂大不相同。同学们课堂积极参与，气氛活跃。相信经过这样训练出来的同学，未来的演讲能力肯定不会差。

通过这节课，我们可以看出美国老师教学的一些特点，总结如下：

①老师是课堂的组织者，而不是主要参与者，老师只是负责把课堂的线索贯穿下来，并启发学生理清思路，让学生的思路尽可能的广而深；

②老师注意每个人和每个新想法，让任何创新的思维都有被欣赏的机会；

③学生上课之前要做的功课远比上课时的多，课堂只是交流的场所。而这种交流是建立在大量实践、调查及研究的基础上的；

④老师指导学生继续延伸已有的思维和线索，并持续深入挖掘；

⑤老师引导学生积极参与教学，主动探知课业知识，切实锻炼自我能力，学生始终是主角。

第七章
高中学生申请大学

1. 在美国读完高中后如何申请大学?

美国大学的入学申请通常在上一年就已开始，截止日期一般都在当年的 2 月份。这就是说，美国高中生需在 12 年级上学期就开始提交大学申请。申请时，学生除需填写相关申请表格外，还需提供相应的证明材料。

(1) 课业成绩证明材料

即学校正式的成绩单。成绩单上需详细记录学生在校学习的科目及 GPA 成绩。有些高中学生参加 AP 课程或者荣誉课程的学习，如果这些科目考试成绩优秀，即可以有效地提高自己的竞争力。学习成绩是评估申请者的关键项。

(2) 标准化考试 SAT

SAT（Scholastic Assessment Test）也是决定录取和评定奖学金发放的重要参考指标，类似我们中国的高考，考核的重点是学生未来在大学继续深造的能力，而非检查高中知识的掌握。SAT 考题分 Ⅰ 和 Ⅱ 两部分。考试内容主要包括英语和数学，数学比较容易，也就中国的初中水平，但是英语难度很大，需要有扎实的基础。英语考查两方面的问题：鉴别性阅读（Ctitical Reading）和写作。前者较难，对词汇量的要求较高；后者相比较容易，但需运用西方思维和逻辑，否则也得不到较好的成绩。SAT Ⅰ 的满分是 2 400 分，其中数学 800 分，阅读 800 分，写作 800 分。SAT Ⅱ 主要考五个方面：英语、数学（Ⅰ 和 Ⅱ）、历史（美国历史和世界历史）、科学（物理、化学、生物）以及外语（汉语、日语、韩语、西班牙语、法语、德语、意大利语、希伯来语、拉丁语等）。每一专业单科 SAT Ⅱ 满分为 800 分。

(3) 学校及老师推荐信

美国的学校没有对课业学习以外项目的统一计分标准，因此推荐信的作用十分重要。在任何阶段的录取工作中，推荐信的作用都不可小视，有时甚至能起到临门一脚的决定作用。学校的推荐信会罗列学生在校期间的各项成就、活动、成绩等等，是一个总括的描述和评价。老师推荐信是从老师的视角对学生的评价和推荐，重点在突出学生的特质、特长以及发展前景。一般由学生自己选择两位比较熟悉自己的任课老师来填写。

(4) 其他材料

美国大学不单单从课业方面考核一个学生是否适合在本校就读。一个学生曾经参加过的课外活动也在申请中占有重要的地位。大学要求学生在某些兴趣爱好上能够充分证明自己具有坚持不懈的毅力和发展潜质。

在申请的过程中，大学通常会要求学生在递交申请材料的同时提交一篇作文，有时是个人陈述。这一部分是整个申请资料中最能体现学生特点并可由学生自己掌控的部分。因此，学生们都非常重视，从主题的确立、结构的安排到材料的取舍，无不用尽心思，为的是博得大学的青睐与首肯。

2. 在美国读高中的中国学生申请大学需要注意什么？

和美国高中生一样，中国学生申请大学时也必须提供五方面的证明材料：成绩单、推荐信、SAT 成绩、作文或个人陈述、音体美等特长以及义工等。不同的是，作为国际学生的中国学生还必须提供 TOEFL 成绩。

TOEFL 是针对非英语国家学生的语言考试，目的是为了测试学生的英语水平和掌握英语的程度，以及学生是否具备在美国社会生存的能力。TOEFL 包括听力、语法、阅读理解和作文。新 TOEFL（iBT）满分 120 分。美国优秀大学对 TOEFL 成绩要求一般在 80 分以上。TOEFL 成绩是美国大学录取国际学生以及发放奖学金的重要依据。

> 值得注意的是，申请大学时，国际学生在美国高中的就读时间达到三年以上，且 GPA 比较优秀，多数大学会免托福，但仍有一部分顶尖学校需要提供托福成绩。考虑到近年来国际学生申请顶尖名校的激烈竞争程度，建议在美国留学的高中学生也还是准备一下TOEFL。这样，可为大学申请提供较好的支持。

另外，中国学生的时间规划也需要重视，这往往是大家都容易忽视的问题。因时间规划较晚而不能进入较好的学校就读的学生比比皆是。

美国的高中一般从9年级开始，12年级毕业。也就是学生在我们中国的初三就已开始了他们美国的高中之旅。而美国的大学申请最迟在当年的2月就截止，即高中最后一年（12年级）的上学期。在此之前，学生要完成标准化考试SAT/ACT。因此，中国的留学生应该从9年级就开始准备标准化考试。经过近两年的准备，11年级下学期的5月份考TOEFL，6月份考SATI（如能力达到，也可同时准备SAT Ⅱ的考试）。如成绩不好，可报名再考。理想的状况是在11月份拿出最好的SAT Ⅰ成绩，然后12月份就专考SAT Ⅱ。通常来讲，SAT Ⅰ和SAT Ⅱ都必须在一月底以前考完。否则，考虑到送分等技术环节，将很难赶上大学的录取。

如果想分散一下标准化考试压力的话，学生也可以选择安排提前考试。即在10年级的时候就参加TOEFL考试，11年级再参加SAT考试。

具备优秀的标准化考试成绩，进入12年级就要开始目标大学的申请了。在大学申请中，学生唯一可控的部分就是大学的申请作文，故学生需把握好此部分的写作。

几乎从每年的冬季申请时间开始，美国大学招生人员就要开始审阅学生的作文或个人陈述部分。如何抓住招生老师的眼球，并突出优势，就成为学生写作的重中之重。

大学作文的标准都较模糊，一般学生很难把握。大学之间也无可比性，就是同一所大学，历年的作文也并无重要的参考价值。因此，申请大学的作文，成为学生较难的一部分。不过，学生只要牢牢掌握突出个人主见、个人特点、自我性格，有创造、有创新，就能赢得机会。

3. 美国高中学校会帮助学生申请大学吗？

多数高中只会为学生提供申请咨询或指导帮助，很少有学校操刀代劳，亲自为学生申请大学的。

在美国，申请大学的截止时间通常是当年的一、二月份。有些大学的提前录取，截止时间更早，一般会在上一年的11月份。根据大学录取截止日期，学生需在高中12年级的上半学期就要完成大学的申请。事实上，在这个阶段，高中的学生还没有毕业，还在高中学习和生活。而大学申请的相关内容，需要平时日积月累，贯穿高中的全部学程。因此，美国高中都设有一个专门的升学指导部门，由专业的指导老师根据学生自身的情况给学生提供专业的升学指导咨询。这项服务通常在高中生活的早期就开始了。它结合学生自身的背景和升学目标，制订一套特定的升学方案，指导并监督学生实施。但是，如上所说，升学指导老师只负责咨询、指导与监督，并不会动手为学生做任何具体的事情，所有大学的申请，都需要学生自己完成。美国高中是不会为学生申请大学，也无权为学生申请大学的。

第八章
美国中学学习

1. 美国高中的选课制与学分制是什么样的？

美国高中普遍实行选课制和学分制。

美国高中的课程分为必修课和选修课，很多课程还分普通课程和荣誉课程。有些学校还有 AP（Advanced Placement）课程。

美国高中的必修课一般设有英语、数学、科学、社会学等。这些科目虽然名为必修，但实际只是一种宏观构架，也有选择的成分在里面。每一门必修学科里面，根据难易程度使用不同水平的教材，开设不同名目的等级课程，供不同层次的学生来选择。必修的是课程科目，可选的是其下面不同等级的具体课程内容，比如数学，就分数学Ⅰ，数学Ⅱ和数学Ⅲ等。

美国高中采取学分制，不同课程对应不同学分，一般每学年至少选 6—7 门课程。除了英语、历史、数学、科学、艺术和体育这些必修课程之外，学生也可以根据自己的水平和喜好自主选择学校提供的选修课程。对于学习能力比较强的学生可以选择荣誉课程和 AP 课程。

2. 怎样科学合理地选课？

从某种程度上来讲，美国的高中课程都是选课制。学生刚入学的时候，会拿到一本学生手册这类的材料。手册中会详细地列出学生选的学分数，各科的学分数以及课程开设的学期。

首先学生要看高中毕业一共需要多少学分，然后根据每个课程类别，自己的情况来选修。美国的中学会给学生更多的空间和自由度去选择自己喜欢的课程。

由于选课的难易程度都由学生自己决定，所以要科学和合理地来选择。学生首先要明白一点，就是学生如果想考入一所理想的大学，最重要的考察点不是单一的 SAT 成绩，而是看一个学生的 GPA 成绩，看学生在 4 年的高中学习中的总体表现。从个人的课程计划，学校的社会活动参加的时间，日常的作用表现等可以看出你对上大学准备好了没有，你准备进入什么样的大学。

美国高中，为学生提供了丰富多彩的课程，例如，一个学生可以选择普通化学课、强化化学课或者 AP 化学课。这三种课有着不同的难度，这个难度就由学生自己来决定了。

3. 中国学生留学美国高中有哪些选课与学分问题？

如果中国学生赴美留学读的是 9 年级，也就是美国高中一年级，就能够读完一个完整的美国高中。学生就能够学到美国高中要求的全部课程，可以修满美国高中的规定学分。拿到完整的美国高中成绩的学生申请大学时，就可以和美国本土学生站在同一起跑线上比肩一搏。在这种情况下，学生没有学分转换问题，也不会有转换学分的损失，也不存在折抵学分后的选课难题。

中国学生赴美留学插班读高中，读的不是 10 年级，就是 11 年级，12 年级极少。凡插班生都有学分转换和选课的问题。学生要将国内已学的课程以及成绩提交给美国高中，美国高中再比照美国的评分标准折算成美国高中相应科目的学分。然后，中国学生转学到美国，一般修读 22 个学分，就可以获得美国高中毕业证书。但各个州或各个学校都会有更加详细的规定。

一般来说，美国高中的主修课程包括：英语（写作、英国文学、美国文学），历史（世界历史、美国历史、欧洲历史），科学（生物、物理、化学、地理、环境科学等），数学（代数、几何、微积分等）以及艺术和体育等。

在学分构成中，选修课比例较高，约占学分总数的 1/4 至 2/5。同样，选修课的天地也更为广阔。现代社会实用知识和技能几乎无所不包：视觉艺术、行为艺术、职业课程、计算机/商科课程、体育、新闻出版、外语、家庭/消费者科学、健康等。

学校开设的每种课程依据其深度、难度分为普通、荣誉、高级等若干等级，分别编号，注明选课年级。供不同年级、不同程度的学生选择。对于中国学生而言，数学是我们的优势。所以大多数的中国学生为了早日修满学分，都会选择数学。同时也可根据学分要求和自己的学业成绩、能力、志向和爱好等，在专职咨询教师辅导下自主选课、注册。在能力允许的前提下，还可选修几门 AP 课程，为将来升入大学做好准备。

4. 高中毕业除了学分上的要求，还有其他要求吗？

和中国的高中生不同，美国的高中学生除了要修满规定的学分之外，还要参加社会活动，与学分一起进行考核，然后方可毕业。各高中学校规定参加社会时间的长短不同，但没有质的区别。

除此之外，一些特殊的学校对毕业生还有别的要求。例如，宗教学校会要求学生修一定时间的宗教课程，军事学校会要求学生完成相应的军事科目训练，艺术学校要求学生完成相应的艺术科目考评。

5. 考试有不及格科目能否毕业？课程能否重修？

这个问题因学校而异，一般学校都会有明文规定，即几门课不及格就不能毕业。一些优秀的学校甚至还规定：学生本学年的考试成绩有 3 门不及格，下一学年将不能继续在本学校读书。同时，一些学校对刚入学的国际学生会有一定的照顾，考试会相对宽松。

如果学生有 1 门或者 2 门不及格，这需怎么解决呢？是否有补考？一般情况下，学校会有补考的，补考的时间在假期，如暑期的夏令营课程等。学生可以重新修这门课程并重新参加考试，考试通过，成绩单上会记录这次考试的成绩。

6. 什么是 AP 课程？什么是荣誉课程？

AP 课程，是指学生在高中的时候提前选择一些大学的课程修习，并获得学分。课程难度相当于大学一年级的基础课。一般情况下，11 年级和 12 年级的学生可选 AP 课，学习能力强的学生选修时间可以提前。选修 AP 课的学生有两个优势：一是在申请大学上，AP 课程能证明学生有超强的学习能力，上高中的时候就能修大学的学分，能力还不强吗？二是学生上大学后可以免修同类课程，从而缩短学时、节省学费。这也是越来越多学生选择AP的直接原因。

AP课程由美国大学考试委员会(College Board)负责管理，目前美国开设AP课程有30多门，其中涵盖了生物、化学、物理(B/C)、微积分(AB/BC)、英语(语言/文学)、西班牙语(语言/文学)、拉丁语(文学/诗歌)、中国语言与文化、日本语言与文化、意大利语言与文化、人类地理学、环境科学、宏观经济学、微观经济学、计算机科学(A/AB)、统计学、心理学、音乐理论、世界历史、欧洲历史、美国历史、美国政府与政治、比较政府与政治等。在美国，绝大多数的高中都会开设AP课程。Phillips Academy Andover开设30门AP课程，Middlesex School开设25门AP课程，Milton Academy开设11门AP课程，The Webb Schools开设19门AP课程，这些中学都是美国高中中顶尖的名校。

AP课程每年考试一次。每年的3月份截止报名，5月份考试，7月份公布成绩。AP考评使用的是5分制，最低分为1分，最高分为5分。

在学生申请学校的过程中，美国的每所大学都有对AP的具体规定与要求，比如，AP课程的门数，需要达到的分数，可以在读大学时折抵多少学分等。

荣誉课程不是一门单一的课程，美国高中的任何一门课程都可以有普通课与荣誉课之分，相当国内的快班或慢班。同一门课的荣誉课程要比普通课程更深更难。学生申请荣誉课程有完备的程序，不是谁想读就能读的。其程序如下：先由任课老师评估许可，学校同意，家长签字确认，学生的申请才能通过。各个学校都有对申请荣誉课程的分数要求，学生达不到要求是不可以申请的。学生选择的荣誉课程越多，说明学生的学习能力越强。

7. 如何选择AP课程和荣誉课程？

AP课程是先行选修大学课程，考试分数可折抵大学学分，相当于大学层次的课程，由独立的机构进行考评，而与就读学校无关。荣誉课程是美国高中课程的快班、尖子班，仍然是高中层次的，比AP课程容易许多，任课老师就其可以进行学业评价，学生拿的是高中学分，不能折抵大学学分。

因此在选择课程的过程中，学生的学习能力就成为选择标准。学习能力强的就选择AP，但要量力而行。毕竟AP课程难度大，花费的精力也多。能力强的学生每年选择1～2门AP课程就足够了。门门选AP，既不现实，又不可行。大学对AP课程的要求一般也就3～4门，至多5～8门。当然，在精力和能力允许的情况下，多多益善。

荣誉课程毕竟是中学的课，相对容易，不需要学生花费太多精力，可以多选一些。选择全部荣誉课程的中国学生大有人在。在我们樱知叶的学生中，就有许多学生全部选择的是荣誉课程。

中国学生读美国高中时，要发挥自身的理科见长的优势，多申请数学、物理、化学等理科类的荣誉课程，从而有益于大学的申请。

8. 选择高中AP及荣誉课程有哪些利与弊？

选择AP课程的优势：如果AP课程考试的成绩好，学生有可能直接申请大学的学分，这是参加AP课程一个最直接的优势。学生的AP成绩如果不错，达到自己申请的大学的要求，那进入大学之后就不需要再修这门课了，从而有更多的时间选修大学的其他课程，从而提前完成学业，甚至念双学位。

另外，学生在高中期间选择AP课程，这足以说明他有很强的学习能力。大学录取委员会在接收学生申请时会考察学生的学习能力。优秀的AP成绩、丰富的AP课程选择自然会给申请加分。

弊端：如果成绩不好，会影响学生总体的GPA水平。

荣誉课程是AP课程的准备阶段，学校通常会给9年级和10年级的学生开设荣誉课程，而为11、12年级的学生开设AP课程。如果你选修了荣誉课程，毕业时你有可能成为荣誉学生，这对申请大学是有好处的。但是前提是你要取得不错的成绩。

9. 美国高中各年级数学课程都有哪些？

美国高中数学课分成了几个板块：代数、几何、三角函数、微积分等。每门课又有不同难度等级（Regular/General，Honors，Pre-AP，AP），并且难度依次增加。

美国每科每课都有代码来区别，高中的数学课就有：代数1，代数2，荣誉几何，荣誉代数，数学AⅡ，数学B，数学AⅢ，数学BⅡ，荣誉数学BⅡ，微积分预备课程，荣誉微积分预备课程，大学微积分基础，微积分，AP微积分，电脑程序Ⅰ，电脑程序Ⅱ，电脑制作，AP计算机科学，互联网，等等。这只是一所学校的高中数学课程，真的眼花缭乱，选好选准，还真不是一件容易的事。

各个学校的具体课程设置都有不同，数学课的设置也是这样。好在我们学生的数学功底普遍比较深厚，即使数学课都选AP也问题不大，但花费一定时间和精力倒也是事实。学生要根据自身实际，权衡利弊，选好数学课程。

10. 美国高中的科学课程都包括哪些？

美国高中的科学课的教学目标是：使学生掌握科学领域中一般的概念、原理和法则，正确运用科学方法解决问题。

科学课实际涉及物理、化学、生物、地理等学科，具体课程设有：生物，荣誉生物，地球科学，荣誉地球科学，化学应用，化学，物理，荣誉物理，海洋生物，气象学，天文学，犯罪刑场学，人类基因学，科学研究A，科学研究B，AP物理，AP生物，AP化学，AP环境学，AP地质学，等等。

同样，这也只是一所高中的科学课程的设置情况，学生也要从自身实际出发来合理选课。

11. 美国中学的历史课程都包括哪些？

美国中学的历史课包括美国史、世界史、宗教比较史和哲学史等。虽然美国中学的历史课和中国中学的历史课一样，都分为本国历史和世界历史两大版块，但美国中学的历史还依据时代、地域、主题等将历史分成很多不同的课程。美国的历史课主要包括初级、中级和高级。初级历史课要求学生掌握历史事件、人物及事情发生的原因及后果等，培养学习收集，分析证据及综合分析的能力；中级历史课使用的教材难度比初级历史课要高，对概念和历史事件的理解也要求更高。高级历史课会要求学生对历史事件做更深刻的讨论。无论是哪种程度的课程，都要求学生能够运用批判性的思维进行创造性的写作，从而归纳出历史事件的显著特点。

12. 美国高中的外语课程一般都有哪些？

从初中开始，美国学校就要求学生选择一门外语课程，就像中国学生从小就要学英语一样。他们相信语言能力是个人必备的能力之一。每个学生都要选择一门外语课程，而这门课程一般是欧洲国家的语言，和英语或多或少有些相似。常见的外语课程有：法语、西班牙语、德语。有些学校也会开设日语、韩语和汉语。

中国学生出国留学，因为自己的母语是汉语，又在英语国家学习，因此有些学校不要求学生选择外语；还有些学校开设了中文课，中国学生也可以选，以便中国学生能剩下一些精力和时间去应对其他课程。同样的道理，中国学生也能在中文课上拿高分，对将来升学的GPA也会有帮助。如果出于从学习新知识的层面上考虑，学生往往会选修一门外语课。这样，中国学生就能通过学习一门新的语言，了解一个新的国家和文化。具备另一种语言能力，这是对自己的一种挑战，也是一种提高。但是这样做的弊端是学习压力增大。留学生本身就有提高英语的压力，重新学习另一门外语，需要记忆、领悟的东西自然就多了很多，从而付出的努力也更多。

13. 美国中学都有ESL课吗？

大部分招收国际学生的学校都会有ESL课程，而且要求国际学生第一年都要参加这个课程。课程内容一般是学习语言基本功和提高听说读写的能力。因为只有先打下良好的语言基础，然后才能应对其他课程的挑战。ESL上课的时间长短在不同的学校有不同的规定，一般学校会根据学生语言的提高程度来评定学生是否需要继续上ESL。

但并不是所有中学都有ESL课程的，好的学校一般没有ESL。因为好学校在招收国际学生的时候就对学生的语言能力有很高的要求，要保证学生一进入学校就能很快适应学校的教学进程。学生没有很强的语言基本功，到了学校也跟不上学校的学习进度。因此学生在选择学校时，要根据自己的英语程度，注意学校是否开设ESL课程。

14. 如果我就读的学校没有ESL课程怎么办？

ESL(English as a Second Language)，是非母语英语教程，针对英语作为第二语言的学生的课程。一般学校会为国际学生开设这门课。如果学校没有开设这门课，会有以下几种处理情形。

①学校很好，录取的学生都是托福80分以上，学校相信学生无需上ESL课程，完全可以直接上正规的高中课程。这种情况下，学生如果在初期觉得自己的英语不够好，就要抓紧时间，多和同学老师交流，在环境中迅速提高英语。如果还是有困难，可以求助于老师或者请一个Tutor。

②学校不开设ESL课程，但是学校和其他的语言学校合作，提供ESL课程。

③学校没有ESL课程，但是学校有暑期的ESL夏令营。学生可以报名参加夏令营来提高自己的语言能力。

④如果这些都没有，那么建议学生在出国之前报名参加一些英语提高班，主要是提高自己的实际语言交流能力，这样对于学生适应国外的生活及学习有很大的帮助。

15. 美国中学的ESL课程对国际学生有什么帮助？

ESL是针对英语为非母语学习者开设的课程。大部分的ESL课程是采取小班制的教学方式。如此一来，老师可以更好地对学生进行更为细致有效的指导。学生们在学习英语的同时，也能参加学校或是社区举办的文化社交活动。ESL课程的目标在于增进学生的英语程度，依照学生的英语能力、兴趣和需求，对其进行不同的英语技巧的指导。所有课程都包含以下部分：英语会话能力、文法、阅读、听力、写作和词汇。

一般情况，刚到美国中学学习的国际学生都需要先学习一段时间的ESL课程，大部分学校会让学生一边正常上课，一边学习ESL，但也有个别学校为了让学生在开始课程学习之前打一个很好的语言基础，会先让学生读一段时间的ESL后再进入正常课程的学习，学生在选择学校的时候要先将这方面的问题考察清楚。大部分美国中学的ESL课程都很人性化，会针对学生学习的课程在ESL课上补充对应的知识。这对国际学生将会很有帮助。

16. 美国高中有哪些必修课？

美国高中必修课一般如表 8.1 所示。

表 8.1

科目	要　求
英语	每学年一门（英语Ⅰ、英语Ⅱ、英语Ⅲ、英语Ⅳ、英语 APⅢ、英语 APⅣ）
数学	每学年一门（几何Ⅰ、几何Ⅱ；代数Ⅰ、代数Ⅱ；初级微积分、微积分 AP；大学代数）
科学	每学年一门（物理Ⅰ、物理Ⅱ、物理 AP；化学Ⅰ、化学Ⅱ、化学 AP；生物Ⅰ、生物Ⅱ、生物 AP；人体学；医药学）
社会学	需要三学年（心理学、社会学、全球问题学、社会研究）
历史和文化	至少两学年课程（历史Ⅰ、历史Ⅱ、历史Ⅲ、历史Ⅳ、历史 AP；各国文化）
外语	至少三学年课程（西班牙语Ⅰ、西班牙语Ⅱ、西班牙语 AP；法语Ⅰ、法语Ⅱ、法语 AP）
体育	田径、技巧、户外活动等

凡必修课均可根据自身情况选择跳级，而且允许连续跳级。所有的必修课，也都有普通、荣誉、高级等的分别，只是不同学校所开设的课程不尽相同而已。

17. 美国高中有哪些选修课？

主要选修课程有语言（外语）、数学、自然科学、社会科学、健康和体育、音乐、美术、家政、信息技术等。每个年级都有部分选修学科。如有的中学，必修课（Mandatory）和选修课（Electives）的比例是初中6：2，高中5：3。特别是高中阶段，选修的门类特别广，既有升学倾向的课程，如 SAT，Avid（主要是语文词汇与基础数学）；也有培养兴趣爱好和能力的课程，如摄影、新闻、戏剧、西班牙语、演讲、生活技能、法语等。

严格说来，美国高中的所有课程都是学生根据自己的情况来选择的，可以在9年级修10年级,11年级的课,也可以修习大学的课程,美国学校的课程设置能够充分满足学生的需求,只要学生有足够强的学习能力,学生就有机会去选择自己喜欢的课程。因此,从这个意义上来讲,美国的课程都是选修课程。但是,各个学校对学生毕业时要修多少学分都有严格的要求,而且,对于核心课程的学分都有明确规定。比如说,学生需要在英语课上4年修满4个学分,那学生就需要选够4个学分的课程,至于怎样选择,这个权利就掌握在学生自己手里了,当然,入学时,学校的老师会就选课问题对学生进行指导,让学生能够科学合理的选课,在学到知识的同时也能为将来申请大学打下良好的基础。

18. 美国寄宿中学有晚自习吗?

美国寄宿中学对晚自习没有整齐划一的要求,完全是学校说了算,因校各异。部分学校不设晚自习。学生下午3点左右上完课,就要去参加各种课外活动,或者社区服务等。这是美国中学非常重要的一块儿,并不比课业学习的比重轻。活动过后,学生可以在自己的宿舍自习,或是去图书馆,或是去专门上自习的Hall和其他同学一起学习,完全由学生自己安排决定。学校尤其是高中会给学生这个自由度去安排自己的时间,并希望他们根据自己的情况合理利用时间,以便收到最佳的学习效果。但是,也有一部分学校管理非常的严格,他们会要求学生上晚自习,把学生集中在一起,完成当天的作业,讨论相关的问题。

19. 美国中学有作业吗?

美国中学同样也有作业,而且,作业的难度要比中国作业大得多,注重的方面也不一样。首先美国中学生都有很多的假期,而且他们也不会像国内的孩子们一样,被迫去上各种课程和补习班,所以每个假期除了参加自己感兴趣的社团活动外,老师都会根据学生的学习情况给学生布置作业。

作业分大作业和小作业。小作业很简单,也许就是一篇文章,几道题目。大作业往往要耗时很久也要耗费很大的精力。老师会让学生亲自去做一些调查研究,在调查研究取证的过程中,锻炼自己的能力,强化所学的知识并开拓自己的思维。学生在完成这个作业的过程中，需要不停地思考，不停地研究，最后得出自己的东西。

美国学校给学生的“大型”作业，往往具有这样的特征：一是没有标准答案，让学生充分地发挥主观能动性；二是对方法要求严格，训练学生观察和解决问题的基本能力；三是实用性，让学生去关注生活的实际，让学生看到自己努力的成果和价值。

这种作业，学生想偷懒都困难，根本找不到机会。美国学校在一种表面上轻松、开放、自由的教育过程中，对学生的基本的学习能力、研究能力、动手能力、观察能力进行训练，对学生的严谨、细致、专心的良好习惯进行培养，让学生们从小养成尊重事实、注重调查的务实精神。美国老师布置的作业，看上去和玩一样，但是对过程的要求非常细致，学生是要花费一番心思的，几乎不可能偷懒。

20. 美国高中有“班级”概念吗？

美国的高中，除了个别的学校以外，基本不存在类似于国内的“班”的概念，甚至，连“年级”的概念都比较模糊，原因就是美国的高中是学分制的。

美国高中的学分制跟国内大学实行的学分制差不多。首先，学生要知道，要想高中顺利毕业，就必须读够多少个学分；然后，学生必须知道必修的学分是多少，选修的学分是多少，每年要修够多少个学分才能“升级”。

虽然学分制这个概念，在全美的高中基本上都实行，但是，具体实行起来，每一所学校都有不同之处。其主要原因是每一所学校的上课时间安排，或者说课程表，都有不同之处，完全呈现出“百花齐放”的局面。因此，在甲学校的学生，可能一天上 6 节课，每节课 52 分钟，每节课的学分是 5 分；而在乙学校的学生，可能一天上 4 节课，每节课的学分是 10 分。正是因为课程表的不同，每一个州的教育当局在管理学校的时候，要求的是学校全年的总体授课时间，而非每一堂课应该如何安排。

在美国的高中，理论上来说，学生到学校上课跟我们到超市买菜没有什么差别：假如一天要上六节课，挑六节自己喜欢的去上就行了。不过实行起来却不是那么简单。首先，因为课程有深浅，因此，某些课必须有要求（比如没有学过代数的就不可以选修微积分）。另外，学生还得盯着毕业的要求，哪些必修，哪些选修；想读大学的学生要从进入高中的第一天开始，就得选修那些对升读大学有帮助的课程……一句话，假如国内是在高二才实行文理分科的话，那么美国的高中在高一就开始了，而且学生自己必须自觉地作出决定。

因为美国高中的学生是没有“班”的，上课的时候是到老师所在的教室去上课，因此，在同一课堂里，可能有高中一年级的学生，也可能有高中四年级的学生。老师的任务就是在教室(有时也是该老师的办公室)等候学生来上课，上完课就走人。

21. 国内中学的成绩可否转为美国中学的学分？

国内中学的成绩可以部分的转为美国中学的学分，前提是国内中学的课程内容跟美国课程相似度比较高，课本是美国高中所认可的，否则学校不予以承认。这也就是我们为什么鼓励学生出国从9年级开始读一个完整的高中。这样，学生们就能拥有美国高中的全部学分和成绩，这对他们申请大学有极大的帮助。

那么，没有机会接受完整美国高中教育的学生怎么办呢？一般来说，没有完整美国高中成绩的学生，学校会保留学生们在国内的成绩单，学生在递交大学申请的时候，学校会把中国的成绩单以及随后在美国中学的成绩单一起递交给学生申请的各个大学，大学会根据他们的认证体制，对学生的成绩单作出判断，给予录取结果。

学校录取学生的时候，他们会调查学生在中国就读的高中的水平以及程度，然后对学生的成绩作出评估判断。他们还会看学生到美国之后的进步程度，学生如果刚开始的成绩不是很好，但是过了一段时间，有很大的进步，或者一直在进步，这也是学校愿意看到的。

总之，成绩单所反映的不仅仅是学生的考试水平，同时也是学生的经历和学习状况的汇总。

22. 中国学生如何去适应美国中学的学习？

中国学生到美国留学，要面临的挑战不仅仅来自语言和学习，更多的是来自不同文化，不同思维方式的冲击，这就需要学生去适应环境不断地提升自己。

(1)语言上的适应

语言是国际学生需要面临的第一道关。学生需要不时地提高自己的语言表达及沟通能力，表达与交流是留学的第一步。学生应该找到适合自己的提高英语的方法，比如结交美国朋友，参加不同的活动，看书，看电影等。语言是个积累的过程，要留心记录生活中出现的词汇，多用、多说自然就烂熟于心了。

(2)文化上的适应

"Culture Shock"一直是留学生不可避免的一个问题，如何去克服这种文化上的巨大差异，如何尽快融入一种完全不同的文化，也是国际学生需要面临的一个重大问题。在此，我们认为，保持一颗 open 的心，接受别人，主动去了解别人是克服文化冲击的最好办法。

(3)生活习惯上的适应

生活习惯的适应同样也非常重要。东方人和西方人生活方式是完全不同的，这种不同表现在方方面面，其中很重要的一个方面就是饮食的不同。但是，入乡随俗，体验一下异国风味也是个不错的经历。

(4)思维方式的适应

去美国做什么？其中重要的一点就是学习美式的思维方式。接受美国文化首先就要接受美国的思维方式。这种思维方式的建立是痛苦的，比如说：美国人注重过程，学生成绩不及格，可是如果老师发现这个学生在努力，而且在其努力的基础之上表现出了进步，学生依然会是老师眼中的好学生。而最后的结果——那个不及格的分数，只能是一个阶段参照物而已。所以，要想在思维方式上转变，需要多和美国同学及老师沟通，尽量去了解他们做事的出发点及想法，渐渐的，这种思维方式的浸透就会慢慢显现出来。

23. 中美学生在学习上的区别有哪些？

中国学生和美国学生最大的区别在于思维方式的不同。这种不同是文化及环境长期熏陶的结果。在中国的教育体制下，中国的学生往往不知道为了什么而学习，不能把书本的知识和现实生活联系在一起。而老师同样迫于考试的压力，没有太多的时间去引导学生树立正确的学习观念。由此而桎梏了中国学生的思想及创造力。美国学生在一个思维自由的环境中成长起来，他们思想中的任何一点点小火花都会得到老师和家长的褒奖。正是这种褒奖，给了他们自信和神奇的创造力。他们更爱思考，更愿意表达自己的观点，也往往更有自己的想法。另外，美国学生的实践能力、动手能力以及与人沟通交往的能力也强于中国学生。这主要得益于他们从小到大不同时期参加的各种活动及社区服务。这样才完善了他们作为人的社会性的一方面，而中国学生的大部分时间都花在了解题和背单词当中。这就是中美学生有所差距的原因。

第九章 美国中学活动

1. 体育课是选修课吗？学校一般有哪些体育项目？

在美国，体育是必修课，学校会要求学生修够一定的学分。学生可以根据自己的选课计划及学校的课程计划，选择体育项目，只要修业年限之内修够学校要求的学分即可。

各个学校设置的体育项目各有不同，但是都很丰富多彩。学校会根据自身情况开设体育课程，比如地处新英格兰地区的学校由于天气寒冷等因素，冰球、滑雪课程相对较多；加州或弗吉尼亚地区的学校就会安排较多的游泳、爬山、露营等活动。

以下是美国一所高中 Mercersburg Academy 的体育项目及社团活动，供大家参考。

Mercersburg Academy 有 51 个学生社团(俱乐部)：

①美非学生协会、亚洲俱乐部、班级委员会、民主党人俱乐部、女性俱乐部、国际学生俱乐部、犹太学生俱乐部、学生自治会、共和国俱乐部；

②法语俱乐部、德语社、拉丁语俱乐部、西班牙语俱乐部；

③阅读社、图书俱乐部、古典文学社、文学讨论社、欧文文学社、马歇尔文学俱乐部、写作论坛社、摩斯堡报纸社、年刊、漫画社；

④电脑俱乐部、计算机网络社、学生网络论坛社、数学俱乐部、商业俱乐部；

⑤演奏俱乐部、听音乐俱乐部、摇滚乐队、弦乐俱乐部、唱诗班、话剧社、摄影俱乐部；

⑥自行车俱乐部、汽车俱乐部、蓝天俱乐部、滑雪俱乐部、滑冰俱乐部、摩斯堡户外俱乐部、攀岩俱乐部、极限飞盘、钥匙俱乐部、火车原型俱乐部、烧烤社；

⑦环保俱乐部、社区服务社、国际特设社、进行审查委员会、侦探推理社。

Mercersburg Academy 开设 26 个体育项目：

①篮球、棒球、曲棍球、高尔夫球、橄榄球、足球、网球、垒球、排球、长曲棍球、室内足球；

②潜水、跳水、游泳、独木舟、划船、帆船；

③马术、剑术；

④舞蹈、滑冰；

⑤田径、长跑、越野；

⑥摔跤、极限飞盘。

Mercersburg Academy 的体育和社团活动多达 77 项，完全满足学生个性化的需求。这些多样性的活动使学生的生活丰富多彩，学生在学校的活动中找寻到自己的兴趣爱好，释放自己的潜能，提升自己的综合能力。

我们樱知叶的王学生 2012 年入读 Mercersburg Academy。仅仅一年，王同学就在学校的课外活动中逐渐树立起团队协作的概念，一改出国前小皇帝般的“独”与“霸”。王学生的性格也因此有了向好的变化，开始关注其他人的感受，不再总是自我为主，接人待物也变得宽容善待。王同学自己最终也逐渐被大家接受、被大家认同，真正融入了美国学校的学习和生活。

2. 美国中学的俱乐部与社区活动有什么区别？

美国各个高中都有很多俱乐部，俱乐部一般都是由一群拥有共同爱好及特长的学生自发组织起来的。俱乐部的领导者一般是领导能力、组织能力比较强的学生担任，个别俱乐部会有专业的指导老师对学生的技能及活动给予指导。俱乐部会定期组织活动，丰富学生的课余生活并开发他们的潜能。有时候，俱乐部也会安排学生走入社会，服务大众，并为俱乐部筹集资金。俱乐部的活动不算学分，但是会记入学生档案，对他们申请大学有很好的辅助作用。

俱乐部活动和社区活动有很大的区别。首先，性质不同。俱乐部是为乐而聚，切磋技能；而社区活动是以服务大众为目的，为社会做些力所能及的事情。其次，参加社区活动的人流动性比较大，俱乐部的人员基本上是固定的。当然，二者也有共同点，即学生是主要的参与群体。这些经历对学生将来升学都非常有帮助。

3. 美国中学的课外活动有哪些?

美国的课外活动是丰富多彩的,涉及学生生活的各个领域。通常情况下,一所美国中学会有十几到几十个学生社团,有些社团甚至拥有国际水准,比如韦伯中学的古人类学研究社,就走在世界前列。学校对于学生参加课外活动没有明确的要求,学生可以根据自己的兴趣爱好自由选择。学生可以加入剧团、乐队、校刊部、读书小组、数学小组、科学小组、各种体育运动队、美术小组等。这些活动以学校选修课或者学生俱乐部的形式展开。学校开设这些活动的目的是为了丰富学生的课余生活,为学生提供一个施展才华的平台,同时也为了开发学生各方面的潜能,培养学生的创造力及领导能力,甚至为学生今后的发展提供导向作用,这样的活动对学生能力的培养是至关重要的。

4. 参加课外活动有什么好处?

参加课外活动有助于学生申请大学,特别是名牌大学。美国大学申请表上一般都有这些问题,如:

- 中学期间参加过什么课外活动?
- 课外活动的年限?
- 担任过什么职务?
- 获得过什么奖励或荣誉?
- 奖励或荣誉是地区级的,州级的,国家级的,还是世界级的?

因此,学生多参加课外活动,不仅能够广交朋友、发展兴趣爱好、锻炼综合能力,还能为申请大学“加分”。

第十章
美国中学夏令营

1. 美国中学的夏令营什么时候开始?

暑假是美国学校最长的一个假期,很多学校都会开设各种类型的夏令营活动。各个学校夏令营开始的时间不太一样,需要去各学校网站查找具体时间和申请要求。一般夏令营开始的时间是6月初或7月初,时长不等,短则几天,长则1个多月。

美国中学的夏令营种类非常丰富,表10.1为各位学生及家长列举其中一部分,以供参考。

表10.1

夏令营类别	活动内容	夏令营项目学校
Summer ESL Program (ESL夏令营)	主要为学生提供很好的语言培训机会,由专业的ESL老师,为学生全英文授课。良好的语言环境,有助于提高学生的语言水平	Lake Forest Academy Annie Wright School The Athenian School Suffield Academy Mercersburg Academy Solomon Christian School Solebury School Wyoming Seminary Upper School
Sports Camp (体育夏令营)	主要进行一项或几项体育运动的训练,常见的有:体操、射击、游泳、足球、篮球、自行车等项目	Lake Forest Academy Philips Academy Andover Milton Academy Choate Rosemary Hall
Arts Camp (文艺夏令营)	以学习文学、音乐、舞蹈、美术等为主	The Albany Academies Milton Academy Concord Academy Lake Forest Academy Annie Wright School

续上表

夏令营类别	活动内容	夏令营项目学校
Arts Camp (文艺夏令营)	以学习文学、音乐、舞蹈、美术等为主	The Athenian School Suffield Academy Mercersburg Academy Solomon Christian School Solebury School
Discovery and Exploration Camp (探险与户外活动夏令营)	主要进行户外的探险与发现活动，培养学生的独立性，激发学生热爱自然的情怀，鼓励学生探索自然的奥秘	Milton Academy Lake Forest Academy Annie Wright School The Athenian School Suffield Academy Mercersburg Academy Solomon Christian School Solebury School Christchurch School
Science Camp (科学夏令营)	主要进行天文、地理、气象、动植物的观察、采集标本、搜集数据，从而提高学生的科学知识水平	Philips Academy Andover Phillips Exeter Academy Lake Forest Academy Annie Wright School The Athenian School Suffield Academy Mercersburg Academy Solomon Christian School Solebury School
Math Camp (数学夏令营)	主要提高学生应用数学知识解决实际问题的能力	Philips Academy Andover Phillips Exeter Academy Lake Forest Academy Annie Wright School The Athenian School Suffield Academy Mercersburg Academy Solomon Christian School Solebury School

续上表

夏令营类别	活动内容	夏令营项目学校
IT Camp（信息技术夏令营）	主要让孩子们学习计算机理论和操作技术，例如：上网、制作网页、收发电子邮件等	Lake Forest Academy Annie Wright School The Athenian School Suffield Academy Mercersburg Academy Solebury School
SAT Summer Camp（SAT 培训营）	主要为学生提供 SAT 培训课程，帮助学生更好地准备 SAT 考试，有助于被好大学录取	Lake Forest Academy Annie Wright School The Athenian School Suffield Academy Mercersburg Academy Solomon Christian School Solebury School
Make Up Credit Course（学分补修夏令营）	学生参加这个夏令营可以补修上一学期不合格科目的学分，也可以预先修下学期或是大学认可的课程学分	Solomon Christian School
Literature Camp（文学交流夏令营）	爱好文学的孩子们聚集在一起，探讨文学经典，交流感想	Phillips Exeter Academy

2. 参加美国中学夏令营有什么要求？

美国的夏令营需要向开设夏令营的学校申请，被学校录取之后，学生才能参加该夏令营。夏令营的申请流程和留学申请极为相似，学生需要填写夏令营的申请表，提供目前的成绩单及国内老师的推荐信，还有相关的体检证明、财务证明等。

学校会根据学生提交的申请表、成绩单及推荐信来决定是否同意学生参加夏令营。有些学校会给学生做一个简单的电话面试，考察学生的英语水平。学生一旦被录取，需要向美国大使馆提交签证申请，夏令营的签证类型多为 F1 的学生签证。

美国学校夏令营的申请时间多在三、四月，但一些顶尖的中学在一、二月份就有可能已经额满。总的一字原则就是：早！美国学校开设夏令营，都是事先确定好了招生名额，然后照此计划组织实施。因而名额一满，申请的大门即刻关闭。虽然大多数学校没有明确的申请截止日期，但申请采取先到先得的方式。况且，夏令营的录取也没有学校正常录取学生那么高的门槛，学校收到申请即行审核，审核完立即就发放录取。我们建议如果有申请美国中学夏令营的打算，应该尽早开始准备，尽早开始申请。

3. 哪些美国中学提供夏令营？

美国有很多高中都提供夏令营活动，具体情况需要到学校的官方网站查找或直接与学校的招生部门沟通。各个学校所提供的夏令营项目也是多种多样，侧重点也有不同。表 10.2 是一些比较好的学校提供的夏令营，大家可以参考。

表 10.2

学校	Choate Rosemary Hall CT
项目	ELI(英语培训)及其他
招收年级	8～11 年级
开营时间	6 月 29 日至 8 月 1 日
费用	约 8 725 美元
截止日期	滚动，最好在 4 月 1 日前

学校	Wyoming Seminary PA
项目	ESL
招收年级	9～12 年级
开营时间	7 月 2 日至 8 月 10 日
费用	7 500 美元
截止日期	尽早，额满为止

学校	Mercersburg Academy PA
项目	ESL
招收年级	6～12 年级
时间	7 月 6 日至 8 月 8 日
费用	约 6 525 美元
截止日期	尽早，额满为止

开办夏令营的还有以下一些学校：Cheshire Academy（CT），Kiski School（PA），Lake Forset Academy（IL），Tabor Academy（MA），Perkiomen School（PA），Solebury School（PA），The Grier School（PA）等。

第十一章
走读中学

1. 什么是私立走读中学？

美国私立走读中学，就是指不提供住宿的学校，其主体是美国本土学生，学生都来源于附近的社区。近年来，走读中学也开始面向国际社会招收国际学生。对于国际学生来说，放学之后，学生需要回到临近社区的寄宿家庭中。走读学生平时上课和体育活动都在学校进行，学生坐学校班车或者由寄宿家庭的家长负责早晚接送学生上下学。

私立走读中学由于没有住宿床位的限制，在保证教学质量的前提下，一般可以多招收学生，因此，走读学校规模往往比寄宿中学大一些。但这并不意味着走读学校教学方式会因学生过多而改变。走读学校仍然坚持小班授课，和寄宿中学完全一样。他们对体育运动和课余兴趣活动的要求，也不比寄宿中学少。

说到走读中学，就要提到寄宿家庭。很多家长会担心学生的安全情况和沟通协调方面的问题。其实，寄宿家庭都是学校附近社区的居民，留学生一般会寄宿在同班或同校同学的家里。寄宿家庭的父母在接送自己的孩子上下学的时候，也会顺便接送留学生，家长大可放心。

学生上走读学校，寄宿家庭营造的纯美式环境让学生可以更加深入地了解并尽快融入美国社会。寄宿家庭的家长，一般都拥有一定的社会地位，平时会参加不少社会活动，他们认为寄宿的国际学生也是家庭的一分子，很愿意带着留学生一起参加。

还值得一提的是，走读学校一般收费稍微便宜，但教学质量却和寄宿学校相当。

2. 走读中学有哪些类型？

按办学性质，可以分为公立和私立学校。

按招收的学生,可以分为男校、女校和男女合校。

按照宗教背景,又可分为宗教学校和非宗教学校。

3. 私立走读中学有哪些优势?

大家都知道美国最好的教育是私立教育,美国的私立高中按照学校是否提供住宿分两种,一种是寄宿学校,还有一种就是住在当地人家庭里的走读学校(Day School)。目前大家对美国高中的了解还只仅仅局限于对美国寄宿高中的了解,有些人甚至还不知道走读学校可以接收国际学生。不过随着走读学校国际学生的增多,我们也越来越多地了解了美国的走读中学。他们在美国教育体系中各有其优势。那么 Day School 有哪些优势呢?

(1)迅速提高英语语言能力

这一点应该是大家最容易理解的一点。在走读学校就读,就意味着学生要住在当地的家庭里,也就是我们通常说的 Host Family 或者叫 Homestay。那么,学生白天在学校上课,接触到的全是英文,而放学回家之后,接触的仍旧是英文,学生每天在这种纯英文的环境中学习生活,当然英语语言能力也就提高得很快了。迅速提高语言能力对学生尽快融入美国课堂及提高成绩都是至关重要的。

(2)国际学生少

因其以本地学生为主,所以就不会出现中国学生扎堆的现象。中国的许多家长所担心的也是申请的学校有太多的中国学生或者说国际学生。如果国际学生太多或者说本国人太多,对学生迅速融入美国文化及提高英语语言能力是相当不利的。

(3)从经济上来讲,走读学校更加实惠

大家都知道,寄宿学校的学费是相当昂贵的,一年下来整个费用大约在6万美元,而且学费每年都小有增加。而就读走读学校,每年的费用大概在4~5万美元,比就读同州同级别的寄宿学校一年节省1万美元左右。中学生留学美国为的就是升入美国好的大学,这样一来,必然要在美国待上好几年,几年下来,节省下来的钱也不是小数目,可以用来做很多的事情。

(4)教学质量无可挑剔

很多人可能会说,这种走读学校的教学质量肯定不是很好,要不怎么会这么便宜呢?其实大家可能不知道,这种走读的私立学校80%都是由教会资助的，主要为其附近的教民服务，这叫做取之于民用之于民，所以学费自然要比寄宿学校的便宜很多。至于教学质量，更无可挑剔，因为毕竟它是私立学校，如果教学质量不好的话，美国人是决不会把自己的子女送到这样的学校的，毕竟他们的孩子可以上公立学校，这样他们就可以一分钱不花。虽然这种学校的学费要比寄宿学校的便宜一些，但学生还是需要付钱才能上。

(5)学生接触面广，利于其扩大视野

就读于走读学校，因为学校不提供住宿，所以学生就必须住在当地人家里。家庭是社会的缩影，住在当地人家里可以使得学生有更多的机会接触美国社会，从而了解美国的文化、风俗习惯、美国人的处事原则等，这对于孩子将来的发展无疑是件好事。

(6)结交更多朋友

就读于走读学校可以让学生结识更多的朋友，参加更多的社会活动，为学生的发展提供更广阔的发展平台。在上文中我们提到过，美国的很多私立高中都是教会学校，而教堂正是结识朋友的一个良好平台。我们的一个学生就在一次礼拜中弹奏钢琴时被一位大学的音乐教授相中，而收他做了学生。

以上是就读于走读学校的一些优势。但凡事都有两面，有利即有弊，只是得看是利大于弊还是弊大于利。走读学校虽然有很多优势，但也并不适合所有学生，走读学校有适合他的群体，所以我们得针对学生的具体情况分析，判断其是否适合走读学校。

4. 什么样的学生适合私立走读中学？

选择走读学校，学生必须具备如下条件。

①学生必须认可这种走读方式，我们必须尊重孩子的想法。

②独立性、自我管理能力必须比较强。因为就读美国走读中学，学生接触社会的机会相对寄宿学校来说比较多，所以一定要管好自己。如果感觉孩子思想还不是很成熟，容易受到周边环境的影响，我们还是建议学生选择去寄宿学校。

③性格相对来说比较开朗，善于与人沟通。这一点很重要，如果性格内向，遇事儿不爱出头露面，我们也建议学生去寄宿学校。因为选择走读学校，学生是住在当地人家里，和外界打交道的机会比较多，相应的，遇到的问

题也比较多。如果遇到问题不及时沟通、解决，等到问题发展到不可收拾的地步，那就不好了。

④成绩优秀，有一定的语言能力。因为私立走读学校以招本地学生为主，很多学校都不提供 ESL 课程，所以学生一定要有基本的语言能力。

5. 申请走读中学有什么好处？

(1)提高英语快，融入美国文化快

走读制学校主要以本土学生为主，学校里的国际生比例在 1%左右，与寄宿学校平均 15%的国际生的比例比起来很小，所以走读学校的英语学习环境更好。而且申请走读学校，必然需要寄宿在美国当地家庭。寄宿家庭作为美国社会的缩影，学生需要很快学会如何以美国的方式解决问题，这是在寄宿学校是很难做到的。学生每天放学后回到寄宿家庭，周末和周日随寄宿家庭一起活动，这对学生英文水平的提高有很大的帮助。

(2)价格较低

住在寄宿家庭的费用是寄宿学校费用的 60%，也就是说，选择走读学校，要比寄宿学校节省四成的留学费用。寄宿学校一年的费用大多在45 000～55 000 美元之间，而寄宿家庭的费用却是在20 000～30 000 美元，是很多家庭都能接受的。

(3)入学申请截止时间较晚

由于走读学校不受床位的限制，所以入学时间可以相对推迟，大多数走读学校在三、四月份仍可以进行申请。即使是那些申请寄宿学校未果的学生，也还来得及重新选择理想的走读学校。

(4)走读学校通常不需要考托福和 SSAT

国内的很多高中生，尤其是重点高中的学生，学习压力异常沉重，根本没有时间去准备托福和 SSAT 这些标准化考试。对于这些没有标准化成绩的学生来说，选择走读学校是很合适的。走读学校都有自己的考试或测试，学生只要通过了该学校的考试就能够被录取，免去了标准化考试的麻烦和劳顿。即使是准备了标准化考试的同学，如果没能取得好的成绩，也可以选择这类走读学校的测试，来补救申请寄宿学校的缺憾。

(5)入学申请选择较多

对于国际学生而言，寄宿学校就那么几百所，而且是全世界的孩子都在地球的各个犄角旮旯削尖脑袋往里挤，竞争异常激烈。而走读学校选择非常多，即使是以寄宿学校的前100的标准来衡量，其结果也要超出寄宿学校几倍。申请走读学校竞争较寄宿学校小，而且申请到理想学校的可能更大。

根据我们的跟踪数据，由于家长和学生们选择较少，只能申请寄宿学校，导致寄宿学校的竞争越来越激烈，入学的门槛越来越高。而这只是对于国际学生而言，对其本土学生来说并无变化。这就出现这样一种现象：我们国内非常优秀的学生只被很一般的学校录取。而学生们为了申请寄宿学校要提早准备标准化考试，花了大量的时间进行考试培训，影响了在国内的正常课业学习不说，其考试结果也未必尽如人意。如果选择走读学校，既能申请到自己理想的学校，又不需要为标准化考试花费太多精力，何乐而不为？

(6)免去学生假期回国的麻烦

寄宿学校每到长假都要关闭宿舍，学生就得回国，假期想留在美国就很不便利。而且学生如果每年都往返几次中国，会浪费很多时间和金钱。住在寄宿家庭就不存在这类问题。学生可以选择不回国，继续留在寄宿家庭。

6. 走读中学是否都有宗教背景？

不是所有的美国走读中学都有宗教背景，但大部分都有。

美国本身是个宗教国家，宗教在人民生活中占有非常重要的地位。许多走读中学就是在这种文化背景下由教会资助创办起来的，所以，大部分美国走读中学有宗教背景。但是这并不意味着学校会强迫学生信教，相反，上这种具有宗教背景的学校对于国际学生来讲有很多好处。

首先，国际学生入读美国走读教会中学，一般会比在其他学校更能感受到一种友好的氛围。拿基督教学校来讲，基督教的教义中包括人人平等、友爱互助等。因此，学校的老师和学生都很友好。老师会关注每个学生的情况，甚至了解每个学生的兴趣爱好。

其次，国际学生去美国读书，不仅仅是要去为以后申请美国的顶尖大学做准备，更要深入了解美国的文化，吸收美国文化中的精髓。为什么具有短短历史的美国会如此发达？发展如此迅速？是什么在指导美国人生活和思维？答案是宗教。宗教在美国人生活中占很大位置，如果不上宗教课程，不仔细阅读和领悟圣经故事中阐述的道理，将不足以很好地了解美国和美国人的生活。另外，不带着这些文化去读美国的书和电影，很多东西是无法理解的。在美国教会走读中学读书，宗教课和定期的宗教活动会很好地帮助我们了解、学习和感受这些抽象的东西，让我们更好地在美国学习和生活。

7. 美国的教会中学有什么特点？

提起教会学校，人们马上想到的就是教堂、祷告等相关的事物，感觉很神秘，因此也理所当然地认为，学生在教会学校就读，会被培养成教徒、传教士或者以后会从事跟宗教有关的事业。事实上，美国教会中学跟其他普通中学差别并不是很大，学校建立的目的也是为了教育和培养人才。教会学校一般具有以下几个特点。

①美国教会中学和普通中学最大的差别就是它们有宗教背景。这些学校一般由教会创办，采用教会的方式和宗教的理念管理经营，因而学校会给学生开设宗教课程，并定期举办一些宗教活动。有少数学校会标明只招收同一信仰的学生，但这类学校为数不多。

②教会学校的学费便宜。因为有很大一部分学校的经费是由教会拨款，或是教友捐赠，加上宗教本身也把普及教育当成是福音，所以教会学校的学费比一般学校便宜。

③国际学生少。教会学校一般团体性很强，都是针对当地的教友，所以教外的甚至国外的学生很少。

④教会中学的教学环境非常安全。因为信教的人一般都比较善良、友好、包容，所以学校环境比较安全，人与人之间相处起来也比较容易。

8. 如何申请美国走读中学？

申请美国走读中学在一般流程上跟申请寄宿学校没有大的差别，都要提交申请表、老师推荐信、语言成绩等材料，等学校审核后将会有电话面试。但对于大部分国际学生而言，申请走读学校最大的难题不是材料递交问题，而主要是以下问题。

(1)寄宿家庭的问题

走读制中学一般不提供住宿，学生必须与当地学生一样寄宿在当地家庭中。对于国际学生而言，如果申请的学校附近有亲戚或者父母的朋友，那是件很不错的事情，但这也会给学生赴美学习带来一定隐患。如果美国有亲戚，很有可能会被认为有移民倾向而被使馆拒签。另外，寄宿在有中国亲戚、朋友的家里，不仅不利于学生熟悉美国本土的文化，学生学习和运用语言的机会也会因此大大减小。

(2)面试问题

学校审核完申请材料后，通常会和学生预定一个电话面试时间。电话面试对于口语好的学生来讲，一般不存在什么问题。但也有部分学生，平时口语讲得不多，口头表达一般，通过电话这种抽象的方式跟学校交流，很可能学生就会产生紧张感。

申请美国走读中学，在准备材料时，学生完全可以参考申请寄宿中学的流程，只是申请周期不像寄宿中学那样长。这样即使学生决定留学的时候有些晚了，也还来得及申请。

另外，美国走读中学比寄宿中学对学生的要求更宽松。对于高年级申请者这点尤为明显。如申请 11 年级的学生，在走读中学申请到这个年级的可能性要比在寄宿中学大得多。

9. 美国走读高中有排名吗?

美国私立走读高中实际上有多个版本的排名，但从专业角度来说，到现在还没有一个公信力比较强的排名。

走读学校有无排名，其实并不影响或决定它的教育质量。与寄宿学校相比，比较其排名前 100 的学校，走读学校要更多。根据美国教育部统计数据，美国的私立学校有数万所，其中走读学校占 90%，所以走读学校在数量上占很大优势。那么，这么庞大的走读学校为什么鲜为人知呢?

这不难理解，因为寄宿学校可以安排寄宿，具备招收国际学生的条件，这些学校的国际化推广也比较早。而更多的走读学校则以本土学生为主，不太考虑国际学生的录取，因为学校作为教育主体不可能也不太愿意去为学生寻找寄宿家庭和监护人，所以这些走读学校很少在国际上招生。不过，现在走读学校对国际学生渐渐开始关注了，也慢慢开始招收国际学生了。

事实上，走读学校才是美国私立学校的主体。走读学校主要以附近的美国本土学生为主，学生不需住宿，学校也没有住宿设施。这样，国际学生招的不多，有的学校根本没招收过国际学生。在这样的走读学校，一切本土化，很少国际学生的干扰，有利于孩子的留学生活。试想，你去一所国际学生占大多数或者华人留学生占大多数的学校，那还留什么学呀？

走读学校无论从学生的升学率，还是目前学生SAT的平均成绩来进行评估，好的走读学校的数量要远高于寄宿学校。我们随便列举几所这样的好学校，例如加州的阿尔克中学（Harker School）、康州的霍普金斯中学（Hopkins School）、圣母高中（Notre Dame High School），而位于波士顿的波士顿大学学院（Boston University Academy）的SAT平均分高达2 162。总之，美国各州都有很好的走读学校，如果中国学生能进入这些私立走读学校当然是非常好的选择。

第十二章
寄宿家庭

1. 什么是寄宿家庭?

留学生去国外学校读书,学校不提供住宿,或者学校在某段时间内不提供住宿,在这种情况下,学生自己通过学校、亲朋好友或者相关机构找到可以居住、生活的美国本土家庭,这个家庭就是寄宿家庭。对于未成年人来说,寄宿家庭不仅仅是我们概念中的房东,同时,寄宿家庭还需负担孩子的安全、教育、饮食等一系列的事务。

2. 怎样处理与寄宿家庭的关系?

寄宿家庭有许多好处,同时也给学生带来了很多挑战。寄宿家庭的主人毕竟不是学生自己的父母,因此离家万里的中国学生会发现在寄宿家庭的生活和在自己家中的生活有明显的不同。与寄宿家庭成员从素不相识到亲如一家,这个过程本身也是对学生为人处世能力的磨炼,所以学生应做好接受和适应文化差异的心理准备,这将有助于尽快适应新的生活。

首先,要正确认识自己在寄宿家庭中的位置;其次,应多和家庭成员沟通,多了解当地文化风俗。以诚相待是人际交往中的一个要领。或许我们觉得吃得不称心,住得不如意,但绝大多数情况下是交流存在问题。语言是一个原因,文化观念又是一个因素。不要由于害怕出错而拒绝交流,其实大多数寄宿家庭的主人是很体谅这些远离父母、漂洋过海的留学生的处境的。但我们也必须学会改变原有一些不好的习惯,去适应并融入当地的社会生活。

3. 寄宿家庭会是国际学生的监护人吗?

未满 18 岁留学美国的学生必须要有当地合法的监护人,一般有以下几种情况。

①住校：这种情况由学校作为学生的监护人。

②亲朋：在美国的亲戚或朋友可以做学生的监护人。前提是双方都愿意，而且美国这边的亲朋好友要有家长的授权书。

③走读：寄宿家庭可以做学生的监护人。前提是寄宿家庭同意，同样需要家长给寄宿家庭签署的授权文件。

④机构：选择走读高中留学项目的学生，监护人可选择当地的某个合法且有资质的教育机构。此种方式较前几种优势明显，最直接的好处就是既监管学生的学习又帮助学生处理问题，建议家长为学生选择这种方式。该机构作为学生的有权监管方直接监控学生的学业，一旦学生学业出现状况，可以及时安排课外辅导等来帮助学生。该机构作为第三方来监督学生的走读学习与寄宿家庭生活，可以中立地协调处理学生与学生、学生与学校、学生与寄宿家庭的关系。一旦出现状况，机构能够及时介入，提供帮助，进行协调，处理纷争，解决问题。

4. 寄宿家庭的选择标准是什么？

选择走读学校的学生赴美国求学的过程中，家长们最关心也最担心的问题就是寄宿家庭是不是靠谱。很多家长和学生在选择寄宿家庭时抱有很高的期望，很关心寄宿家庭成员的职业、家庭环境、地理位置等等。总的来说，提供寄宿服务的家庭一般有如下特点：①家庭成员中无犯罪记录；②家庭有固定的住房、稳定的收入；③寄宿家庭父母要有爱心、责任心；④待人热情，乐于帮助国际学生适应并融入当地的生活。

那么，具体该如何选择寄宿家庭呢？我们应该考察的是这个家庭的家长有无犯罪记录、是否品行端正、是否具有较强的爱心和责任心、家庭是否能够提供良好的家庭氛围、是否愿意和学生沟通和交流、是否愿意了解中国文化并接纳中国学生、是否有足够时间和精力来照顾寄宿学生。大体上来说，满足了以上六点要求就基本符合一个好的寄宿家庭的标准。再次，当然是要选择交通方便或离学校较近的寄宿家庭，这样可方便学生的上下学。

5. 有宗教信仰的家庭会对学生产生影响吗?

在美国,很多寄宿家庭是有宗教信仰的,作为寄宿学生,要学会尊重寄宿家庭的宗教信仰。比如说,周日的时候,一些家庭会安排去教堂听布道,有些家庭会去清真寺或者寺庙朝拜,他们认为这是体验他们文化的一个好机会,所以有可能会邀请学生一起去。如果学生愿意参加这个活动,那自然是一件好事。但如果不想去的话,也可以明白地表示出来,有礼貌地拒绝。宗教对大多数美国人之所以重要,其中有一个重要原因:美国的教堂不仅是举行宗教仪式的地方,还是教育、文化和社交中心。在这里经常举行教友聚餐会、座谈会、运动会、舞会以及其他许多社会活动和青年活动等。不管人们信仰如何,教会团体总是欢迎来自五湖四海的人参加这些活动。

6. 学生住寄宿家庭需要注意哪些问题?

第一,要学会尊重寄宿家庭成员,遵守家庭规则,到美国之后,学生不要把自己当成付了费的房客,更不要把寄宿家庭父母当作仆人,呼来唤去,而要把自己当作家庭的一员,遵守家规,做一些力所能及的事,诸如洗自己的餐具,整理房间等。

第二,要与寄宿家庭多沟通,多互动,不要沉迷于网络,钻在自己的房间里聊 QQ、玩游戏、看电影。实际上,寄宿家庭父母很喜欢和孩子沟通。

第三,在日常生活中,一定要注意个人卫生,每天要洗澡换洗衣服,不要在卧室中吃东西等。

第四,呼朋唤友是不可取的。中国人爱热闹,喜欢带好朋友回来留宿,但外国人好清静,不喜欢家里吵闹。因此,如果经常带朋友到“家”里玩,特别是夜晚,寄宿家庭可能就会有些不愉快。当然,偶尔几次是正常的,但最好能提前和寄宿家庭打好招呼。

7. 寄宿家庭是否可以调换?

只有通过留学机构找到的寄宿家庭才比较好调换。刚开始,学生入住美国寄宿家庭难免会有些不适应，这需要学生自己进行调适。如果学生和寄宿家庭之间出现了矛盾，学生希望能调换寄宿家庭，学生需要及时与协调员或负责人联系，说明原因，他们会分析情况先尽量解决问题，辅助学生度过适应期，如果矛盾确实难以解决，他们会想办法为学生更换寄宿家庭。

8. 住寄宿家庭应该做好哪些心理准备？

寄宿家庭提供了一个练习英语的好环境，能够帮助学生提高英语水平；寄宿家庭能使学生熟悉当地的生活方式及文化；寄宿家庭可以提供一个结交朋友的渠道，方便学生参加广泛的社交和体育活动……然而，寄宿家庭同样给国际学生带来了一些挑战：首先是不同的价值观、不同的风俗，全新的环境和生活习惯你是否能够100%的适应？当然，这是一个从陌生到认知再到接受和习惯的过程。也有一些学生反映比较难融入当地的家庭和社会生活，其原因并非寄宿家庭或这个社会排斥他们，更多的是他们没有勇气面对和接受这个全新的环境。其次，出门在外都会有一定的Homesick（思乡病）。当然，最突出的问题莫过于语言障碍，再者就是中西不同的饮食习惯了。但是反过来想，这些挑战也是机会，会使学生变得更加坚强、更加通情达理，有利于长远的发展。所以，别嫌啰嗦，出国前还是听一听我们都需要具体做哪些心理准备吧！

(1)入乡随俗

"When in Rome, do as the Romans do。"入乡随俗是学生需要做的第一项准备。美国和中国从环境到文化都有极大的不同，学生去美国就是为了感受并学习美国文化的精髓，所以明确目的，努力去适应寄宿家庭的生活方式吧。

(2)饮食差异大

中华民族素以饮食文化而著称，吃惯了中国饭的孩子们初到美国肯定受不了美国的面包和火腿，甚至觉得那不是饭，这就需要慢慢去适应。如果不嫌麻烦，偶尔可以展示一下自己的厨艺，给寄宿家庭做点中国菜，正好给自己也改善一下。

(3)沟通有困难

语言是学生到美国读书的一大障碍，尤其是高中生和初中生，他们掌握的英语仅仅限于简单的日常交流，真正沟通的时候还是有很多问题。首先学生不要排斥沟通，有什么问题要尽量和寄宿家庭说明，如果提出有语言问题，有些家庭也愿意给学生的口语做简单的指导，所以，一定要张口去说，只有这样才能渐渐提高自己的口语。

(4)孤单，想家

身在国外，很容易想家，尤其是过节的时候。可以定期给国内家长打电话，但也要尽量融入家庭，多交朋友，培养自己的兴趣爱好，以排除孤独感。

(5)上课方式、学习方法变化太大，难以适应

美国的教育及授课方式和中国的相差特别大，学生很容易在学习的过程中遇到各种困难，这个时候，可以请教寄宿家庭的家长，只要学生需要他们的帮助，并向他们寻求帮助，他们会很愿意告诉学生如何去解决的。

9. 美国寄宿家庭都提供哪些服务?

寄宿家庭就是中国学生在美国留学期间的“家”，寄宿家庭的主人会像亲生父母那样疼爱学生、在乎学生的感受，把学生当作自己的子女去培养。具体来说，寄宿家庭提供以下基本的服务：

①提供早餐和晚餐(星期一至星期五)，早餐、午餐和晚餐(星期六、星期日和公众假期)；

②提供独立卧室、床、床垫、一张书桌、一把椅子、衣物储藏柜以及用以学习的照明设施；

③提供其他所需的家庭电器，比如洗衣机等；

④指导学生搭乘交通工具，熟悉周边环境，帮助学生逐步了解并融入当地的生活；

⑤关照学生的健康，确保学生在居住期间快乐和舒适等。

第十三章
走读中学的宗教课程

1. 美国中学的宗教课程很难吗？

对于大部分刚去美国读书的中学生来讲，宗教课程还是有点难。因为学生刚从母语国家来到美国，自己只是掌握了一些简单会话，词汇量又远远不够，却要用全英文来交流，语言障碍确实是个大问题。交流都成问题，语言还没有解决好，就让学生一下子进入宗教课程，去学习这种深刻的文化内容，肯定会有相当大的困难。

美国中学的宗教课程主要教授《圣经》或者是《神学》。单从内容来看，这门课并不比中国的语文或历史难，但对于大部分中国学生来说，主要是接触不多，不熟悉。

《圣经》的阅读，是中国学生普遍头痛的事。难就难在词汇上，尤其是涉及一些历史典故、神话传说的，单词会拼，就是不懂意思。这需要一个积累的过程，词汇的不断积累，文化的逐渐积淀，之后就一定会是一个不错的结果。

学生去美国前，最好在国内带一本中文版本的圣经。可以对比着用，效果很理想。当然，如果有中英文对照版本的，就更理想了。

总之，《圣经》在美国文化中的重要性是无法替代的，只要对美国有一点点了解的人都知道。可以毫不夸张地说，在美国一举手一投足就有圣经在。所以，对于去美国读书的学生来说，学习这门课，对于日后在美国的学习和生活都是有很大帮助的。

2. 国际学生必须选择宗教课程吗？

入读美国走读中学不一定非要选择宗教课程，完全可以根据实际情况来定。

美国大部分走读中学是有宗教背景的，也有少部分没有宗教背景。如果学生入读的走读中学具有宗教背景，学校必然开设宗教课，而且还是必修课，相应学分就被算入毕业考核之内。这种情形下，就不能不选，就不能不学，而且还要学好，不然毕不了业。

如果学生入读的走读中学不具有宗教背景，宗教课程就不是必修课了。学生完全可以不选，可以不学。

尽管如此，还是建议学生选修宗教课程为好。因为在美国宗教无时不在，无处不在，宗教已经完全融入人们的日常生活了。作为国际留学生，要学习美国文化，要融入美国社会，不了解、不接触宗教是不现实的。与其花时间另外去熟识宗教，莫不如就在学校的课堂，把宗教作为一门学问来学，既获学分，又能了解宗教，何乐而不为?

3. 如何看待美国中学的宗教课程?

在美国，开设有宗教课程的学校一般都是教会学校，在这类学校学习的多数都是附近教民的子弟。学校开设宗教课程的直接目的是为了满足教民的需求，更好地服务于教民，让其子弟更好地了解他们的信仰。

在教会学校，这类课程通常都是必修课，像英文一样要学习四年才能毕业。宗教课程对申请大学没有直接的帮助，但间接上的意义还是有的。

宗教在美国社会当中起着重要作用，是美国文化的有机组成部分。国际学生有必要去了解宗教，或者学习一些宗教常识，这对学生深入了解美国社会或者融入美国社会都是很必要的。

就说文学，美国最好的文学很多都与圣经的影响分不开。不了解宗教，就不能很好地把握文学作品。再比如说历史，宗教和美国同生共长，两者的关系密不可分，很难将其中一个割裂开来。所以如果要学好历史，当然对宗教不能一无所知。学校开设的宗教课程通常叫 Bible 或者叫 Theology，虽然名称有些不同，但课程内容基本一样，主要讲述的都是要与人为善、诚实、博爱等普世价值观，另有一些哲学、伦理、文化、史实等内容。因而，我们不应该戴着有色眼镜去看这个问题，我们更应该也更愿意把这门课当作历史课或者文化课来解读。

4. 宗教背景的学校会要求学生信教吗？

有宗教背景的学校一般不会要求学生信教。

美国是宗教信仰自由的国度，这在各方面都能体现出来，所以就读美国有宗教背景的学校也不会被要求信教。但宗教背景的学校会开设宗教课，并定期开展宗教活动。也有个别的学校，为了更好地管理学校，会介绍学生也信仰学校信奉的宗教，但这样的学校是不多的。虽然学校不会强迫学生信教，但会要求学生了解宗教，参加布教等宗教活动。一旦学生自己想成为教徒，老师也会很热心地帮助学生入教。

第十四章
军　校

1. 何为军校高中？

美国军校大部分是男校，也有男女合校，通常招收7～12年级的学生。军校的课程和其他私立高中基本上一样，只是会多一些军事课程，另外也会增加一些体能训练，最大的不同可能就是日常生活采用的是军事化管理。美国的军校与兵役无关，比较强调学生人格方面的培养，在校方看来，每一位学生都可能成为未来的杰出领袖，将学生培养成具备杰出领袖特质的人——这也正是他们的办学目标。

私立寄宿军校，其学习环境是封闭式的，学生会有更充足的时间来学习和参加其他活动。在特殊群体中的这种学习和生活，有助于学生变得更加懂事和成熟，学生除了学习优秀、自我管理能力强，还会更容易树立正确的人生观和价值观。

2. 军校高中的课程如何设置？

美国高中军校的课程设置和美国其他普通私立高中大致相同，只是另外会增加一些军事课程。

军校开设的常规课程有数学、英语、科学、美国历史、欧洲历史、经济学、外语等。大部分高中军校也都设有AP课程和ESL课程。军事课程有军事理论课程、航空航天科学、航空史、海军科学、海洋学等。

在课外活动方面，军校高中和普通高中也没有太大差别，也会有游泳、棒球、田径、举重等活动。选修的课程里，也包括新闻、戏剧、艺术等。所以，军校并不像人们想象得那么单调。

3. 军校高中有没有军事训练，强度是不是很大？

军校高中当然会有军事训练，但是强度不是特别大，较适中，学生普遍都能接受。有的军校甚至只是在一周中选择一天作为军事训练日，让学生参加一些简单基本的训练。

4. 什么样的学生适合去美国的军校高中？

不是所有的学生都适合读军校高中，军校高中严格的生活管理和附加的军事训练对学生的意志和体能是一种考验。性格内向，身体柔弱的学生如果一定要上军校，那么就要事先考虑好自己是不是能够承受体能训练和军事化的管理，并做好面对挑战的思想准备。不过，没有规矩不成方圆，就是因为严格的管理，所以军校才培养出一批批的人才。强健的体魄、坚强的内心、卓越的判断力以及超常的自律能力，这些都是军校学生的特质，无论他们走在哪里，他们特殊的气质总能让他们在无数人中脱颖而出。你如果想成为这样的人，那么就选择去军校高中吧。

5. 美国高中军校接收女生吗？

美国军校以男校为主，也有男女混合学校，所以军校中学也招收女生。军校可以将女生培养成无论在身体素质上还是心理承受能力上都更为优秀的女性，也使得她们对抗逆境解决问题的能力大幅提升，这在普通高中是难以实现的。再具体地说，学生可以学到的是在压力下学习、合理安排时间、学会忍耐、注意细节、统筹全局以及团队协作等。这些是普通学校的孩子一辈子可能都学不到的东西，这些特殊的、积极的体验也很可能就会深深地影响学生的一生。

第十五章
特殊高中

1. 什么是特殊中学?

在美国,特殊中学被称为 Specialized High School 或是 Special Needs Schools。美国的残障学生在经过评估后与正常学生在同样的学校里接受相同的教育,其目的就是倡导普及平等的概念。美国 1975 年的《所有残疾儿童教育法》规定,5 岁到 21 岁的残疾人都能得到免费的教育和就业辅导服务。1990 年,美国又通过了《障碍者教育法》,此后几经修订,到今天,相关服务已经相当完善。特殊教育是指对视力、听力、言语、智力、心理等方面有缺陷、有问题的学生实施的教育。在教育过程中,需要有特殊的教学用具和教学方法。美国的教育从来不会忽视这些学生,相反会鼓励他们,因材施教,让他们找到属于自己的舞台,书写自己独特的人生。

2. 美国的特殊中学有哪些类型?

美国的特殊中学分几大类,如 American Academy,该学校为一所走读学校,提供 1~12 年级的教育,采用艺术的方式和方法对学生进行特殊教育,主要解决学生的注意力缺失紊乱、学习有困难或精神方面易紧张等问题。Riverview School 是一所走读 & 寄宿混合制中学,为 6~12 年级的注意力缺失紊乱、情绪或行为失常、有语言和学习障碍的学生提供特殊的教育。而对于一些身体有缺陷的学生,也会有一些专门的学校来帮助他们完成学业。例如位于纽约州的 School for Young Performers,专为失明的学生提供教育。这样的特殊教育学校在美国多达百余所,真正实现了教育的无差别全覆盖,为需要特殊帮助的学生们提供了不可或缺的解困手段和成长空间。

第十六章
艺术高中

1. 美国艺术类的高中是怎样的？

艺术高中分为公立和私立两种。顾名思义，美国艺术类高中是专门培养具备一定艺术特长或天赋的学生。公立艺术高中由政府财政支持，培养艺术人才；私立艺术高中办学认真，发掘并培养了许多优秀艺术家。例如胡桃山私立艺术高中，该校成立于1893年，是全美国历史最悠久的艺术高中之一。该校的芭蕾舞表演非常有名。这个学校跟当地的几家音乐学院有合作关系，如新英格兰音乐学院，所有胡桃山的学生也可以到新英格兰音乐学院学习、表演。这个学校国际化程度很高，部分学生在学校寄宿，其余的走读。

艺术学校的学生需要学习常规的课程，但大部分时间用于艺术专业的学习上。学校的老师专业性非常强，在各自的领域都是名家。中国学生就读艺术类高中最大的挑战是语言，不过，很多高中会提供专门的英语补习课程，帮助他们尽快提高英语水平。

2. 美国艺术高中与普通高中有何异同？

艺术类高中和普通高中有很大的区别，主要体现在以下几个方面。

(1)招生要求

艺术类高中在录取学生的时候除了考察学生的学习成绩、性格，还会更关注学生的艺术修养及水平。面试时，学生需要带自己的艺术作品或现场表演，学校会根据这些来决定是否录取学生。

(2)师资

和普通学校不同，艺术学校的老师大多都是艺术领域的大师或专家，他们带领学生走入艺术殿堂，培养学生成为艺术家。

(3)课程

艺术学校的课程和普通学校有所不同，但是核心的文化课程是一样的，对学生的要求也是一样的。学生有专业之分，除了学习常规的文化课程之外，艺校的学生还要根据自己的艺术方向，选择相关的艺术理论和实践课程。

美国的艺术高中和中国的艺术高中也不太一样。中国的很多艺术高中不太重视学生的文化课学习，学生每天大部分时间都用在艺术培训方面，用于文化学习的时间很短。学生毕业之后也只能走艺术之路，很少有学生转向其他行业。而美国的艺术高中则不同，学校对学生的文化课学习要求很高，艺术学习只是他们全部学习的一个部分。毕业后，美国艺术高中的学生也能进入名牌大学学习法律、医学等各种专业，学生的选择面很广。

3. 申请美国艺术高中的具体要求是什么？

艺术类高中和普通高中的申请步骤相似，只是对学生的特长有一定要求。学校要求学生尽量来学校面试，并提供作品或现场表演。如果不方便面试，学生需要提交一份书面的作品或做一个自己才艺表演的音频或视频。

以下是申请美国艺术高中需要做的准备，供广大学生及家长参考：

①2 寸照片若干张；

②学校申请费；

③填写学校申请表；

④艺术课老师的推荐信；

⑤家长推荐信；

⑥数学、英语老师的推荐信；

⑦学生近三年的成绩单；

⑧学生英语文章 1—2 篇；

⑨学生艺术学习及课外实践的简历；

⑩现场面试或电话面试；

⑪TOEFL 或 SLEP 成绩单；

⑫艺术作品或表演的 DVD。

4. 美国知名的艺术高中有哪些？

以下是一些比较好的艺术类高中，供大家参考。

公立艺术高中：

①纽约市拉瓜的雅艺术高中；

②德州华盛顿艺术高中；

③佛罗里达州新世界艺术高中；

④加州橘郡艺术高中；

⑤洛杉矶艺术高中；

⑥纽约市布鲁克林艺术高中；

⑦旧金山艺术高中；

⑧西岸预科艺术高中。

私立艺术高中：

①德州休斯敦艺术高中；

②密歇根州音特罗川艺术高中；

③法兰克辛那屈艺术高中；

④加州艾怀德艺术高中；

⑤胡桃山艺术高中。

第十七章
男　校

1. 美国男校中学有什么特点?

美国单一性别的学校存在了几百年,仅这一点就说明它具有独特魅力。

美国是一个注重个性化教育的国家,男校和女校这种单一性别的学校,教育水平很高,几乎每一所男校和女校都有上百年的历史,有很多合校无法比拟的优势,我们以男校为例来说明:

①学校都是男生,学生更容易集中精力学习,学生的整体成绩要比同水平合校的男生成绩好,升学率也高一些;

②男校中,同学关系简单,学生相处更加融洽;

③学校常规的课程设置与合校没有什么区别,但是选修课和课外活动更具特色,选修课会根据男生的生理、心理特征来设置,另外也会开展很多种男生喜欢的课外活动,比如探险、攀岩等;

④男校更注重培养学生的领导能力和演讲能力,学校的目标就是让学生成为更有能力和魅力的男性。

另外需要加以说明的是,男子寄宿学校会在周末安排与附近学校的学生进行交流,周末也可能组织学生一起去旅游。男校老师的性别是混合的,因而,家长们不用担心学生因性别单一而产生心理问题。

2. 美国知名男校中学有哪些?

表 17.1 所列是美国一些比较好的男校,供大家参考。

表 17.1

学校	年级	所在州	学生人数
Georgetown Preparatory School	9～12	马里兰州	473
Mc Callie School	9～12	田纳西州	652

续上表

学校	年级	所在州	学生人数
Woodberry Forest School	9～12	弗吉尼亚州	391
Avon Old Farms School	9～12	康涅狄格州	405
CFS The School at Church Farm	9～12	宾夕法尼亚州	180
Christ School	8～12	北卡罗来纳卡	225
Salisbury School	9～12	康涅狄格州	296
Blue Ridge School	9～12	弗吉尼亚州	195
Eaglebrook School	6～9	马塞诸塞州	254
Cardigan Mountain School	6～9	新罕布什尔州	207
Hillside School	6～9	马塞诸塞州	145
Fessenden School	6～9	马塞诸塞州	501

3. 美国男校中学课程设置有什么特点?

美国男校中学会特别设置一些有助于男孩发展的课程,比如较高强度的体育课和有针对性的领导培训课程。男校的核心课程和其他学校没有什么太大的区别,不同的仅仅是老师在授课时会根据男孩子的思维特点进行讲解,以达到最好的效果。男校的课程设置和合校的最大区别表现在选修课上,尤其是运动课程方面。我们以男校 Blue Ridge School(BRS)的户外活动选修课为例来解释一下这个问题:

BRS 的户外选修课有攀岩、徒步旅行、野营、独木舟、钓鱼、野外生存、野外生存领导、户外服务、户外欣赏、公共演讲以及攀登阿巴拉契亚山等。

从这个学校的课程可以看出,男校运动方面的课程是很有侧重性的,也很适合男孩身体、心理及各方面素质的培养。

第十八章
女　校

1. 美国女校中学有什么特点?

美国中学分为男校、女校和合校。女校有自己的风格及特点,所有女校的共同特点有以下几点。

①选修课更适合培养学生的女性特质,比如:插花、陶艺、化妆、文学、钢琴等。

②女校的课外活动更侧重于发挥女生的优势及特长,同时女校也很注重培养学生的领导能力及辩论能力,开办了很多领导能力训练、演讲、辩论等活动。

③在女校,学生更容易集中精力学习,因此女校学生的大学升学率较同水平的合校更好一些。

以上是女校的一些共同特点,当然每所女校又会有自己独特的地方,比如在衣着要求、配饰等方面,每所女校都是根据女生的生理、心理特点设置课程,尽可能开发女生各方面的潜力。因此,从这些方面来看,女校是国内女生出国读书不错的选择。

2. 美国著名的女校中学有哪些?

美国的女校大概有120所,分布在美国不同的州,东北部是女校比较集中的地区。以下列出的是一些比较出色的美国女校中学,供大家参考。

- The Hockaday School
- Annie Wright School
- Dana Hall School
- Emma Willard School

- Linden Hall
- Miss Porter's School
- Salem Academy
- Miss Hall's School
- The Ethel Walker School
- Saint Mary's School
- Foxcroft School

3. 美国女校中学的课程如何设置？

女校课程的基本设置和其他学校没有太大差别，差别主要在选修课方面。

女校的选修课里有服装设计、家政理财等及各种适合女生的体育活动如马术等。

4. 为什么选择美国女校中学？

美国的一个机构 The National Coalition for Girls' School（网址是 www.ncgs.org）曾经做过一项调查，他们调查的对象是 4 274 名女校毕业生，调查结果如下。

①91%的毕业生认为，女校教育为她们升入大学提供了良好的学业上的准备。

②88%的毕业生希望重温这段女校学习和生活经历。

③83%的毕业生认为，她们在学习上的优势远远高于在合校接受教育的学生。

④93%的毕业生认为，女校教育给了她们更好的空间去开发自己的领导才能。有 80%的女校毕业生毕业之后从事领导方面的工作。

由此我们可以看出，女校教育有它独特的优势。正如我们之前所说的，在女校，女孩子们的注意力更容易集中，学生之间的关系也单纯，更容易专注于学习。同时，学生也能够更好地发挥自己的特长，拓展自己的爱好。

5. 为什么美国有男校和女校之分?

教育学认为男生和女生在接受知识时存在差异,分开教育能更有针对性地因人施教。在男女合校,老师给的很多机会会被有同样优势的男生抢占,常见的是女生在理科方面得不到和男生一样的重视和机会。女校的优势就是让女生能在一个只属于女性的天地里充分、自由地发挥,建立自信心,专心致志地学习。在男校里,男生也不会和合校的学生一样,为讨好女生耗费很多时间和心思。

另外,学校课程和课外活动方面,单性别的学校会设计得更符合这个性别的学生,比如在女校的选修课里就有服装设计、家政理财等符合女性特点和兴趣爱好的课程。在男校,他们的外语教室几乎全部是电教室,据说是因为男生爱摆弄电玩和计算机所以才专门设计的,以提高学生的学习兴趣。

所以,如果想让学生接受有针对性的教育,单一性别的学校会更合适。

中篇
专家建言

内容提要

- 一家之言
- 寄宿学校案例分析
- 走读学校案例分析

第十九章
一家之言

1. 美国高中留学的难：境外后续

经过我们近几年的不懈推介，美国高中留学对于中国家长来说已不再陌生，而且同行们也已经开始在这一领域摩拳擦掌。可以说，美国高中留学其势正旺。但是，无论是否与商业行为有关，在我们看来，谈美国高中留学容易，可真正做起来并不是一件容易的事情。

美国高中留学不同于大学留学。这个年龄段的学生并不具有很强的独立性和自我保护意识，他们的世界观也没有完全形成。可以客观地讲，低龄留学有利也有弊。利的一面是，比较容易融入本土文化，进而更便于国际化；不利的一面是，外面世界的各种诱惑可能使孩子们无法辨别是非，从而使孩子们很容易偏离初始的留学计划而随波逐流。而这一点几乎成为所有家长的顾虑，担心自己的孩子到国外会学坏。

其实，根据我们多年的从业经验和对学生的追踪情况来看，学坏的孩子并不多，只有个别很糟糕。这类学生在国内同样很糟糕，只是父母发现他们在国内大学考不上，已经没什么前途，就寄希望于国外的教育来改变孩子，这种选择本身其实就是很无奈的。加上孩子初到国外，突然没有了国内的高考紧箍咒，一下子很难建立起自我约束，完全处于“放羊”的状态，结果当然可想而知了。就算是很上进的孩子，很优秀的孩子，在出国开始自己的留学生涯时也是满载着自己的远大理想和父母亲的极高期望，也有可能在未来漫长的留学生涯中逐渐被本土的某些东西影响，而慢慢远离自己的留学初衷。

美国本土的学生绝对不会像我们国内的学生这么刻苦学习，他们都以如何度过一个快乐的高中时代为首要。因为美国的教育体系中，中学教育的宗旨是培养孩子的综合素质以及发现孩子的某方面的特长为主导，学生也不需要像国内的高中生一样去疲于应付高考，学生可以尝试各种兴趣爱好并选择自己喜欢的事情去做，学术教育仅仅是其中的一部分，只不过是重要的一部分罢了，但绝对不是全部。就是以学术教育见长的美国顶尖的私立中学，虽然为学术上非常有潜力的学生开设多种高级课程，但学校仍然是以培养学生实际能力和综合素质为主。我们访问过众多美国优秀的私立学校，我们发现所有的学生都非常忙，不是忙于学术教育，而是忙于自己热衷的各种文体活动以及社团活动，但他们忙于发展自己的特长和兴趣，并在实际生活中充分发展和提升（而这些，的的确确是孩子们一生的铺垫，是孩子们将来职业发展的基石）。当问及未来对于大学的设想时，大部分同学对于能去什么大学并没有很清晰的想法。

这与我们国内的同学正相反。我们的同学根本没有机会把自己的兴趣爱好与自己的未来联系起来，也没有机会发现自己在某方面的专长和潜力，只知道无论在国内还是国外，一定进个好大学给父母一个交代。孩子到了国外，逐渐融入了本土文化，可能会比较客观地看待升学问题，在其乐融融地度过学校生活的过程中，忘记了自己留学的初衷。可想而知，最后的结果令父母失望，觉得孩子没有努力实现留学目标。这个年龄阶段的孩子，一直保持国内的拼劲儿确实不是一件容易的事情，不同的孩子面临的问题和困难也是不同的，如何帮助孩子们克服学习上和生活上的困难，如何使孩子们能够适应美国本土的学习生活，并且最终实现自己的留学目标，是低龄留学最值得关注的问题，同样也是美国高中留学的难题。

2. 美国高中留学的易：破难之路

我们樱知叶一直致力于打造完美的低龄留学。对所有学生跟踪服务，并根据学生普遍存在的问题进行预防和补救。我们在搭建了全美各地的服务机构的基础上，特别构建了“管理型留学”的机制。管理型留学就是由专人来管理，有专业教师来帮助，升学专家来辅导，从学生踏上留学之路开始设计出完整的学习计划和方案，由专家与家长、学生共同来实施留学方案，更稳妥地为低龄留学生成功实现留学计划。

低龄留学的缺点是学生的世界观不成熟，容易产生留学计划的偏离。低龄留学问题的核心就是学生出国后的后续管理，这也是美国高中留学的难点。根据我们多年的后续服务的管理经验，我们整合了在美国的教育资源，搭建了樱知叶特有的“管理型留学”服务体系。

管理型留学的特点是什么？管理型留学的目的就是解决家长对孩子留学计划的不确定性。通常，一个高中生赴美国读书，未来的目标是升入美国大学。目前，家长能做的事情是把孩子通过中介公司或者其他渠道送出去，到了美国后的教育完全交给了美国学校，即便是非常负责任的中介公司能够提供后续的一些服务，但是，由于每个孩子遇到的问题都不一样，所以，解决的方式是不同的。

以往，我们也安排美国的协调员来负责管理我们的孩子。但在管理过程中，也碰到了一些问题。

首先，协调员要照顾一个地区的 20 多个孩子，这些孩子常常分散在多个学校。协调员通常都是定期地走访或者联络学生。学生遇到问题除非主动跟协调员联络，否则协调员很难做到随时随地观察孩子，并及时与学校老师沟通。

其次，即使我们的协调员了解到孩子的一些状况，尤其是学习方面的问题，也只能给孩子讲讲处理的方式、方法，无法从根本上解决学习本身的问题。

再次，学生读美国高中，大多都是 10 和 11 年级。因此，他们的升学准备，是一到了美国就需要开始的。我们的大部分同学过去的时候都已经 10 年级了，适应就需要一段时间，何谈升学的准备。到了美国，尤其是看到美国的孩子很少谈升学的问题，很多孩子也就渐渐遗忘了留学的初衷或者说被本土学生同化了，最后家长对孩子的升学结果大失所望。

如何解决这样的问题，就成为困扰我们的一大难题。最后，我们整合资源，加大投入，变区域管理为单校管理，最终完成了樱知叶独有的"管理型留学"的服务体系，这才解决了以上这些问题。

3. 管理型留学能带给家长和学生什么？

管理型留学可以让因无法陪伴孩子去读书的家长们更加放心；尤其是有些英文不好无法与寄宿家长和学校老师有效沟通，也没有相应的社会资源可利用的家长，管理型留学解决了他们的后顾之忧；管理型留学，能尽快消除同学们对适应美国陌生环境的焦虑，更重要的是确保了学生留学计划的顺利完成。

这就是管理型留学与普通留学最大的区别，也是樱知叶探索出来的美国高中留学难题破解之路！

①学生一到美国，就交给我们的管理老师。这位管理老师不属于学校的教职员工，但每天在学校通过和学校的老师沟通管理和照顾我们的学生。

②抵达学校开始上课后的一两周内，根据各科目老师对学生的评估做出学生的课后辅导计划，配备专门的老师对学生相对薄弱的科目进行辅导，使学生能够跟上课程并获得好的GPA(好的GPA是升入大学的关键，美国的大学在录取学生时，GPA占到了65%)。根据我们的经验，中国学生通常在英语和社会学等科目上出现很低的成绩，会直接影响到未来的GPA。所以，老师在一开始的时候就有针对性地帮助国际学生避免出现这种情况。

③美国的学校与中国学校不同，学校的老师不会主动问学生是否掌握了所学的内容，也不会刻意督促学生一定完成作业或者课后学习，完全靠学生自己。中国学生很容易迷失自己，以为没人督促，就可以不学了，结果到考试的时候就惨了。所以，管理老师的课后敦促是很有必要的。

④学生升入理想大学，除了好的GPA以外，还要准备相应的考试，诸如SAT，TOEFL，AP等。管理老师会根据学生的年级来为学生制定辅导计划，并安排有经验的老师进行辅导，确保学生取得好成绩，进入理想的目标大学。

⑤在美国升入名校还需要学生展示一定的领导能力、协调能力、参加义工的纪录等等，管理老师也会着重安排学生参加相应的活动，使学生在未来升学时有足够的东西可以展示。

⑥安全有保障。国际学生入住的美国当地寄宿家庭都是要经过CSIET严格的入选程序的，并要满足其严格的筛选标准的。比如背景调查就有一项，要求十八岁以上的家庭成员全部通过无犯罪记录调查，否则就不能入选。美国寄宿家庭都是非常有爱心的，他们愿意付出时间和精力为国际生提供良好的生活氛围，有些寄宿家庭还会接送学生上下学。美国境外团队的管理老师全职监督学生在校的学习和在家的生活，定期组织学生生活会，按时拜访学校和寄宿家庭，及时帮助学生，化解问题。并定期给中国家长发送学生在美国的学习和生活报告，让家长放心。

4. 美国寄宿制中学和走读制中学的比较

近年来，随着美国低龄留学的兴起，越来越多的家长和同学对赴美读中学显现出极大的热情和关注。众所周知，美国的私立教育引领着全球的教育发展，私立教育的成功模式也已被全世界认可。全球著名的哈佛、耶鲁、普林斯顿、麻省理工大学等顶尖大学均为私立大学。美国的基础教育也分为公立和私立，总体来说私立学校的质量要比公立学校的教学质量高，对于美国本土的人来说，选择公立学校读书，可以享受免费的教育，而选择私立学校要交很高的学费。但是私立学校严格的师生比例、严谨的教学以及精英人才培养的理念，使得很多注重子女教育培养的家长还是愿意把孩子送到私立学校。因为，美国的家长跟我们的家长的期望是一致的——那就是让自己的孩子赢在起跑线上。

在美国，中学教育分为城市学校（URBAN SCHOOL）、郊区学校（SUBURBAN SCHOOL）、乡村学校（COUNTRYSIDE SCHOOL）。通常郊区学校的教学质量普遍更高，因为美国的富人大多住在郊区，郊区则集中了大部分的私立学校。在私立学校中，走读制的学校占主体，寄宿制的学校占不到1%的比率。原因很简单，美国人在为自己的孩子选择学校时考虑的是，如果附近的学校有非常好的公立学校，那肯定是首选。如果不能如愿，就选附近的私立走读学校。只有在附近没有可选的走读学校时，才会考虑送较远的寄宿学校。这点其实跟中国的家长的心态是一致的。选学校时，大家首先考虑的因素是学校的质量，而是否公立或私立，是否寄宿或走读，其实并不重要。

对于大多数中国的家长和同学来说，谈到美国中学，可能首先想到寄宿制中学，那是因为寄宿制中学具有接纳国际学生的住宿条件，在面向国际招生上做得比较早，宣传做得也比较好。我们从很多美国寄宿中学的网站上以及相应的招生活动上可以看出，近几年来，美国的寄宿制中学协会甚至有组织地到中国进行巡回招生，也使得中国的家长和同学有机会能与美国的校方直接见面。大多数家长选校时仅仅局限在200多所经常能在网上查得到的学校，而这些学校随着近年来突然增多的来自中国的申请人，由于名额有限，不得不越来越提高入学的门槛。

以去年秋季入学为例，有很多往年不需要托福、SSAT等标准化成绩就能够入学的学校，都开始要求这类成绩并且成绩要求也越来越高。而对于大多数中国学生而言，需要提前两年甚至更长的时间做准备才能考出像样的成绩，否则既影响当前的学习，又无法考出好的成绩，出现两耽误的现象。

其实，我们认为中国学生的潜力和学习能力是非常好的，只要有一定的环境提高英文水平，其适应美国的学习是很快的。而提高英文水平和适应美国文化住在当地美国人的家庭里面是非常好的办法。也就是说，其实对于中国学生来说，不一定非得局限在有限的寄宿学校中选来选去，而应该逐渐把选校的范围扩大到私立走读制学校。

我们认为出国留学无论选择寄宿还是走读，首先要具备以下几个条件。

首先，具备一定的独立性，具有较强的自律性，清楚自己出国留学的目的和目标，并愿意出国接受挑战，这是基本的条件。

其次，性格要相对外向，具备良好的沟通能力，具有积极的、包容的心态是出国留学的必要条件。

如果学生具备了以上的条件，出国留学没有问题，而且选择寄宿制学校或走读制学校都不会有问题。选择学校的重点应该放在学校质量的选择上，而不是住宿形式的选择上。

对于那些自律性比较差、性格比较内向的同学，选择寄宿制学校并且有针对性地选择适合自己的学校该是正确的选择。因为美国的寄宿制中学都各有自己的办学特点。对于美国人来说很好的学校未必适合中国的学生，所以家长要充分了解学校的特点，也要根据自己孩子的特点进行选校。

5. 美国走读高中学校应该成为新选择

过了春节，很多家长开始筹划送孩子到美国读高中，突然意识到着手晚了，手足无措，非常着急。我们一线的咨询老师被问到的最多的问题就是：现在想去美国读高中，还有好的寄宿学校可以申请吗？殊不知，美国的寄宿学校，尤其是美国寄宿高中排名榜上的前 100 的学校，大多在上一年的 1 月 31 日或者 2 月 15 日就截止申请了。有些学校甚至在上一年的 12 月 1 日就截止申请了，如位于纽约州的 THE STONY BROOK SCHOOL 就是其中一例。有些设有早期入学申请的学校则更早，在上一年的 12 月 1 日就已经发布录取结果了，如 THOMAS JEFFERSON SCHOOL。很多家长想当然地认为秋季 9 月入学，时间还早，过了年再说，往往忽略了美国高中的申请截止期限这一非常严肃的问题。

这个问题带有普遍性。北京樱知叶留学作为北美低龄留学的专家，基于对美国高中留学的深层次的研究，向广大希望赴美国读高中的同学及家长介绍一些我们的经验和建议，供大家借鉴和参考。

(1)去美国读高中不一定局限在排名前100的学校

很多中国的家长觉得去美国读书就要看学校的排名，觉得只有去了排名前100的学校，学生才有可能升入顶尖的大学。其实，这是个很大的误区。

美国学校没有所谓的官方的排名，甚至专业的中介机构经常提到并作为依据的排名也并非出自任何官方的机构，只不过是一个叫 PRIVATE SCHOOL REVIEW 的网站搞出来的。而且，它只对寄宿学校做了排名。我们暂且不论它的依据和权威性，就以升入名牌大学这一项来说，许多排名在前100的寄宿学校在其建校历史上也很少有一个学生升入常青藤大学。那么，这样的学校又为何能进入前100呢？其实很简单，美国学校的优劣绝不仅仅是以升入大学为唯一标准的（和我们国内恰恰相反），学校着重对学生的综合素质和能力进行培养，看重校友在未来的发展和对社会以及对母校的贡献，并不看重应届毕业生有多少进入大学甚至顶尖的大学。学校认为学校的教育是给学生良好的基础和能力，而这种素质是一生的财富而不是短期的结果。很多美国高中生毕业后不是直接进入大学而是走向社会，对社会和自身有了充分的认识，并确定自己将来喜欢和适合做哪个行业再申请大学。这个时间大概为一年到两年，也就是通常所说的 GAP YEAR，这与我们国内的高考定乾坤的现状是截然不同的，所以，广大家长和同学不要用对国内的教育体系的认识套用理解和评价美国的高中的好坏。

(2)走读学校有更多与排名前100的寄宿学校一样优秀的学校

根据美国教育部2002年的统计数据，美国的私立学校共2万7千多所，而我们的家长通常选校都是在有限的500多所的寄宿学校名单中进行。

不难理解，因为寄宿学校可以安排宿寄，具备招收国际学生的条件，所以这些学校的推广也比较国际化。而更多的走读学校则以本土学生为主，不太考虑录取国际学生，学校作为教育主体不可能去为学生寻找寄宿家庭和监护人。

而事实上，走读学校是美国私立学校的主体，也主要是针对美国本土学生的，国际学生不多，有的学校甚至没招收过国际学生。在这样的走读学校，一切本土化，很少国际学生的干扰，有利于学生的留学生活。试想，你去一所国际学生占大多数或者华人留学生占大多数的学校，那还留什么学呀？

走读学校无论从学生的升学率还是目前学生 SAT 的平均成绩进行评估，好学校的数量要比寄宿学校多得多。我们随便举几所学校，比如位于麻州的天主纪念高中，以及位于德州的橡树学校，每年都有 30 多个学生进入哈佛、耶鲁及其他顶尖大学。位于内华达州的圣桥中学，2007 年学生的 SAT 平均成绩达 1 870 分。

走读学校虽无排名，但与寄宿学校排名前 100 的学校一样优秀。而且，美国各州都有很好的走读学校，中国学生进入这些私立走读学校也是非常好的选择。

(3)选择走读学校的优势

优势一：入学申请截止时间较晚，方便了学生和家长的选择。由于走读学校不受床位的限制，所以入学时间可以相对推迟，大多数走读学校在三、四月份仍可以进行申请。就是那些申请寄宿学校结果不太理想的学生，也有时间来选择理想的走读学校。

优势二：走读学校通常不需要考托福和 SSAT，但随着申请竞争压力越来越大，一小部分走读学校也需要提供托福与 SSAT，但对于国内的很多高中生，尤其是重点高中的同学，学习压力异常沉重，根本没有时间去准备托福和 SSAT 这些标准化考试。对于这些没有标准化成绩的同学来说，选择有自己的考试或测试的走读学校是很合适的。学生只要通过了该学校的考试就能够被录取，免去了标准化考试的麻烦和劳顿。即使是准备了标准化考试的同学，如果没能取得好的成绩，也可以选择这类走读学校的测试，来补救申请寄宿学校落选的缺憾。

优势三：入学申请选择较多，相对容易。对于国际学生而言，寄宿学校就那么几百所，全世界的孩子都削尖脑袋往里挤，竞争异常激烈。而走读学校选择非常多，就是以寄宿学校的前 100 的标准来衡量，其数量也要超出寄宿学校几倍。申请走读学校竞争较寄宿学校小，而且还可以申请到理想的学校。

根据我们的跟踪数据，几年来的申请形势，由于家长和同学们选择较少，只能申请寄宿学校，导致寄宿学校的竞争越来越激烈，入学的门槛越来越高。而这只是对于国际学生而言，本土的学生并无变化。这就出现了我们国内非常优秀的学生只被很一般的学校录取的现象。而同学们为了申请寄宿学校要提早准备标准化考试，花了大量的时间进行考试培训，影响了在国内的正常课业学习不说，其考试结果也未必尽如人意。如果选择走读学校，既能申请到自己理想的学校，又不需要为标准化考试花费太多精力，何乐而不为？

我们说一个典型例子。张同学是国内重点高中的尖子生，为了申请排名前100的寄宿学校，全心备考托福和SSAT，折腾了大半年，考出的成绩却不理想。可想而知，申请到的学校也不是理想的目标学校。不仅如此，由于备考标准化考试，把国内的功课也落下了。所以，虽然申请到的学校不理想，也只能将就了。这就有违该生的初衷！如果张同学选择走读学校，他在不影响他现有的功课的前提下，就能够申请到很好的走读学校。他的申请结果就不会如此单一，更不会如此被动了。

优势四：提高英语快，融入美国文化快。申请走读学校，必然寄宿在美国家庭。家庭作为美国社会的缩影，同学们会很快学会如何以美国的方式解决问题，这是在寄宿学校做不到的。学生回到寄宿家庭只能用英语沟通，周末和周日随寄宿家庭一起活动，接触的都是美国本土的人，对于同学们的英文提高有很大的帮助。大多数在寄宿学校的同学要与其他国际学生分享一个宿舍，所以英语的提高不如在寄宿家庭的学生来得快。

优势五：价格合理，性价比高，接受普遍。选择寄宿家庭的费用是寄宿学校费用的60%，也就是说，选择走读学校，要比寄宿学校节省四成的留学费用。寄宿学校一年的费用大多在40 000～55 000美元之间，而寄宿家庭的费用却是在20 000～30 000美元之间，是很多家庭都能接受的。

(4)选择走读学校安全吗？

安全性是很多家长考虑的第一因素。无论选择寄宿家庭，还是选择寄宿学校，我们一贯主张学生要有一定的独立性和自律性才能考虑出国读书。选择寄宿家庭的同学，更要具备良好的与人沟通的能力。寄宿美国家庭，对于中国学生和家长来说并不陌生。目前，北京樱知叶文化交流有限公司在美国走读学校所在地均设有办事处以及协调员来照顾我们的学生，我们的协调员会定期将学生在学校的学习成绩报告单以及适应美国家庭的情况报告给家长，直到高中毕业。在校期间，学生遇到任何问题可以第一时间与我们的协调员联络。我们的协调员会及时进行处理，而不用远在中国的父母操心。自2005年迄今，我们批量寄宿在美国家庭的同学都有同样的感受：他们学到了太多的东西，并且真正建立了在美国发展的信心。

6. 就读美国高中最佳时间:九年级!

美国高中和中国高中的不同之处,主要就是学制方面,美国的高中通常是四年制的,从 9 年级到 12 年级;而中国高中是三年制,如果折算年级应该是 9 年级到 11 年级,一般美国高中入学的年龄是 14 岁左右。也就是说 14 岁的孩子,初中毕业后直接申请美国的 9 年级是最适合的。

美国的高中分公立高中和私立高中,但是他们没有重点和非重点之分,只是各自特色不同。尤其是私立高中比较侧重于学生综合能力的培养,他们的教学质量远高于公立高中,他们强调优异的学术研究,注重培养学生独立自主的精神。

如果能够选择一所好的高中,那么进入美国排名前 100 名的大学就比较容易,这也是任何一个去美国留学的中国学生所梦寐以求的事情。

申请美国高中,要提供 SLEP、SSAT、托福等考试成绩。14 岁开始做准备是最适合的年龄。初中三年的学习生活已经结束了,高中的生活才刚刚开始,学习节奏不快,学习的压力也不大,边打文化课基础,边学习语言,时间和精力都充裕。

俗话说,准备得越充分,发挥得就会越好。申请美国好的高中也是这样,考试成绩越高,申请越容易。如果把准备的时间推迟到高二,时间就比较紧迫了。一般申请一所知名的美国高中,SSAT 正确率必须达到 70%以上,托福成绩要达到 90 分左右。如果直接申请大学,要求会更高,申请到心仪的美国顶尖级大学就更难了。所以,建议准备去美国读高中的中国学生,提前准备,提前申请,不要错过申请的最佳时期。

7. 国际学生可不可以申请美国 12 年级

很多家长经常会问到一个问题:国内的学生可不可以申请美国 12 年级?答案是这样的:美国寄宿高中原则上不接收 12 年级的国际生,特别是一些顶尖的高中。促使美国寄宿高中作出这个决定的原因如下。

(1)培养时间和培养效果

12 年级是高中的最后一年,距离升入大学的时间不足一年。而美国的大学申请是要在上一年年底就要完成的。实际上,12 年级的学生,9 月份入学后，不到三个月就要完成大学的申请，这对美国本土学生来讲也是不太现实的，更别说国际学生了。国际学生连学校都没适应呢，就要从事大工作量的大学申请，肯定吃不消。时间这么紧迫，学校没有把握确保学生升入理想的大学，就不敢冒险，这也在情理之中。

(2)文凭质量和学校声誉

学校不愿意让学生读一年就拿到本校学历。因为在短期内就颁发学校的文凭，质量没有保证。要知道，学生毕业之后走向社会就是学校的形象代表。学校必须要确保自己的文凭是有含金量的，必须要维护学校的声誉。

(3)学校收入

学生在校时间越长，学校收益越多。美国寄宿高中当然乐意学生从9年级开始入读学校，这样学校的财政预期就比较长，财政收入也有稳定的增加。

(4)情感培养和发展校友

美国寄宿高中很注重发展校友，学校想在学生身上培养对母校的忠心和感情。希望学生以后对母校有所贡献，但一年的时间是很难达到效果的。

(5)足够多的学生

自从美国签证对华开放之后，越来越多中国学生漂洋过海到大洋彼岸的美国读高中，所以美国学校不愁没学生来。符合条件的足够多，为什么还要录取12年级的学生呢？

所以，想申请美国12年级的学生和家长要趁早打消这个念头，就是对学生来讲，也有许多不利与不便。从各个方面来说，申请美国高中越早越好，一是有足够的时间规划，二是学生较容易满足学校对语言等相对低些的要求，而对于学校来说，也更乐于接受。

8. 美国高中奖学金及其申请

众所周知，世界一流的教育当属美国。美国向全世界顶尖人才所发放的奖学金的数量和种类也位居全球之首。诸如世界名校哈佛大学每年的奖学金配额都发放不完，言外之意，对于申请此类顶尖大学的同学来说，不怕没钱就怕申请不上。只要被录取了，完全可以申请全额奖学金，不用花自己一分钱，就能完成自己的学业。美国大学的学费，尤其是著名大学的学费都是全球最贵的，但是美国的大学却是最穷的人也能够读得起书的地方，原因就是有不同种类的奖学金/助学金帮助你完成学业。美国也正是以这种优惠的条件诱惑全世界的顶尖人才来到星条旗下，这也是美国能够在短短二百多年的历程中迅速发展成为世界超级大国的原因之一。

随着近年来留学市场的低龄化，越来越多的中学生开始踏上了赴美留学的征程。以本公司的低龄留学增长的幅度来看，自2005年美国大使馆开始对高中留学生的签证放松以来，每年赴美留学的数量正在以300%的速度递增。由此可见，低龄留学已经成了新潮流、大趋势！

美国高质量的教育和诱人的奖学金政策也成了很多中学生的首选留学目的地。赴美国读高中的优势是众所周知的，很多家长都希望把自己的孩子早点送出去，为未来跻身世界的竞争积累优势。但是，一看到美国私立学校的学费，一算下来，几年学习动辄人民币百八十万，甚至几百万，令很多家长望而却步。

在这里，笔者作为在这个领域研究了多年的专业人士，我可以告诉大家一句话，其实还是上面那句老话：就怕你的孩子不够优秀，就怕你的孩子没有准备好，其实只要孩子足够优秀，优秀到让美国顶尖的高中对你垂涎三尺，你同样可以不花一分自己的钱就把孩子送进顶尖的美国高中去读书。如果一个孩子能用美国的奖学金读完美国高中，那我相信也决不会因为没有钱上不起美国的大学了。

那么，如何才能够申请到美国高中的奖学金呢？

美国高中的奖学金与大学的奖学金比起来，真是小小巫见大大巫，少得可怜。但是，同样可以申请，也完全能够获得。

首先，美国教育以私立教育著称，无论是大学还是高中，只要是私立的，完全靠市场经济来运作。美国私立学校的财政，除了财团赞助外，大多靠校友赞助。所以，私立学校非常注重人才培养，只有自己的学生未来成了社会上的顶尖人才，才有能力为自己的母校捐款。奖学金的种类和名称，也是根据不同的捐款人和其意图而五花八门。所以，越是优秀的学校，越是成功的学校，能够发放奖学金的机会就越多。但是，不是所有的奖学金，我们的学生就都可以申请，有很多奖学金是不对国际学生发放的。美国的私立学校对国际学生的态度完全取决于该校的校长。有的学校的校长别说考虑国际学生的奖学金了，就是对录取国际学生都不感冒，这样的学校申请了也是白申请。当然，奖学金的发放也不是校长一个人就说了算的事情，但是，要是校长对录取国际学生不积极的话，申请学校都难以成功就更别说申请奖学金了。相反，有些学校的校长就比较开明，对招收国际学生很积极，如果觉得学生很优秀，不仅会录取，还会对如何申请奖学金进行点拨指教。当然，学校本身的传统、理念、特点等因素也是至关重要的。

是否所有的同学都有机会获得奖学金?

如果学生到了美国，原则上都有机会获得奖学金，最普通的奖学金叫 MERITS SCHOLARSHIP。如果参加 PSAT 的考试达到学校该奖学金发放的标准，国际学生就能够获得这种奖学金。PSAT 考试通常 9 年级和 10 年级都可以参加。要想获得好的 PSAT 成绩，就要早点留美。此外，到了美国，学生如果在某一科表现特别优秀，可以参加当地举办的(有时是全美举办)的各种竞赛，如果获得优胜，同样会获得奖学金。当然，这种奖学金不一定是自己学校范围内的，有时会是全州甚至全美范围的奖励，这样的奖项甚至会对未来升入大学都是一种承诺和保障。还有一些同学在国内具有某项专长，尤其是体育方面的专长，赴美后能够参加校队，并代表校队取得优异的成绩，同样可以获得奖学金。当然，奖学金的数量和种类都是各不相同的。

在国内申请奖学金有可能吗?

在国内直接申请也是可以申请到的，但是，完全要看学生的准备情况。通常，申请美国高中，年级越高，要求越高，也越难申请，申请奖学金也是一样的。年级越低，成绩越好，所表现出来的优秀气质让学校赏识，就越有机会被录取，并且获得奖学金。我们就有申请 9 年级的学生申到全奖的案例。该同学的出国留学准备是从小学毕业就开始的，而对孩子的素质教育和才能培养是从孩子懂事就开始了。该同学在国内初二就考出了托福 IBT104 分的好成绩，SSAT 更是考出了 2 200 多的高分。与此同时，该同学还通过了日本语能力考试一级。而且，该同学几次代表母校参加过国际间学生的交流，并且参加和发起了多个学生团体的活动。尽管该生并没有目前很多学生能够拿出的钢琴 10 级等特长的证书，但是学校还是看上了这个学生的社会活动能力和组织能力，并由于该同学对于未来能够成为外交人员很有信心，学校最后决定录取他，并给予了全额奖学金。因为，该校本身就很注重对于未来政治家和外交家的培养。尽管美国高中阶段并没有明确的职业取向，但是学校的传统还是在的。例如，有的学校历史上就出了几个政治家，而有的学校就培养出了若干名诺贝尔奖的获得者，这些学校就会继续沿袭和传承自己的传统并发扬自己的风格。

9. 如何申请美国寄宿中学?

美国的寄宿高中学校有些设有 EARLY DECISION 制度,也就是通常所说的早期入学申请。

寄宿高中的早期入学申请大多在 9 月份开始;然后在 10 月份之前完成包括面试在内的所有常规申请程序;11 月份的时候,学校就会通知入学申请结果;12 月份,学生就要缴纳学费或者抵押金来确定自己的入学选择。

寄宿初中的早期入学申请大多在 9 月份开始,然后在 12 月份之前完成包括面试在内的所有常规申请程序;1 月份的时候,学校就会通知入学申请结果,同时邮寄入学通知、I-20 表格、学生手册等纸质材料。

早期入学申请有利也有弊。其好处是将自己心仪的学校尽早确定下来,避免了大批量申请之后的忐忑不安。其弊端是如果选择了某一所学校的早期入学申请,并被该学校录取,那么就不能再考虑申请其他学校了。因为,我们选择了学校的早期入学申请,就诺承了学校的优先入学的协议,而这个诺承是唯一确定并完全排他的。美国的寄宿学校数量有限,大多有自己的协会,协会之间以及学校之间的联系是非常紧密的。一旦被查出了违反了某所学校的早期入学协议转而申请了别的学校,那么,学校一个通告,新的学校也就不会录取了,而且有可能影响学生的整个留学申请与计划了。所以,早期入学很适合那些对某所学校非常确定的申请者。

美国寄宿中学的大批量申请是在 12 月 15 日至 2 月 1 日之间进行的,也就是说申请的截止日期大多在 2 月 1 日之前。在 2 月份和 3 月初进行面试是几年前的常态,现在仅有个别学校在这个时间段面试。大部分学校在申请中就开始面试,普遍提前了。首轮申请的结果在 3 月 10 日至 4 月初会通知学生。

一般情况下,学校都会给学生两周至一个月的时间来考虑、来选择自己的申请结果,最后确定自己到底选择哪所学校。一旦确定选择哪所学校,就要按学校的收费政策缴纳学费或者抵押金来为自己保留录取名额和住宿床位,学校在收到学费或抵押金之后,就会签发入学录取通知书以及 I-20 表格用以签证。

有些学校在第一轮的招生截止日期之后也仍然接受申请,候补招生。因为从学校的立场上来讲,永远希望招到最优秀的学生,也就是说如果学生足够优秀，具备学校入学的所有条件，那还是有机会的。但是，通常会比第一轮申请的机会要少得多。因为很多学校在第一轮的招生中就将名额招满了。另有一些学校在第一轮的招生中可能有些同学选择放弃该学校，刚好有空余，那还可以有机会被录取。但更多的还是看运气。

10. 美国的高中生：更苦也更快乐！

对于想出国留学的学生来说，一定很想了解一下当地的学习和生活。这是去年国外网站的一个热帖，写得不错，拿来大家参考一下，以便大家对美国中学生的生活有个了解。

学校：加州洛杉矶威尔逊高中(Glen Wilson High School)

年级：12 年级

班别：IB

作者描述：

威尔逊高中一天 7 门课，7 种课本加必读书和选读书，共 112 磅，约 52 公斤重。以加州洛杉矶县的威尔逊高中(Glen Wilson High School)12 年级 IB 学生为例，书包里装着：20 世纪史课本，外加必读两本书：基辛格的外交史和耶鲁大学历史教授伯根的当代史，两本书加起来 800 多页。文学课本，必须携带精读用的 300 页以上的小说 1 本，另有 3 本泛读小说。还有生物、物理、微积分和外语课本，外语小说 2 本，以及心理学课本、哲学课本等。

每天 7 门课。早晨 6 时 50 分上课，下午 3 时下课。下课后，还有课外活动＋比赛＋作业在等待着孩子！

正如上面所说，美国学校部分高中生的生活的确如此。如果把美国高中与中国高中做个对比，他们会比中国高中生更辛苦。因为他们要上美国名牌大学不仅要保持高分，而且在课外活动、义务劳动和文体方面都要有出色的表现。而对于中国学生而言，只需拼命取得高分，就完事大吉。

美国高中生活虽然很苦，但要比我们的学生快乐不知多少倍。我们的学生，一进中学立马停掉一切兴趣爱好，全力备战中考；中考进入重点校，紧接着开始千日大战，冲刺高考。整个中学阶段，可以说，没有任何学生个人的爱好空间。就是学校少得可怜的几节体育课、课外活动，到了临考前也名存实亡。美国学校不同，课外活动是学生必须的，各种社团活动更是花样翻新，应有尽有。随便一所高中，学生社团不下几十个，是学生们真正的乐园。更不用提大家都知道的课堂授课了，而国内课堂很少有互动，几乎全是灌输，学生永远是被动接受。美国就不同，老师按教学要点要学生提前准备，学生的积极性充分调动起来了，主动查找资料，核对数据。准备充分的，课堂上就游刃有余，准备不充分的，课堂上就被动。学生是课堂的主角，老师就是场上教练，师生互动，兴趣盎然。

这两种教育的不同，学生最终一定形成差距。美国的高中生要比中国的高中生发展更全面，进入社会在很多方面都有竞争力。这已是不争的事实。

与中国相比，美国的教育更重视文科，这在高中阶段也如此。美国高中虽然不分文理科，但对于文科的重视似乎一直就是一个传统。他们有这样一种观念：任何一种工作都需要开阔的视野。一个科学家，因为视野开阔，可能只做 100 次实验，就会有结果；而对于一个视野狭窄的科学家，可能要 200 次才能成功。所以，大量的阅读，对将来要从事任何工作都有潜在的帮助。

11. 美国高中留学：保险很必要！

目前大多数同学已经获得了美国高中学校的入学通知书，有的正开始准备签证，有的已经拿到了签证，有些同学已经陆续飞赴美国，开始追寻自己的美国梦。笔者在这里提醒广大家长和同学，在出发之前一定不要忘了购买一份可以在美国涵盖医疗费用的保险。这点是非常必要的。

首先，美国的药店没有医生处方是不会卖给你药的。很多家长都会给我们的孩子带上一些平时在中国常吃的感冒药之类的，有头疼脑热，学生就自己找出药来吃。这让美国的老师和同学们常常目瞪口呆，而且非常紧张。因为人身的健康、生命等权利，是美国最主要保护的。就是病了，非牌照医生也不得用药，更不用说中学生自己了，就是学校老师也不行。有些同学感冒了，或者咳嗽了，通常会随便吃点从家里带来的感冒药和消炎药，被美国的学校发现了，不知道他得了什么病，是否会传染，所以学校会要求他必须去看医生，并且由医生出具证明。说白了，也就是证明他没有传染病才可以继续上学。而美国医院的挂号费就是 400 多美元，如果再做个胸透之类的，就要 500 多美元。一个小感冒，一下子就会花去 1 000 多美元，实在是不划算。如果已经购买了保险，而且是一份覆盖得比较好的保险的话，就很方便。我们身体有问题，可以随时看医生，不需要缴纳任何费用，全部由保险公司来支付。这就是美国的医疗体系！所以，就算我们每年花上 1 000 美元左右的保险，去两趟医院也就扯平了，况且谁能保证你就没有什么三长两短的呢？

有一次，我们在西雅图一个寄宿学校读书的同学，周末的时候去附近的超市买东西，被一条狗咬了一下。不是很严重，也没有流血，但是还是不放心，仍然去附近的医院打了狂犬疫苗。只打了一针，医院说不会有问题了。随后医院寄来了账单，上面的数是 1 000 多美元，就一针疫苗！而她当时就没有买这种覆盖比较广的保险，当时仅有的学校保险又不适用，因为是在校外发生的事情，不在保单范围之内。费了半天劲，肇事狗的主人终于是找到了，可是她已经破产了，无法赔偿。最后只能学生自己掏腰包，肇事的狗被警察局击毙算是了事了。

2009 年 9 月份，我们去美国的一名学生，刚到学校没多久就因为卵巢囊肿被送进了医院的急诊室。从检查到观察到治疗，没做手术，费用就 4 000多美元了。由于出国前，这个同学就买好了 ISM 的 Silver Plan 保险，所以自己一分钱没花。也巧了，同一个学校的一个韩国学生，得了急性阑尾炎，立即做手术，费用超过了 10 000 美元。同样买了保险，也没花父母一分钱。

如果没有保险，家长还不赔死了。买了保险就不同，家长就不需要花一分钱。这就是在美国买保险的必要性。美国这个国家，社会保障体系就是靠保险制度来运转的，所以没有保险是万万不行的。

提醒广大同学们，临行之前千万不要忘了买保险。

第一，要在出国前就买。有些同学由于时差和水土不服等原因，往往一到美国就需要看医生。没保险，就没有保障，很不方便。

第二，保险适用就好。美国的保险业相当发达，保险产品琳琅满目，五花八门。如果你有需求，甚至可以为你单独定制一款产品也不是不可能。因而，我们给学生买保险提一个建议：适用就好，不要贪大求全。医疗保险是所有学生都要买的，否则出现问题就很被动，很麻烦。家长给孩子买医疗保险，要选择那种美国的诊所都普遍认可并能直接看病的保险，就是覆盖广的保险。

第三，本土保险是首选。美国本土的保险，美国认可广泛，使用方便，理赔便捷。

12. 美国高中如何转学？

有些中国孩子到了美国高中学校之后，为什么还要费尽周折转学呢？

其一，学生所在学校中国学生太多，如果一些学校中国学生总数已超过学校总人数的一半，所以学校的语言环境不是很好。

其二，学校管理不规范，学校的学术水平比较低，课程和活动的选择余地不是很多，学生感觉学不到东西。

其三，持有J1签证的学生想转成F1的签证，这占转学学生的主体。

其四，私立寄宿的学生想转到私立走读学校。学校学术水平差不多的情况下，寄宿学校的费用要远高于走读学校，所以很多学生到了美国之后会从私立寄宿转到走读学校。

那么，是什么导致那么多学生要转学呢，究其根源如下：

当初选的留学中介不专业，不负责任。这种留学中介对美国高中不了解，对学生也不了解，就随意给学生申请几所学校。甚至有的中介会欺骗家长，如北京的某一家中介，他欺骗学生说某所学校只有20个中国学生。等学生去了美国这所高中之后，却发现中国学生有70多个。结果可想而知，学生和学校达不到匹配留学，就像买的鞋和自己的脚不匹配，总是感觉不舒服。最终，学生只能选择转学来解决问题。

还有学生和家长对美国留学的具体项目不是很了解，盲目出国，这是转学最主要的根源。虽然出国留学这一行已经兴起10多年了，但还不乏盲目出国的例子。美国高中留学有几种形式，有美国公立高中交换生项目、美国公立高中自费留学项目、美国私立寄宿高中留学项目和美国私立走读高中项目等，每一种形式适应不同的群体，所以一定得根据学生的具体情况来选择相应的留学方式。

虽然转学对学生和家长来说都是不希望看到的，但笔者不得不说转学是非常必要的。因为如果不及时加以解决，将来对孩子造成的伤害会更大。俗话说树挪死，人挪活，变动是必然的。那么，如何在减少对学生伤害的基础上转学，就需要多花些心思，一定要做好各方面的准备，实现匹配入学。那如何转学呢，需要做哪些准备呢？

首先，要清楚了解美国高中的几种可操作模式及所需条件，为方便大家了解美国的各个项目及其特点，笔者详列了每个项目的情况。

第一种：公立学校的交换生，持有 J1 签证。特点是费用低廉，学校大多分布在美国欠发达地区，学校和寄宿家庭不可选择，而且只能在公立学校学习一年。按照美国非移民法律规定，学生学完一年之后必须回国继续完成国内学业，不能继续留在美国。这种项目只适合那些不打算读完一年之后继续留在美国，只想去美国亲身体验一下当地的家庭生活、文化风俗的学生。如果一年之后学生想继续留在美国读高中，甚至读大学的话，建议还是去私立的寄宿或者走读高中为好。

第二种：私立走读学校。学生需持有 F1 签证，特点是费用中等偏高，学校大多有教会背景，大部分分布在社区附近。这种学校同样也是走读学校，学生需要住在附近的寄宿家庭或亲属家中。这种项目比较适合那些喜欢体验美国真正生活，独立能力比较强、性格比较活泼、沟通能力比较强、自我管理能力比较强的学生。这种学校的优势在于费用不是很高，学生却能享受到很好的美国私立学校教育，留学性价比比较高。重要的是，这种学校国际学生的比例很低，语言环境相对更好。

第三种：美国的私立寄宿高中，持有 F1 签证，特点是费用比较昂贵，学校大多远离社区，相对封闭，国际学生这种方式留学的比较多。因为学校相对封闭，学生走出校园的可能性比较小，而且大部分学校管理相对严格，有严格的出入登记记录，家长通常认为这种方式最安全。这种学校设施通常都是一流的，活动比较多，占地面积通常也比较大，如北野山中学，占地面积 1 000 多英亩，学校有好几个运动场。但即便是寄宿学校，各学校之间也会有差别，这种差别不仅体现在学校的学术上，还有管理上和对国际学生的关注程度上。

其次，要慎重选好留学中介。

家长为自己的孩子办理留学，一定要慎选留学中介，要相信专业的人做专业的事儿。一定要找一家美国高中留学经验比较丰富、学校资源比较广、能真正把留学当作一项事业的机构来办理留学。毕竟教育是对孩子一生很重要的事情。选好中介，就选对了一生。

我们樱知叶一直秉承的理念是把学生送到合适的学校去，这也是我们工作的主要意义所在。毕竟家长对学校的了解相对较少，只能看到学校表面的东西，而我们可以更深入地了解美国学校的真实情况，所以能够达到匹配留学，这也是我们存在的意义——帮助家长和孩子找到适合他们的学校。

13. 独具魅力的美国教会学校

您知道吗？美国国家教育中心（National Center of Education）的统计数据显示，美国的私立中学共有 29 752 所，其中具有初中和高中的私立学校有 7 000 多所，只有高中的学校为 1 500 多所，只有初中的学校为 3 000 多所。在这些私立学校中教会学校占到了 80%以上。那么为什么教会学校占如此大的比例？何谓教会学校？教会学校与非教会学校的不同之处是什么？这些问题通常是同学和家长关心的问题，今天我就和大家谈谈美国的教会学校。

何谓教会学校？美国的私立学校不言而喻就是不靠政府及纳税人的钱，而通过财团、社会团体、私募资金来创立的学校。由于学校本身非盈利的特点，使得创立学校的主体除了必须具有强大的资金能力以外，还要不以盈利为目的，而符合这一条件的当属美国的教会了。所以，美国的私立学校，无论是寄宿制学校还是走读制学校，80%以上是由教会出资创立。由教会出资创建的学校，我们称之为教会学校。

教会学校与非教会学校的不同之处是什么？

(1)办学理念不同

教会学校除了强调对学生的学术的培养，还将宗教的理念贯穿于整个教学过程中。学校不要求学生一定成为教徒，但是，学校把宗教作为培养学生品德和操行的途径，来丰富和强化学生的精神世界。所有的教会学校校园内都设有教堂，教堂成为学校集会的重要场所。学校的重大活动如毕业典礼都是在教堂举行，以示神圣和庄重。学校通常每天都会做祷告，一般很短大约 10 分钟，然后，由校长和相关教职员工发布一些学校信息。祷告的时间也不尽相同，有的学校在早晨上课之前，有的学校在中午吃午饭之前，也有的在晚上。其实，在我看来教堂已经成了学校集会的地方，是老师和同学互相熟悉的地方，是学校增加家庭氛围的场所，当然也是老师和同学净化灵魂的神圣的地方。

(2)神学课程

我们谈的教会学校主要是基督教和天主教，在教会学校需要上神学课程，即学习《圣经》。所不同的是，在寄宿学校《圣经》课不计学分，也不要求学分；但是，在走读制的学校则被要求记入学分，每年一个学分，即每个学期

0.5个学分。很多中国同学担心听不懂《圣经》课程会拿不到学分，其实，对于美国同学来说也同样看不懂，听不懂，只不过学学圣经故事罢了，因为《圣经》中的很多文字都是源于拉丁文并由古希腊语翻译而成的。所以，要想看懂《圣经》需要很高的英语语言文化的功底，在学校教神学的老师多是英语系的主任。不过，同学们只要不旷课，一般都会拿到学分。我的建议是把《圣经》当成一本文学书去学，这样对于国际学生理解西方以及美国的文化是非常有帮助的。因为，西方的历史包括美国历史本身就是宗教发展史，所以要想学好美国的历史以及美国文学离不开《圣经》的大背景。

(3)学费不同

教会走读制学校的学费通常是非教会学校的60%，例如，以东部为例，私立走读学校的学费为20 000～25 000美元，而教会学校的学费则在7 000～13 000美元之间，然而学校的教学质量是完全一致的，为什么会有这么大的差别呢？主要是走读制教会学校招收的学生多为本教区教徒的孩子，其家长已经为教会奉献了10%的收入。根据基督教和天主教的教义，信徒需要将自己收入的10%奉献给上帝。也就是说教会的钱都是教友的钱，教会出资办学就应该服务于本教区的教友，所以，学费才会便宜。如果是本土的学生但是非本教区或者非教徒的子弟进入教会学校其学费与本教区教徒的孩子是不一样的，要多交一些费用的，但是，对于国际学生就例外，只要学校同意招收国际学生，其费用与本教区的学生完全一致，所以，对于中国学生来说真是有点占便宜的感觉。但是，寄宿制学校就不同，即便是本土学生也不一定来自一个教区，所以，无论是否是信徒，也无论是国际学生还是本州的学生，收费完全一致，大多在每年45 000～55 000美元之间。

(4)教会学校的氛围更像个大家庭

对于国际学生融入本土文化还是很有帮助的。由于教会走读学校的学生都来自于一个教区，很多同学都会在每周的礼拜日在教堂与家人一起做礼拜，大家彼此很熟悉，加之在教会里强调的是人人平等，都是上帝的孩子，大家都是兄弟姐妹，所以，这种氛围延伸到学校里面，对于国际学生是很有帮助的。相比之下，寄宿制学校尽管学校也强调教会的理念，但是由于学生来自不同的州，彼此的距离感是无法逾越的，加之进入寄宿学校的学生家庭条件都很好，所以，难免学生会有一些傲慢，这也是为什么我们经常看到在寄宿学校里，中国学生往往自成一体，很难融入本土学生的原因之一。对于国际学生来说，选择教会走读制学校住在本教区的教友家里，对学生提高英文水平以及与本土文化的融入是很不错的。当然，这要求学生有一颗与接纳你的家庭同样的一颗乐于帮助别人的爱心，以及抱着学习和主动适应的态度，和相对独立的生活自理的能力。

14. 美国协调员的酸甜苦辣

刚到美国的第二天，让我体验了一次做协调员的辛苦。以前，常听到协调员提起辛苦，但是并没有实际的感受，这次算是让我亲自体验了一把。

何谓协调员？协调员是受我们的委托，在美国负责监护走读学校、寄宿家庭学生的美国人。由于在一个地区可能会有二十几个孩子需要他们监护，所以，他们的工作需要寄宿家庭的父母一起配合来完成。寄宿家庭的家长负责照顾孩子们的生活，有的还会为学生们做生活的辅导，看起来寄宿家庭的父母平时照顾孩子更多一些。

那是我刚到康州的第二天，前一天到美国已经是夜里 12 点，协调员帮我安排住进酒店后，聊了近期的工作，聊完就已经是凌晨 3 点多了，所以决定好好睡一觉。但由于时差的关系，我睁眼度过了整整一个晚上。早晨给协调员打电话把她叫了过来。

我们康州的协调员是个孩子的妈妈，有个 16 岁的女儿在上高中，同时也是两个国际学生的寄宿家庭家长，家里住着一个来自于北京的女孩，还有一个来自韩国的女孩。她的家也是过渡家庭（过渡家庭，就是偶尔会有个别孩子由于某种原因需要临时照顾的家庭），目前有个来自于中国扬州的男孩，由于需要调换家庭暂时住在她的家里。这样算下来，她家里除她和她的丈夫以外，还有四个孩子需要她的照顾，另有 3 条狗和 4 只猫，她也只能做个全职的妈妈。

当天凌晨，当她从我所住的酒店回到家想要睡觉的时候，她的丈夫已经起床准备上班了，而他们还要在早上分别送几个孩子上学，所以觉是肯定不能睡了。

当我打电话的时候，她刚好送完孩子回来，就被我叫了过来。她说还好，头一天由于是星期天睡得多一些，没问题，就这样我们开始了工作。上午工作了几个小时，就已经到了该接孩子们的时候了，一路接上几个孩子分别送回家，从不同的学校，送到不同的寄宿家庭足足花了 3 个半小时。国内的家长经常提出寄宿家庭距离学校太远，是否可以挑个住得近一点的家庭，我们也常常给协调员提出这个要求。现在，真的亲身经历了，并且了解了美国本土的情况，才知道这是个很正常的事情，跟国内的情况大不相同。当然，有的同学运气很好就住在学校附近，大多也是需要20分钟的车程，许多美国的学生住在很远的地方，这与美国的私立学校大多集中郊外有直接的关系。

把所有的孩子送回家已经是4点半了，本想回酒店工作一会儿，好好吃一顿饭的时候，却在途中接到了来自于另一个家庭的紧急电话，说住在自己家庭的一个中国女孩还没有回家，已经过了平时回家时间的一个半小时，手机也无人接听，问是否跟协调员请过假，去了别的地方。协调员说不知道，没有请过假，这时寄宿家庭的父母就更为紧张，说如果过半个小时还没有消息就要报警了。这时，协调员一边安慰寄宿家长一边开始给学生打电话，同样无人接听。看得出，协调员并不急着报警，她还是蛮有经验地询问了寄宿家庭的父母她是否提到过她近期要买东西。这时寄宿家庭的父母说，家里的另外一个同一个学校的女孩昨晚在MerCy百货买了一件周五学校活动时需要穿的礼服，她也提到过她这两天可能要去百货买礼服的事情。

听到这里，协调员蛮有经验地掉头把车往回开。先是去了学校，转了一圈也没见学生的身影，就直奔百货商店。在百货商店，我们向保安报了学生的特征，是否可以通过监视器寻找一下，并互相留了电话，然后，直奔各个卖服装的商铺去寻找。这时，电话响了，是那个女孩子打来的，一问还果不其然，就在商场。终于，找到了孩子，我们立刻给寄宿家庭的父母打电话，告诉孩子已经找到了不需要担心了。

这时，大家总算松了一口气，然后，协调员开始问学生，为什么没有跟家庭说自己去商场晚点回家，而让家里如此着急，差点报警。学生却一副蛮轻松的样子，说自己已经满18岁了，不需要事事都跟家庭汇报了，自己已经不需要监护了，甚至可以自己在外面自己住了。协调员听到后，非常生气，告诉她不管你是否满18岁，只要你还是高中生，只要你还在我们的项目管理中，我们就必须对你负责。而且，这种做法是对寄宿家庭父母的极不尊重，要知道他们多为你着急。并告诉她以后无论去哪儿，都需要向寄宿家庭的父母报告。学生回答说知道了。但是看得出，心里并没有真正接受，甚至还觉得有点小题大做的感觉。

拉着孩子上了车，我们直奔寄宿家庭。到达之前，协调员叮嘱孩子，见了寄宿家庭的父母一定先给个拥抱并说对不起。到了家庭，开门的是寄宿家庭的父亲，是个胖胖的老头，满脸的泪水，激动地拥抱孩子说，Baby

你知道我们该有多担心你吗？当时我能感受到老人真的是非常激动，是一种发自内心的真诚和爱。寄宿家庭的妈妈，也是满心的激动。

坐下后，“寄父”开始说：“我们现在需要召开家庭会议。”这个家庭除了寄宿父母外，还有两个国际学生，共四个成员。我和协调员是外人，当然，我们可以参加。因为，我是送孩子到美国的国内公司代表，有国内父母的授权，协调员是美国的监护人。“寄父”非常郑重地说：“我不管你们国内的父母如何教导你们，在我家你们就是我的家人，我的女儿，要接受我的管理，我要教你们如何懂得尊重你的家人和关心你、爱护你的人。在联系不到你的时候，你知道我们全家为你多么着急，我们一直在向上帝祈祷，希望你不要出事。在听到找到了你的时候，我就开始流泪，你知道我们有多么激动……”这时，女孩子终于意识到了自己的错误，并且郑重地向寄宿父母道歉。这时，“寄父”说：“好了你知道错了就好了，现在商量晚上去吃什么，大家决定。”这时，我们才意识到已经是晚上6点半了，我们拒绝了寄宿父母的邀请，离开了寄宿家庭，踏上了回酒店的路程。经过这次事件，我深切感受到了寄宿家庭的含义，也理解了协调员的辛苦。

在此告诫所有住在美国寄宿家庭的孩子们：寄宿家庭的父母跟国内的父母同样爱着我们，并时时牵挂着我们。千万别把自己当作是房客，一定把自己当作家庭的一员，融入家庭生活中，要尊重和遵守家庭的规矩。不管有什么事情发生，一定先跟协调员打招呼，协调员会告诉我们，并教会我们如何用美国人能接受的方式来处理问题。

第二十章 寄宿学校案例分析

1. 机遇永远给有准备的人

学生背景：刘同学，女

国内就读学校：清华大学附中初二

申请年级：8 年级申请 9 年级

申请学校：Westtown School

录取学校：Westtown School

刘同学的案子从签约老师转到我这里时，我的第一感觉是头大。当时第二轮录取也已经结束，面临的最大问题是好多好的学校，名额基本上已经满了，但偏偏家长认为自己孩子条件很好，申请不到好学校不甘心。这种心情我是完全理解的，学生在国内从小学到初中上的都是一流的学校，并且在学校里成绩也很优秀，现在要把孩子送出去，期间花费大量的时间精力不说，每年还要将一笔不菲的费用缴给学校。哪个家长愿意让孩子上一所比国内逊色的学校？另外，学生是临时决定要出国读书，所以除了 SLEP，没有准备其他语言成绩。而且学生在读 8 年级，却想申请美国的 9 年级。

签约的老师将学生材料和家长初选的学校给我以后，我们考虑当时的紧迫性，决定一边辅导学生做材料，一边落实学校名额，而且希望借助我们之前在一些学校树立起来的信誉，给学生争取免语言成绩的名额。

开始的几天里，我几乎每天都在整理学生材料，下班以后盯着邮箱，跟学校随时保持联系。这时公司主管那里传来了好消息，Westtown School 还有名额，而且由于我们跟学校长期友好的合作关系，学校决定给我们两个免语言成绩的名额。事不宜迟，我马上加班加点提交给这个学校相应的学生材料。

整理学生材料的时候，我发现学生有很多亮点可以突显出来，因此请家长帮忙收集这些方面的材料，以便让学校更直观地了解学生的这些优势。非常感谢家长的积极配合，我需要什么材料，家长都能很快准备好，这就推动了申请的进程。学校收到网申材料后，很快给学生安排了电话面试。给学生进行面试培训的时候，更增强了我的信心。学生虽然比一般来我们这里的孩子还要小，但是英语很好，而且很聪明，培训以及之后的电话面试都非常顺利。

之后是等待学校审核申请材料，这个时间里我又给学生提交了另一个学校的材料，提交不久，Westtown School 就来消息了，学生被录取了！

回头看，学生签约不到 20 天，就被心仪的学校录取，而且还是免语言录取。学生非常激动，家长非常高兴，其实，我自己又何尝不是呢？

申请点评

这里还是提醒广大的家长朋友，提早准备，提早行动。这位刘同学被录取以后，我不由得想到幸运二字，幸运在这个案子里确实起了很大的作用。幸运地，家长初选的学校正好留有名额；幸运地，我们拿到了学校的免语言名额。但学生的自身素质在这里也不得不提，学生来自国内名校，聪明伶俐，英语娴熟流利。自己平时有比较好的积累，参加了很多活动，有比较过硬的素质积淀。从始至终，我感觉这个学生没有被学校拒绝的可能，有准备而来，早晚会得到机会的青睐。幸运也是给有准备的学生的！

2. 柳暗花明又一村

学生背景：苏同学，男

国内就读学校：天津实验中学

申请年级：10 年级申请 10 年级

申请学校：Miller School

录取学校：Miller School

苏同学是申请2009年春季入学的学生，但学生经过百般周折找到我们时，已是12月下旬。美国中学的春季入学是每年的1月份，这个时候很多申请成功的学生已经订好机票等待飞往学校了。其实苏同学做出留美决定时还早，2008年4、5月份他们就找到一家中介，着手准备材料了。经过半年多的折腾，却得到一个坏结果：申请全部失败。苏妈妈第一次在电话里对我百般嘱咐和不经意流露出来的怀疑，让我觉得很是诧异。知道了这个情况后，我更加感觉责任的重大和操作上需要更加慎重。

时间非常非常紧迫。接案子的当天，确定学生的目标学校后，我就马上跟学校取得联系。非常幸运，晚上就收到了学校的回复，此时还有名额，并且是学生希望申请的10年级，而且学校希望尽快给学生做电话面试。这就更加大了我的工作量，我得一边给学生整理申请材料，一边给他做电话面试培训。每天上班我需要处理苏同学以及其他学生的材料，晚上回家还得在约定时间给苏同学进行电话培训。

苏同学英语功底不错，之前也有过面试经验，但之前的失败给他的心理造成一定的影响，学生在面试培训过程中很容易流露出一些挫败感。针对这种情况，我注重加强学生的心理辅导，强化学生自我优势的准备。我不断鼓励学生，明确告诉他自身的优点，而对于学生发音上的一些问题，只是尽量委婉地提醒他注意，避免再次打击他，因小失大就得不偿失了。没过几天，学生就去接受学校的面试了，学生自己感觉还可以。但是之后的几天里，并没有立即接到学校的消息。这让刚稍稍松口气的学生和家长再一次焦虑起来。其实，学校在这个时候也知道时间很紧急，只是学校招生部门必须经历一个讨论的过程，急也没用。在我安慰家长无效准备再次跟学校继续联系时，我们收到了学校寄来的纸面录取材料。我第一时间将这个好消息告诉家长，电话那头的苏妈妈很是激动，半晌说不出话来。之前申请的失败让她觉得美国高中的申请门槛很高，即使是苏同学这样在国内重点高中的学生，申请也是很费力的，但没有想到被我们这么快就申请到了。天上地下，落差太大，她感觉特别不可思议。

很快，苏同学顺利通过签证，踏进了心仪的 Miller School 的校园。学生到校后，苏妈妈马上发来邮件告诉我苏同学的情况，并再次表示对我以及公司的感谢。

申请点评

回想苏同学的案例，当时跟家长一起焦虑，一起对学校一纸 offer 的期盼又一次浮上心头。其实，看苏同学材料时，从家长那里了解学生的一些基本情况时，以及后来在电话里面试培训学生时，我对学生都是充满信心的，尽管后来的申请晚了一些，但一直感觉既然学校有名额，就没有理由拒绝这样出色的学生。我想之前的失败也并非是一件坏事，虽然学生和家长经过这些波折以后，时间有很大的损耗，心理有很大的影响，但是也体验到了失败后再次成功的更多喜悦。不知原本就成熟稳重的苏同学经历了这次波折之后是不是又增加了一些抗摔打的能力？我想，答案是肯定的！

3. 不要轻言放弃

学生背景：骆同学，女

国内就读学校：北京市某重点寄宿中学

申请学校：The Linsly School，Virginia Episcopal School，Andrew Osborne Academy，Western Reserve Academy，Westtown School

录取学校：Virginia Episcopal School，Andrew Osborne Academy，Westtown School

该学生从申请学校到获得 F1 签证，花了不到两个月的时间。

拿到骆同学的申请材料时，我正处于比较疲惫的状态。可能是那段时间工作量太大，有些忙昏了头。确定要申请的 5 所学校中，The Linsly School 和 Andrew Osborne Academy 都是家长指定的学校。

为了能够一拳击中，前期整理材料阶段花的时间比较多。Western Reserve Academy 和 Westtown School 是他们比较青睐的两所学校，学校的申请表格页数最多、面试质量要求比较严格。第一个周末，我见到了骆同学。那会儿，她还在上课。她看上去就像单瘦的小松鼠，很可爱，又有一点腼腆。我和她单独聊了好一会，以此来增进我对她的了解。我发现她口头表达能力还不错，而且性格开朗。除了在校成绩优秀，担任班级职务外，她平时还有不少兴趣爱好，譬如小提琴、柳琴、长跑、篮球、围棋等等。总的来说，她是位很优秀的学生。材料整理后期，我要求她本人做了不少工作，包括手写作文、亲手制作相册等。与此同时，我也要求她开始做好面试的准备，前后给她做了两三轮面试培训与对练。

材料寄出后的一周内，便开始和学校联系，也陆续开始了电话面试。Virginia Episcopal School，Andrew Osborne Academy 和 Western Reserve Academy 陆续面试完成，效果都还不错，但 Western Reserve Academy 将她的申请放在 WAIT LIST 了，另外两所顺利录取。Westtown School 老师给我们回的第一封信让人措手不及。她们对于骆同学的语言成绩不满意，直接将收到的材料寄回了。骆同学提供的是 SLEP 成绩 50 分，这时他的真实成绩，她这个年级的孩子取得这样的成绩已经很不错了。此时，我们能做的就是向学校争取一个面试机会。听到这个消息，家长似乎开始倾向于 AOA。

但在我们的鼓励和建议下，他们也愿意再做争取。来回几天的跟进，直到公司主管出面和学校招生主任直接对话后，学校才终于愿意给骆同学一次面试的机会，面试后再决定录取与否。同时，学校也非常友善，竟同意我们先将申请材料扫描过去，直接面试。这样就争取了时间。

不出所料，学校面试骆同学后非常喜欢她，直接就签发了录取信。这个消息让我们振奋不已，因为大家的努力和不放弃得到了积极的回报。

申请点评

我们一直都希望能将学生们送去最适合他们的学校。骆同学是位很优秀的学生，她应该进入像西城这样的好学校。如果当时我们不再坚持，家长可能就决定去 AOA 了。事实证明我们要争取和把握机会，不轻易放弃或妥协，才有机会获得最后的成功。这需要学生、家长和我们一起不懈的努力，不懈的追求！

4. 托福分低，补救有方

学生背景：王同学，女

国内就读学校：北京市一七一中学

申请年级：申请美国寄宿高中 11 年级

申请学校：Annie Wright School，Garrison Forest School，Salem Academy

录取学校：Garrison Forest School，Salem Academy

王同学是我见过思维最为活跃的学生。她个头不小、短发、丹凤眼，看上去很健康、很结实。这样的女孩，让我第一眼见到她时就难以置信地有了亲切感，呵呵！

选校方案确定后，她开始准备托福考试和 WISK 考试。而我这边也开始整理她的申请材料。在此提一下，她准备了不到一周的时间就参加了托福考试，最后仅获得了 28 分。

王同学是个很活泼的女孩。不仅学习成绩优异，兴趣爱好也特别广。性格方面，用她自己的话说，她是朋友眼中的开心果。因此和她接触下来，我感觉很愉快、很轻松。后期还让她也参与了一些原创的东西，特别是 photo album 部分。

她申请的三所学校都是女校。考虑到这点，我判断学校会比较喜欢有女孩子特色一点的东西，因此制作了非常可爱温馨的相册。结果证明，学校真的很喜欢。

申请材料寄出后，我们开始联系学校，安排电话面试，one by one。

王同学是个很聪明很勤奋的学生，因此电话面试培训部分我比较省心，她自己做足了准备。我相信面试老师立马就会感觉到她的热情和可爱，面试的结果不用担心。事实上也是这样，她主动热情，面试老师也很 nice，师生互动积极，面试效果非常好。

但是，学校并不知道她托福只考了 28 分。我们有些顾虑，是否应该将这个成绩告诉学校。认真考虑过后，我们决定坦白地将这个成绩告诉学校。一来，体现出她的诚实；二来，我们解释了原因：她没有做好考托福的准备，甚至连题型和考试时间也不确定等等。凭借着面试的超好印象，我们认为这样的做法应该能获得学校的理解。

事实也的确如此，Garrison Forest School 和 Salem Academy 都录取了王同学，而 Annie Wright School 也给出了条件式录取，即入学前托福成绩达到 40 分。

申请点评

这样的录取结果是我们大家都很满意的。托福成绩是很多学校必备的申请条件之一。如果能提前做好准备，考取好成绩，无疑有利于申请。但是这个成绩并不代表你就能申请到自己想去的学校。我相信每所学校的招生老师都会看申请者的综合情况而予以决定是否录取。王同学的 28 分就证明了这点。最后她选择了 Garrison Forest School，祝贺她！祝福她！

5. 三十天搞定申请与签证

学生背景：李同学，女(14 岁)

国内就读学校：北京第 22 中学

申请年级：9 年级申请 9 年级

申请学校：Mckinney Christian School，The Brook Hill School，Dallas International School

录取学校：The Brook Hill School

李同学年纪很小，可见到她第一眼，我就知道她是位很懂事的孩子。

由于伯伯在美国德克萨斯州，所以学校范围也锁定在那附近。我们给出了 2 所学校的选校方案，分别是 Mckinney Christian School 和 The Brook Hill School，加上家长自选的 Dallas International School，一共 3 所。

由于李同学的申请已经很晚了(7 月底)，Dallas 学校已不接受申请。而 Mckinney 今年的招生也非基督教徒不可，我们的希望就落在了 The Brook Hill 学校了。而李爸爸表示，如果申请不成功，就不再打算去美国读书了。因此，无论是李同学本人、家长，还有我们，都非常重视这所学校前后沟通的结果和电话面试的效果。

李同学的英语一般，口头表达能力也一般，电话面试肯定不占任何优势，加上德州本地人说英语都带有口音，不仅她自己很担心面试是否能成，我们也没有太大的把握。因此在电话面试培训方面，我们双方都下足了功夫。

李同学的态度很认真，但性格偏内向。第一次培训，她只是默默坐在对面听我说着。前后培训了好几次，效果不太明显，但总算是小有进步。我知道她已经努力了。

面试的日子到了，我们都很紧张。

面试过程中，老师问的不少问题都听不懂，只有个别简单的能听懂，就回答了。她还让面试老师重复了好多次，觉得始终疙疙瘩瘩不顺畅，效果很差。小女孩似乎已经要放弃，家长也等待着学校宣判的结果。

第二天，学校没有反馈任何结果。当晚，我们决定主动出击，联系学校探探虚实。学校回复得很委婉，说李同学并非他们最后考虑要录取的学生，但会在2天内给出最终的决定。

此后，家长不仅非常担心，更是提出在尽可能的基础上另补申学校。但他也清楚，时间肯定来不及了。

与其坐以待毙，不如奋起一搏。我在公司主管的支持下，主动联系招生主任。详细介绍了李同学的实际情况，尤其突出她执意留美的决心，以及为此付出的所有努力。

最后李同学被学校录取了！

李爸爸听到这个消息后终于松了口气。而李同学本人，我第一次见她笑得那么开心，即便还是很腼腆。我也是发自内心地高兴。

接下来的签证也不太顺。签证面谈时间约在8月31日，但学校8月19日开学。经我们申请加急后，经批准在18日面谈。但I-20还迟迟未签发出来。经多番联系，学校终于在18日凌晨3点将I-20表发过来电子版，我立刻从网上下载打印，随即完成了网上SEVIS费用缴付。早上10点，李同学拿着I-20打印件终于走进了美国大使馆签证处。

申请点评

李同学的申请实在是太晚了，以至于可选的学校非常有限。好在家长对学校的要求并不太高，只要能顺利办成功就行。在这样的紧迫情况下，做好时间规划并把握好每一天很重要。总的来说，李同学还是比较顺利的，1个月不到，就拿到了签证。8月23日的飞机，李同学终于顺利赴美。搭上末班车也是福分，祝愿李同学学业有成！

6. 功夫不负有心人

学生背景：张同学，女

就读学校：美国 Adlai F Stevenson High School

申请年级：11年级转学申请12年级

申请学校：Lake Forest Academy，Queen of Peace High School

录取学校：Queen of Peace High School

张同学的学校申请实在是太艰难了，可以说是一步一步摸着走过来的。

她的签证状况很复杂:L2 转 F1,还在美国非法滞留半年。

如果申请的森林湖一开始就直接拒绝她,那么我们还会有更充足的时间来准备。可是森林湖开始给我们很大的希望,最后却又决定将这个名额给另一个签证有保证的学生,而拒绝了张同学。

其间,我们也应家长的要求积极向伊利诺伊州的学校推荐张同学。但是,美国大多数的高中不愿招 12 年级转学的学生,所以选校工作进展得很困难。公司咨询老师也劝说家长走其他州的好学校,可是家长坚持孩子继续在本州上学(插一句,我认为对孩子的发展而言,学校的资质最重要,而不是地理位置)。于是乎,我们只好硬着头皮和学校磨,还好终于有希望了,Queen of Peace 答复说可以考虑录取。于是,我就到学校的网站上找申请表开始申请。

如果这个过程中,家长和学生能够积极配合,那么学生的录取速度就会快很多。然而我在这遇到了问题,由于学生平时学习太忙,学生花了很长时间才将成绩单和推荐信给新申请的学校发过去。学校的工作效率还是很高的,六月中下旬的时候,我收到了美国学校的录取原件。我马上给学生预约签证的时间。(再插一句,申请 F1 签证需明确:自己去美国的目的就是为了学习!张同学自己的学习和父母的 L1 签证没有关系。学生的非法滞留是受张爸爸申请的 L1 签证的影响,所以需要划清两者的关系。)

为了避免再次被拒,家长准备给张同学同时申请加拿大的学校。我们这边赶紧和学校沟通,解释了包括“11 年级还在上 ESL 的原因”,“原来学校学分的计算方法”等。加拿大学校那边刚交了申请费,我在 7 月初的时候就收到了美国学校的预录取,可以交学费了。一般来说,学生交了学费之后,就算正式录取了。这时,我才多少有了些成就感。

2009 年 7 月 13 号的时候,我终于拿到了张同学期待已久的 I-20。她高兴,我们也高兴,因为这其中我们做了太多的工作。为了保险起见,我在学生拿到 I-20 之前就给她做完了签证培训。

尽管现在签证形势大好,但是我们对任何一个案子都不会丝毫地懈怠,何况是这个特殊的案子。按照她的情况,我预计会发生两种情况:第一,是签证官对她和她家都不怎么关心,只会问一些常规的皮毛问题;第二,就是刨根问底。关于第二种思路,我总结了几个重点问题,并让公司经验丰富的签证主管把关。通过对该生的深入接触,他们给了很多宝贵的意见:学生的语言不是问题,关键是回答问题的思路和技巧,怎样将自己留学的目的和父母的情况区分对待，怎样来让签证官将焦点关注到该生今后的发展中。这些对张同学的签证成功都起到了非常重要的作用。

张同学是7月14日早8:00签证。早上一来，我就只看了些邮件，接了几个电话，然后忐忑地等她的消息。10:00的时候，我终于接到了她父亲的电话。张爸爸笑盈盈地，但并不确定是不是签过了，因为签证官当时没准确说祝贺之类的话，但学生拿到条了，有点不太敢相信，毕竟中间的曲折太多了。

张同学的两个“如果”，终于成就了“功夫不负有心人”这句古话。这是我感触极深的一个案子。

申请点评

我想，我们在日常处理问题的时候，怎么抓住问题的核心所在，怎么将复杂的问题简单化，怎么从不同角度来看待问题，这些是解决问题的关键所在。同时，我也要强调一点，如果想让孩子顺利出国留学，达到申请的目标，请家长全力配合我们的工作，因为我们和家长的目的一致，目标相同，都在帮助孩子申请到理想的学校。我在这里也真心地祝福每位学生梦想成真！

7. 彰显个性魅力

学生背景：金同学，女

国内就读学校：天津某公立中学

申请年级：9年级申请9年级

申请学校：Emma Willard School, Chatham Hall, Miss Hall's School, Salem Academy, Kent School

录取学校：Emma Willard School, Chatham Hall, Miss Hall's School, Salem Academy

金同学的口语不错，面试有优势；整体形象好，给人的感觉是一个上进、勤奋、可爱、性格开朗的学生，是女校喜欢的学生类型。申请的目标学校也绝大部分是女校；家长很配合，经常跟学校邮件联系。但是如果申请很好的合校比较难。客观方面，虽然有两个语言成绩，但是分数比较低，TOEFL只有30多分，不能用。只能用SSAT申请，在那些持有两个语言成绩的申请学生中没有优势可言。

最后，金同学被四个女校录取。其中Emma Willard School，Chatham Hall，Miss Hall's School这三所学校在中国进行了面试，金同学的面试效果很好。

Chatham Hall和Miss Hall's School对语言成绩的要求不是太高，所以金同学语言成绩方面的弱点可以忽略。这两所学校的录取侧重学生的整体水平，金同学性格好、形象佳、有特长、语言成绩适中、口语表达流利、申请年级低。据此，Chatham Hall，Miss Hall's School录取金同学理所当然。

Salem Academy与Chatham Hall，Miss Hall's School唯一不同的是，Salem Academy是通过电话面试的金同学。金同学一直都在外教那上课，口语交流没有问题。此外，Salem Academy与Chatham Hall，Miss Hall's School这两所学校的入学要求差不多，所以录取金同学也是顺理成章。

Emma Willard School这所学校录取金同学倒有些出乎意料。因为申请这所学校的女生不少，我们自己的学生就有好几位，其中就有持有两个语言成绩的学生和一个TOEFL考到80多分的学生。另外这所学校的排名也在前30，所以入学要求会比Chatham Hall，Salem Academy，Miss Hall's School高，而且语言成绩最好要有TOEFL和SSAT两个。金同学只有SSAT(分数1899)，而且刚刚达到学校的要求。

我们认为申请成功的主要原因还是金同学的后续工作做得很到位。金同学把自己的TOEFL成绩告诉了学校，但是由于成绩低很可能产生了负面作用。于是，金同学很诚恳地给学校写信，表明自己一直在国内坚持学习英语，也付出了很多努力。自己本来没有打算考TOEFL，也没有做任何考试准备，但是考试的地方离家很近，这才决定考试，当时自己甚至都不会使用电脑，正是这些原因才导致托福分数低。最后，金同学表示，如果自己准备充分，她相信自己会考出很好的成绩。这样跟学校解释后，就抵消了TOEFL分数低的弱点。在随后的申请跟进中，金同学也经常主动跟学校联系，给学校留下了很好的印象。虽然金同学的语言成绩不如其他学生，但对于一个9年级的学生来说也不算低。因此，学校综合考虑了金同学的情况，最终录取了她。

Kent这所学校对于金同学来说，是一个拔高的学校。学校是合校，优秀的学生申请的很多，竞争强度大。学校对语言成绩要求严格，如果一个学生语言成绩不高，而且没有特别大的亮点，被录取是比较困难的。学校的TOEFL分数要求要有90分，金同学只提交了SSAT，没有提交TOEFL成绩。客观来讲，被录取的可能性就不太大。但在第一轮录取中，学校把金同学列在waiting list里，这对于金同学来说也算是一个鼓励。

申请点评

从整个申请过程来看，金同学的个性起到了重要作用。她的开朗、热情让她顺利通过了重重关卡。正视自己的现状，并且能够正面进行分析，给出合理的解释，这在金同学的申请中也是至关重要的。我们每一个人都不是完人，但是如果愿意去努力弥补这些缺憾，对自己的未来有一个正确的定位，积极面对将来——这样的学生，自然有学校会青睐。

8. 错失的不仅仅是一所学校的申请

学生背景：刘同学，男

国内就读学校：天津一中

申校年级：9年级申请9年级

标准化考试成绩：TOEFL 87，SSAT 2067

申请学校：Salisbury School

录取学校：Salisbury School

说起刘同学，真的有很多话要说。

学生签约于5月份，当时妈妈是奔着加州Webb Schools来签约的。因为妈妈告诉我们她有亲戚在韦伯中学附近。就是亲戚告诉她，这所韦伯学校在加州很有名气。

由于多年向韦伯输送优质的学生，深知韦伯中学是非常看重我们的推荐的，录取应该是不成问题的，所以就信心满满的答应了家长。

后来接触这个孩子的时候，我们发现孩子确实很有思想，待人做事都有自己的见解，但是孩子的短板也是英语表达。

加州韦伯中学来樱知叶面试的时间特别早，10月初就过来了。韦伯面试前，孩子把精力放在托福和SSAT的培训上，放在学校正课的学习上，没有怎么按照面试提纲来准备韦伯学校的面试。针对这种情况，我们紧急召集学生和家长，严厉批评了学生敷衍面试规划的行为，本着临阵磨枪不快也光的旧训，及时采取了补救措施：集中面试培训一上午。没有充分准备的结果是预料之中的：在韦伯的面试表现不佳。学生在面试这一轮就被刷下来了。

妈妈无奈的说，既然学校没有相中孩子，那么孩子也就不再申请这个学校了。我们也再次强调：落实面试规划是孩子近期的重中之重，其他别的都要让路，都要先放一放。

接下来，我们给学生选择了康涅狄格州的Salisbury School学校。家长反复琢磨和调查，来来去去五六个回合，最后确定了申请这个学校。

11月份，学校的招生办主任Peter如约来到我们樱知叶上海的办公室进行面试，孩子跟Peter的互动非常愉快，结果非常乐观。我们及时为孩子做申请，一切都按照规范程序严格地进行着，整个申请过程没有任何纰漏和瑕疵。

3月10日是学校发榜的日子。然而，我们等来的却不是预料中的那个好消息：Salisbury School把刘同学放入了等待当中。

孩子着急，家长着急，我们更是着急！因为面试结果非常好，我们就没有另外备选学校，把宝全押在了这唯一的一所学校。

没有办法，只能向公司申请使用特备资源，好在很快得到了上层的批准。公司按照既定流程，全面梳理了刘同学的背景、规划、申请材料，并结合面试结果，最后出具了一份特殊推荐方案。学校收到我们文书中心精心制作的特殊推荐全套文件后，非常重视，及时回复说：学校了解并接受樱知叶特别推荐这个学生，愿意给这个学生以特殊的关注。这时，我们悬着的心总算可以放下了。

这时，我们总监及时提醒我们，正式录取信没有收到前，不得掉以轻心，更要重视事务性的跟踪工作。就这样，我们及时与学校沟通，了解进展，配合学校的check。等啊等啊，终于在4月8日盼来了Salisbury School的正式录取。

申请点评

现如今，申请美国高中的学生越来越多，竞争也越来越激烈。对于学生来说，必须按照我们专业机构的规划来按部就班地做好每一步骤的准备，否则错失的就不仅仅是一所学校的申请！

9. 补录的成功源自专业的经验

学生背景：冯同学，女

国内就读学校：上海一所优秀私立国际中学

申校年级：8 年级申请 9 年级

标准化考试成绩：TOEFL 100，SSAT 2220+

申请学校：Indian Springs Schools，Louisville School

录取学校：Indian Springs Schools，Louisville School

冯同学是上海一所知名国际中学的学生。学生通过当地机构第一轮共申请了 12 所学校，结果是没有一所直接录取，仅有 4 所放在等待里，其余 8 所直接拒了。如果等待中的学校最后没有能够胜出的话，那么就意味着全军覆没。学生的留学计划彻底失败，当年没有学校可以上，就有可能耽误一年。

家长很是着急，真诚地寻求我们的帮助。我们先帮助家长和学生分析了目标学校的匹配度，发现一半以上是不匹配的。另一半没有拿到录取，是申请环节的失误所致。

近两年，我们了解到不少家长有意把学生从国内的公立校转到私立国际学校。很多家长自认为国际学校的学生会在申请上有很大优势的，如学生跟外教沟通机会很多，因此口语会有优势；教学模式和思考力方面也会有优势，因为他们的教材很多是和国外教材同步的；在活动方面也会比公立中学丰富，从而学生性格会比较开朗。我们认为，具体问题需要具体分析。对于半路转学到国际学校还是利弊参互的，关键看学生是否能很好的融入。并且国内的国际中学教学水平、学校师资差别还是比较大的，因此不同国际学校的学生在申请中需要注意的方面也会有所不同。

冯同学就是这样。冯同学就读的这所国际中学就不赞成学生半路转出离开学校，因而对学生的申请就不配合，甚至有帮倒忙之嫌。这所学校给冯同学出具的推荐信就很有问题，直接造成了学生申请的硬伤。冯同学刚进入这所学校，和许多中国学生一样，一下子都不太怎么适应开放式的教学模式，课堂表现不是积极踊跃。学校就这样写进了推荐信。学生明显的优势却避而不见，比如学生热爱阅读，涉猎书籍广泛，知识面很宽。在 1 个月左右时间连续参加托福和 SSAT 考试，并取得非常优异的成绩，可见英文功底了得。

冯同学在当地的申请过程中，几乎没有系统的面试培训。学生对面试不知就里，摸不着学校面试的主脉，表现平平，结果自然不尽如人意。

找到了病症，对症下药即可疗伤了。补录申请重点强调学生的目前状态，由原来不主动到现在宽广的知识面，以及优异表准化成绩的取得，学校应该看到学生的努力和进步，而不应只是盯在学生曾经的不踊跃。因为努力的学生才能有发展的未来。

我们知道，面试是冯同学的致命伤，我们要让面试成为冯同学展示自己的最佳舞台。我们和学生一起认真落实面试规划，加强面试培训，争取面试的好结果！

ISS学校是通过第三方进行面试的，这对于补录的冯同学来说，是很不利的。经过公司争取，学校终于同意给冯同学一个直接面试。机会来了，就要抓住。由于有了充分的针对性培训，冯同学的面试很成功。学校的面试时间虽然不长，但是互动积极，效果很好。面试结束，学生自我感觉也特别好，终于体会到了面试培训的重要与必须。

学生顺利转正，补录成功，终于拿到了等待了几个月的录取。收到录取信的那一刻，家长开心的跳起来，母女紧紧相拥。学生非常感动，留下了百感交集的泪水。

申请点评

冯同学的成功，也没有什么高深莫测。只是我们运用专业经验、校方资源和有效沟通，认真帮助学生一步一步落实申请而已。

10. 十五天完成六所顶尖高中的申请

学生背景：薛同学，男

国内就读学校：辽宁省实验中学

申请年级：10年级申请10年级

标准化考试成绩：TOEFL 101，SSAT 2100+

申请学校：Cranbrook Schools，Lake Forest Academy，Tabor Academy，Westtown School，Northfield Mount Hermon School，Portsmouth Abbey School

录取学校：Cranbrook Schools，Lake Forest Academy，Tabor Academy

薛同学来樱知叶真的是太晚了！

他们来的时候已经是 2014 年的 1 月 4 日。他们来北京也不是奔着樱知叶来的，而是参加 1 月 4 日的 SSAT 考试。

在朋友的推荐下，他们趁来北京考试之机，就便到我们樱知叶咨询咨询。薛同学来樱知叶之前，妈妈找了一个美国顾问来操作薛同学的留学申请。但随着申请的逐步展开，妈妈发现这个美国顾问能申的学校资源太有限了，所以才有寻求其他机构帮助的想法。恰巧，当时樱知叶正在申请中的一个学生的爸爸和薛同学的爸爸是朋友，这个朋友认为我们樱知叶的资源比较多，所以在这位朋友的建议下，他们来到了樱知叶。

见到学生第一面，我就喜欢上了这个学生。他非常有素养，有礼貌，是那种人见人爱的学生。他不仅学习优秀，而且整体素质也非常高。但是他的确是姗姗来迟——早期申请不用说了，早已经全部结束。就是常规申请也已经全面展开，且大多已经接近尾声。唯一庆幸的是，他没有错过学校申请截止日期，但是也就剩十天半个月了，最多的也就个把月了。在这么短的时间，别说网申，就是整理申请材料恐怕都来不及，更不用提什么文书写作了。真的来不及了！哪怕提前一周，只要在 12 月份，我们还能接当年的案子。可是，孩子与妈妈就是坚信我们樱知叶能有办法，两个人轮番轰炸，始终央求我想想法子帮帮他们。

看着孩子执着的眼神，听着妈妈真诚的恳求，我及时电话总监，请求受理此案，帮帮这个优秀的孩子。

总监没有马上答应，而是说让他们先回去等几天，她要了解下情况再说。足足等了三四天，终于等来了总监的两个字：可以！

学生正式签约是 9 号，当天我们就把学生纳入了服务体系。总监还指令我亲自督战，协调各个申请环节，立马开始加急办理薛同学的申请。选校的选校，审材料的审核材料，面试培训的面试培训，预约学校面试的预约面试，网申的网申……几个部门同时开工啦！

薛同学实在是太晚了，学校的面试早在 12 月就已经安排完了！在公司的争取下，6 所学校最终都给了学生现场面试的机会。学生面试的时候，好几所学校的招生官就直接告诉了学生，正是基于和我们樱知叶多年的关系才给予他这次的现场面试机会。

我们急案办理，因应得当，再加上学生和家长的配合。学生的 6 所学校的申请终于在 1 月 24 日全部保质保量地完成。

25 日，学生一家按照既定计划直飞美国面试去了。

面试完后，我们及时与学校沟通，了解薛同学的面试结果。正如面陪老师所预测的那样，学校对薛同学的面试非常满意。有的学校在面试完后，还主动发来邮件表扬他。

录取也是意料之中的事情了！

申请点评

说点王婆卖瓜的话。如果当初找的不是我们，薛同学要想取得今天的结果，还真不太可能。别人还真没有我们这么专业的金刚之钻，即便揽下瓷器活，也真的玩不转。没有长期的持续积累，就不会有丰富的经验，就不会有过人的本领。

有了专业度，也要舍得付出，为学生负责。这样才能达成目标。大家知道，发美国一封邮件，一个来回就要三天时间。掐指算算，短短16天的时间，我们有效的工作时间才能有几天。为了孩子的前途，老师们个个都成了拼命三郎，起早贪晚，豁出命去干！

就是这样，我们把不可能变成了可能，将希望变成了现实。

11. Offer 大满贯之 Homeschooling 王同学

学生背景：王同学，男

国内就读学校：Homeschooling（在家自学）

申请年级：8 年级申请 9 年级

标准化考试成绩：TOEFL 103，SSAT 2165

申请学校：The Webb Schools，Stevenson School，Holderness School，Millbrook School，St. Stephen's Episcopal School，Dunn School

录取学校：The Webb Schools，Stevenson School，Holderness School，Millbrook School，St. Stephen's Episcopal School，Dunn School

王同学是我们樱知叶 2014 年秋季寄宿中学申请当中当之无愧的王者，因为他拿到了所有申请学校的 offer。他在申请竞争形势如此严峻的情况下，凭借什么获得了美国各个高中的青睐呢？请大家听我详细地道来。

还清晰地记得，那是 2013 年的暑假，王同学的爸爸在朋友的推荐下来到樱知叶。因为朋友说樱知叶在美国高中申请方面是非常专业的，有很多学校资源，可能有能力接他孩子的这个特殊的案例。

我们先来说说王同学的特殊吧。

自小学二年级开始，因为身体的原因，王同学就离开了心爱的学校。王妈妈开始在家照顾他，辅导他，在家里同步进行相应的学业教育。(这种教学方式在国内是不常见的，但在国外却是普遍认可的。国外称之为 homeschooling。就是学生在家接受教育，由父母或父母聘请的教师在家进行教学。有点像我们早先普遍存在过的私塾。我们樱知叶在美国的一个寄宿家庭就是 homeschooling，由父母进行家庭教学。父母都曾经是大学教授，但是他们后来从大学辞去教职，专心在家里教育三个男孩。)

一晃几年过去了，孩子也已经大了，学业也该是升入高一级别的时候了。王妈妈感觉自己的能力已经不能够胜任对孩子的教育了。所以家长决定送孩子出国读书。

很多留学机构从没有见过这种情况，都不敢接这个单。在朋友的推荐下，王同学他们才来到樱知叶。

王先生给我讲了孩子的状况之后，我心里也没底，就跟我们总监说了这个特殊的 case。我们总监一听就说没问题，因为在美国有很多 homeschooling 的学生，只要学生符合学校的招生标准，美国私立学校会接收这个 homeschooling 的学生的。

总监的回复给了我及家长信心，王先生当即就与我们樱知叶签了约。王同学进入到我们的服务体系之后，我们对他的了解也更深入了。

我们发现了王同学的更多的亮点。首先，王同学热爱运动，跑步、游泳、骑车甚至铁人三项，这每一项运动他都投入了很大的热情。这是美国学校非常乐见的。其次，他的阅历丰富，他连年坚持去中缅边境做义工，扛木头、做木工、养宠物，样样在行。在中缅边境，他看到了很多需要帮助的小孩子，所以他立志要成功，将来才能帮助更多的人。经历这么多，这么丰富，他比同龄人也更加成熟。这也是美国学校喜欢的。再次，他的英文很棒，在我公司的 SSAT 模考就考出了 2100 多分。最终的标准化考试也考出了非常理想的成绩：托福 103，SSAT2165。

基于王同学的特强背景，我们的规划老师给他作的选校规划都是非常棒的而且适合他的学校。

在整个申请实操阶段，我们也非常注重这个特殊的 case。无论是在面培环节，还是文书指导，都给予了高度的重视。加上家长及学生的积极配合，王同学的整个申请非常顺畅。

申请点评

王同学顶级高中申请大满贯的取得，成功因素有五。其一，樱知叶雄厚的专业积累，敢为天下先，挑战特殊 case，并为之而努力；其二，王同学的确优秀，具备美国高中申请的各项条件；其三，准确定位，合理匹配，合适的选校；其四，规范的申请实操，到位的面试培训及专业的文书指导；第五，家长及学生的大力配合，整个过程既紧张又愉快。

12. 与众不同的面试赢得学校的录取

学生背景：邵同学，男

国内就读学校：云南大学附中

申请年级：9 年级申请 9 年级

申请学校：Lake Forest Academy

录取学校：Lake Forest Academy

邵同学是八月份与我们樱知叶签约的，当时托福只有 30 几分。对于托福只有 30 几分的同学来说，8 月份才签约进入服务体系，时间是非常紧迫的。况且邵同学又没有什么个人亮点，没有什么突出的个性，英语方面更不突出，所以申请美国顶尖寄宿高中，邵同学丝毫不占任何优势。

针对这种状况，我们一是在选校方面很下功夫，最匹配，最合适为追求目标；二是尤其重视学生的学校面试，并切实强化学生面试的规划与培训。

九月末的时候，我们开了选校的集体会议，根据学生的情况落实了初选学校，邵同学也在其列。但是因为邵同学的语言成绩实在太低，托福也只提高了十多分。想在标准化成绩方面寻找突破点，根本就是不现实的。

会上，也确定了邵同学的战略进攻点：学校面试。由于邵同学英语水平有限，我们一边为学生安排外教口语培训，一边进行学校面试思路归集培训。经过密集的强化培训，邵同学进步飞速。

转眼十月份就到了，邵同学参加了几所学校的面试，学校总的反馈还不错。但是学生的英语水平有限，这些没有 ESL 课程的学校还是不适合的。

对语言方面要求相对低又很重视学生其他方面能力的学校便成为首选目标，森林湖学校就成为了首选，成为了邵同学的第一志愿学校。

2014 年 1 月 4 日是森林湖来北京面试的日子，樱知叶有 27 名学子参加面试，而邵同学也是其中之一。当然，以邵同学当时的分数是没有面试机会的，但我们樱知叶认为邵同学除了语言成绩之外，其他方面还是和森林湖很匹配的，如邵同学在艺术方面的特长，而森林湖恰巧重视学生的艺术方面的培养，如邵同学很绅士，有想法，勤奋，有目标。这样的学生，我们应该努力争取让他去到理想的森林湖学校。

面试完之后，学校给我们总监的回复是邵同学是 27 个樱知叶面试的学生中最好的学生之一。虽然邵同学的托福这时也才只有六十七分，但距离森林湖的最低要求还是有一段距离的。当得到森林湖的回复结果时，我们整个团队都很开心。

接下来，我们一边跟踪申请后的常规工作，一边启动公司资源助力邵同学。

到了 2 月 14 日，森林湖学校录取我们樱知叶的结果出来了，其中就有邵同学。得知这个消息，我们非常得激动。但限于学校正式发榜前我们必须保守秘密，在 3 月 1 日之前不能告知学生。所以终于盼到了 3 月 1 日这一天，上班第一件事，我就拨通了邵同学家长的电话，告知了这个早知道迟通报的好消息。

邵同学全家都非常激动，竟一时语塞，说不出话来。这份喜悦，对于付出千辛万苦的我们来说又何尝不是呢？为学生赢得他们最理想的学校一直是我们樱知叶人追求的目标和不懈努力的源泉。

申请点评

邵同学的整个申请过程，选校是非常重要的。为学生选择到与其匹配的学校是第一步，合适的学生选择适合的学校。选定了学校，就要达成目标，争取学校的录取。而森林湖学校录取的关键就是招生官的面试。充分挖掘孩子的闪光点，让其在面试中脱颖而出，始终是我们的重中之重。这期间，学生的努力付出与家长的全力配合，也值得赞许。学生有了目标学校，就一直为达成目标而努力提高英语水平，托福成绩最先是 30 几分，努力到了 40 几分，最后竟然到了 67 分，几乎翻了一倍。这就是进步，这个进步也的确得到了学校的认可。最后我们想说的是，我们每个学生都是独一无二的，我们需要真正去挖掘每个学生的独特。这样才能为学校的面试和申请文书做好素材准备，学生也才有可能在面试和申请文书中做到与众不同。做到了与众不同，才能展现学生的鲜明自我，这样的申请才会取得成功。

13. 实力＋伯乐＝成功

学生背景：赵同学，女

国内就读学校：北京汇佳私立学校

申请年级：9 年级申请 9 年级

标准化考试成绩：TOEFL 91，SSAT2115

申请学校：Cranbrook Schools，Mercersburg Academy，Dana Hall School，Westtown School，Saint Mary's School，Northfield Mount Hermon School

录取学校：Cranbrook Schools，Dana Hall School，Saint Mary's School

赵同学原本打算大学才出去留学的，但到澳大利亚做了一个暑期的交换生后，毅然决定现在就出去，高中就出去留学。在澳洲，她非常喜欢国外的教育理念及上课方式，萌生了高中就出去的想法，父母也支持她的决定。

既然中学阶段就出去，就要去全地球最完善最优质的国家，美国的中学当然就是首选。事实上也是这样，美国越来越成为绝大多数中国中学生的选择。所以，赵同学也就走上了美国高申之路。

赵同学出国留学本可以不用找别人的，她家里就有个亲戚是做留学服务的。经过比较，他们最终舍弃了亲戚的无偿帮助，选择了我们樱知叶的有偿服务。事实最终证明了家长是非常明智的。

赵同学是在 2012 年 10 月份进入我们的服务体系的，学校申请都已经开始了。接下来的紧锣密鼓是避免不了的。10 月份已经是申请的高峰阶段，其他的学生已经备考了托福，有的都考出了不错的分数。这时的赵同学只有 SLEP 61 分的语言成绩。

这是赵同学的软肋，也是他们全家的一个顾虑。这么晚开始准备能否申请到好的高中？其实对我们樱知叶人来说，我们最看重的不是学生的标准化成绩，而是学生本身所具有的能力与潜质。这才是可以大有作为的！

赵同学的英语功底不错，她自信、阳光、善良，她涉猎广泛，知识面宽。在体育运动方面，她喜欢跑步、轮滑、足球、垒球和篮球。在艺术爱好方面，她擅长美术、舞蹈、钢琴和古典吉他。同时，她又是学校的学生会副主席，她参与组织过很多大大小小的活动，组织能力和领导能力都非常出众。

赵同学虽然起步晚，甚至从没接触过留学考试。但我们没有囿于她现在的“0”成绩，而是看到了她整体能力的凸显以及发展潜力。在给她做选校方案的时候，我们突破常规，没有保守，勇于挑战，定位较高。

美国高中的校方都很信任我们樱知叶的眼光和推荐，在一些学校要求有很高托福成绩才能够面试的情况下，比如 Mercersburg Academy、Northfield Mount Hermon School、Cranbrook Schools 等等，赵同学只有 SLEP 成绩，我们也给争取到了面试。

面试中，赵同学给校方也留下了非常不错的印象。通过我们对学生选校的匹配和学校反馈给我们的学生面试效果，最终我们选定了 6 所目标学校：Cranbrook Schools、Mercersburg Academy、Dana Hall School、Westtown School、Saint Mary's School、Northfield Mount Hermon School。

这其中还有一个小插曲。原本我们准备申请 5 所学校，但是最终确定选校规划的时候，由于都是非常顶尖的学校，家长担心了：学生定位太高，万一托福考试冲不到高分可怎么办，就提出来想加申两所学校。但考虑到孩子申请的时候各方面工作量都很大，加申请两所的话学生压力太大，质量不保证反而不好，而且我们总监 nancy 老师亲自掌控赵同学这个案子，以她十几年的低领留学经验，她坚信赵学生的实力。我们就和家长妥协，最终只加申了 1 所学校。

学校放榜前的半个月，我多次与赵同学沟通，看看哪所学校是自己的首选。赵同学表示非常向往 Cranbrook，将它列为自己的首选冲刺学校。于是，我们总监 nancy 老师亲自与 Cranbrook 招生主任沟通，转达了赵同学的这个意愿，并向学校强烈推荐了赵同学。

3 月 10 日是我们翘首以盼的下录取的日子，赵妈妈第一时间电话我们：“我们被 Cranbrook 录啦！太惊喜了！这是我们最想去的学校啊！”话语里传递的是喜悦兴奋、如愿以偿和如释重负。

赵同学果然不负众望，总共拿到了三所 offer 和三所 waiting，我们大家都很欣慰。按常规来讲，Cranbrook 学校托福要求在 100 分左右，赵同学最后才考到 91 分，而且直到 12 月底才考到这个分数。在今年录取的学生当中，她的托福是最低的。但这并不代表学生的能力不够，也不代表着学生就没有录取的希望。

申请点评

当 offer 下发的那一刻,所有人都觉得她是上帝的宠儿!但是只有我们樱知叶人内心清楚:挖掘学生亮点,找寻申请突破点,分数就仅是参考。所以只要让我们看到孩子的能力,只要孩子愿意配合并跟着我们的规划和步伐来,我们就敢给也能给孩子申请顶尖的高中!

14. 巴松给力,洞开 webb 之门

学生背景:魏同学,男

国内就读学校:北京圣保罗美国学校

申请年级:9 年级申请 9 年级

标准化考试成绩:TOEFL 93,SSAT2109

申请学校:The Webb Schools、Stevenson School、Woodside Priory School、Dunn School、Millbrook School

录取学校:The Webb Schools、Dunn School

2012 年 5 月份,魏同学抱着想申请加州韦伯的明确目标早早就找到我们樱知叶。那时,他还是个 7 年级的学生,进入圣保罗美国学校也不到一年的时间。

魏同学原本就读的是非常难进的公立小学,小升初时本可以升入同样难进的公立中学。但他放弃了,转而进入了国际中学。其目的就是为将来留学美国高中做好先期准备。

魏同学的父母在美国有很多朋友和亲戚,他们也经常访问美国。耳濡目染,日积月累,他们很早就对美国的教育有不错的了解。魏同学也同样非常喜欢美国的教育方式和理念,尤其是加州的 webb 学校一直是孩子的向往。

初次见到魏同学,就觉得他是一个素质高、有修养的孩子。他在学校的成绩很好,对于我们的留学早期规划也欣然接受,并积极配合。他虽然很善谈,但是不张扬。说起自己的事总是不紧不慢,客观实在。包括自己的长处和不足也是理性分析,娓娓道来。与坐在他旁边的雷厉风行、快人快语、热情大方的妈妈形成了鲜明的对比。一下子,我就觉得他是适合出去的好苗子,但问题也随之而来了:如何在短短的面试中迅速展示自我是魏同学的一道坎。

美国高中学校的申请都是有面试环节的，而且面试效果是决定录取的重要因素。如何在短短的半个小时内完美充分地展现出自我是至关重要的。魏同学哪儿哪儿都好，也有很多的活动/才艺可展示，但就是热度不够，热速不足。魏妈妈也非常认可我们的分析判断，她也总是最头疼孩子的“慢热”。

大家统一了认识，找到了进攻重点，剩下的就是对症下药。先是梳理申请亮点要素，筛选个性优势，确定申请内容模块。接下来，就是内容的书面表达与口语展示。书面表达由文书中心反复指导完成，最后成为定型的申请文书材料。口语表达则是面试的重头戏，这是魏同学的弱项。我们仔细进行了面陪规划。由内容模块提炼出展示思路，由思路设计出前后顺序和时间把控。并设计出意外与突发问题的应对之策，另针对性地规定了魏同学的语速、语重以及体势语。以期扬长避短，充分利用好这么短的面试时间迅速展现自我，让校方喜欢上自己。

魏妈妈不敢大意，认真落实我们的面陪规划。她几乎每天都与孩子对练，总是超额完成面陪任务，根本无需我们的监督。碰到这么配合的家长，真的是孩子的福气，也是我们的幸运。题外话，太多家长总是认为我们小题大做，不怎么积极配合。等到醒悟了，时间所剩无几，大家都抓狂。一忙乱，再怎么着，也难免忙中出错。魏妈妈真的值得我们学习！既然把孩子交给我们来做，就一定按照我们的规划认真落实，按部就班，水到渠成。大家都不忙乱，都不紧张，申请效果也好保障。

事实也是如此。

从魏同学的标准化考试成绩来看，大家可以发现，他的托福和 SSAT 的成绩并不算高。他的分数只能说刚及格，仅仅达到了最低要求而已，并不具备任何优势。况且加州韦伯一贯非常看重 SSAT，这刚及格的成绩不仅不是申请优势，反倒成了突出的劣势。那么，魏同学为什么能首轮就拿到 Webb 的录取呢？功在巴松！

魏同学的父母从小就有将来把孩子送去美国的打算。他们也了解到，美国教育要求的不仅仅是知识，是分数。美国学校尤其重视对孩子兴趣爱好的培养及课外活动的参与。

在绝大多数孩子从小被各种补习班和培训课压得喘不过气来的时候，魏同学就在发展他的各种兴趣爱好了。魏同学喜爱滑雪、网球、乒乓球、篮球、游泳等多项运动，虽然是全面发展，但以冰球为重点。魏同学从 5 岁起每周一次冰球训练，始终坚持，从来没有中断过。每年参加几十场国内外的冰球比赛，多次获得奖项，还多次被评为本场最有价值球员。学校的大大小小活动，他都积极参与，乐在其中。

最特别的要属巴松演奏了。魏同学 7 岁那年开始学习巴松，8 岁就入选学校管乐队，9 岁就成为学校管乐队首席巴松演奏员。2009 年，荣获了北京市第十二届学生艺术节器乐合奏展演一等奖。2011 年，荣获北京市第十四届学生艺术节器乐展演二等奖。上初中后，他更是成为圣保罗学校唯一的一名巴松演奏者。每年都参加学校组织的各种音乐节和演出活动。巴松是流行于美国的一种管乐。在国内，绝大多数人都没有听过这乐器。父母安排魏同学从 7 就开始学习，是很有前瞻性的。我们真的很佩服魏爸爸魏妈妈的眼光，既然有安排孩子留学美国的打算，就早做准备，并且从贴近美国文化角度进行前期准备，一来为申请美国学校积累实力，二来也为孩子顺利融入美国学习生活早夯基础。

我们非常赞赏魏同学家的教育方法。从小广泛培养孩子的各种兴趣爱好，让孩子在各种有意义的活动当中得到乐趣与动力。只有对生活感到乐趣，才能以积极的心态更好地接受学习的挑战。孩子才会乐此不疲地游历在知识与乐趣的海洋！

韦伯学校正是充分践行着这一教育理念，招收学生尤其注重这方面的考察。魏同学简直就是按照韦伯的一招一式来培养的，换句话说，魏同学就是给韦伯来准备的。申请韦伯，魏同学有先天的优势。

2013 年 10 月初，韦伯招生主任一行来到了我们樱知叶。先是一个韦伯的专场讲座，让学生进一步了解韦伯。我至今还清楚地记得魏同学留给韦伯招生主任 Leo 的第一个印象。在讲座环节，Leo 向在场的所有学生发问：你们有什么艺术上的特长爱好？学生们都踊跃回答，但答案几乎全部是钢琴、小提琴、合唱……只有魏同学响亮地一句“巴松”显得独树一帜，特别亮眼。Leo 循声投去了诧异的目光，脸上漾起了惊喜的表情。从中国孩子中听到巴松这个乐器，估计他也是头一次。这时我可以肯定，魏同学现场的表现已经博得了 Leo 的注意，一对一面试环节不出现意外，录取是自然的了。

接下来，就是一对一面试学生。经过面陪训练，魏同学与之前判若两人，表现积极，落落大方。当进入面试室的时候，他状态良好，还回头向我作出了胜利的手势。这时，我就已经知道他必胜无疑。

果不其然，北京组面试结果最好的 4 个学生当中就有魏同学！

Webb 是魏同学的首选，过了面试关，就要冲刺了。魏同学的标准化成绩准备之路还是比较坎坷的。他的托福一直都在七八十分徘徊，直到 12 月份才突破了 90 分。期间，真的让人揪心，如果成绩再出不来就赶不及了。尤其是 12 月份的 SSAT 出分之后，他刚好达到了 2 100 分。虽然仅仅是及格分，但是我们也可以用来叩响学校的申请之门。

等待放榜的时日真是煎熬人。这时候，学生和家长的电话真的是应接不暇。经常是这个电话刚放下，另一个电话就进来了。魏妈妈心直口快，更是这样。要知道，和魏同学一起申请韦伯的有十几个，各个都比魏同学分数高，而且高出很多。魏妈妈一度觉得要崩溃，天天好几通电话，每次都是那么几句话：怎么办呀？韦伯能不能录取我们呀？我们最想去的就是韦伯了，咱不想什么首批录取，能不能放在 waiting 补录成功啊?.....

以我们对学校的把握，以孩子的面试效果，我们认为孩子是有希望的。但是，家长就是信一半疑一半，始终矛盾着。魏妈妈的心情，我们是非常理解的。孩子一直向往着韦伯，憧憬着韦伯，这么多年的前期准备就奔着的韦伯。他们对韦伯始终纠结着，既满怀希望学校录取，又担心成绩低，不敢奢望第一批就能拿到录取，甚至恐惧不被录取。

3 月 10 日，韦伯下录取了，魏同学榜上有名！魏妈妈激动万分，为这么多年的付出喜极而泣！

看到榜单，我和我的同事们都尖声大叫，欢呼起来！韦伯一下子录取了我们樱知叶 11 个学生！我们不禁大赞一句：孩子们真给力！韦伯真给力！

申请点评

其实总结起来，魏同学这么好的录取结果，跟他丰富的活动参与和广泛又特色的兴趣爱好是有非常大的关系的。很多家长不但没有魏同学父母的前瞻而且仓促上阵也抱的不是佛脚，这是普遍的现象，有必要引起大家的重视。

在确定了留学这个目标之后，家长就把孩子所有的课外活动都取消了，让孩子一味地埋头于培训托福和 SSAT，完全忽视其他软实力及面试的准备。就是留学规划好了的内容也不去认真执行，丝毫不在意其对申请结果的影响。有些家长甚至为刷出所谓的高分，就贸然地把孩子国内的课程都停下来。殊不知，这都是非常错误的做法。美国的素质教育不是中国的考试教育。高分之下孩子是否有真正的高能力，有高能力的同时是否有高情商和高素质，这才是问题的关键。一个铁的事实摆在我们面前：只有综合优秀的孩子才能在高申大军中脱颖而出！

15. 乾坤大逆转之樊同学

学生背景：樊同学，男

国内就读学校：北京三帆中学

申请年级：9年级申请9年级

标准化考试成绩：TOEFL 78，SSAT 2000+

申请学校：Lawrence Academy

录取学校：Lawrence Academy

2013年4月20日，樊同学通过同学介绍来到我们樱知叶。这时候，第一轮录取都已经发榜了。他的几个同学都是通过我们樱知叶办理的，这时也都拿到了目标学校的通知书。

樊同学也是同期申请美国高中的，只是连一所学校的录取都没拿到。不得已，才来寻求我们的帮助。

樊同学委托美国的一个中介机构帮助申请的，当时申请了10所寄宿高中，全部扎堆在麻州。截止到4月20日来我们樱知叶之前，有5所学校明确拒绝了他，有5所学校把他放在等待里，他连一个录取都没有。而他在我们樱知叶办理的同学，全部都拿到了录取，有的还收到了好几个学校的录取。家长很是着急。如果今年走不了，这一年高申的辛苦付诸东流不说，还要再浪费一年时间准备明年的申请。这是孩子和家长都无法接受的，孩子和家长真不想走到这一步。

第一次面谈时，我了解到孩子的一些基本情况。从申请学校来看，这10所学校有高有低，按学生的条件不应该出现一所学校都没录取的情况。后来，我们认真分析，仔细查找，终于发现问题出在文书以及后期跟踪上面。

家长认可我们的分析诊断，决定全权委托我们补救。合同签订后，我们就给出了具体的争取补录方案。樊同学进入我们的服务体系后，我们立即启动相应补录工作，争取抓住最后的机会，为学生最终扳回录取。

5所等待名单里的学校，樊同学最想去 Lawrence Academy。这所学校体育很强，学生又很喜欢运动，和他很匹配。

签约当天，我们总监 Nancy 老师就给 Lawrence Academy 招生主任写邮件说明了学生的情况并进行了推荐。学校很配合，让我们把学生的托福成绩、SSAT 成绩以及平常成绩单都重新发过去。

我们知道，如果只是纸质材料复审，无法切实展现学生的优秀。其结果无法保证预期。因此，争取面试就成为我们的目标。只有面试，学校才能对我们的学生有印象，补录才有希望。在发出这些材料的同时，我们同时明确提出给樊同学再一次面试的机会的要求。

在争取面试机会的过程中，校方问了 Nancy 老师一个很尖锐的问题："既然他那么优秀，为什么没有得到任何一所学校的录取？"的确呀，你们樱知叶认为樊同学多么多么优秀，可是没有一所学校录取他。要么樱知叶有问题，要么美国学校有问题。这是两难之诘！承认哪一方面，其结果都是不利的。

Nancy 老师回复说，Robert，你问了一很好的问题，我也在纳闷为什么这么优秀的学生没有被美国的学校录取呢？我认为有两个原因造成了目前的不利结果，一是学生的整个申请是在美国的一个中国朋友帮忙指导的，因为他仅在美国大学任教而已，并不是一个真正意义上的专业领域的教育顾问，所以指导无法到位。其二，中国有句古话叫做"千里马常有，但伯乐不常有"。接到这个回复之后，校方很幽默地给 Nancy 老师说，那你意思是樊同学是匹千里马，那么我将有可能成为你们中国的伯乐。这是我给他面试的一个很好的理由。樊同学的面试机会就这样争取到了。

有了面试机会，成功又近了一步。我们必须保证学生的面试要让校方有深刻的印象，所以面试老师也下了很大功夫进行面试培训。樊同学背水一战，骁勇无敌，成效非凡。不负众望，面试效果非常好。接下来，就只有等待学校的录取了。

等待结果的日子最难过，等待结果的过程最煎熬。好消息终于在 5 月 20 日传来，樊同学被 Lawrence Academy 录取了。

当我把这个消息告诉家长和学生时，他们好激动，好兴奋，悬着几个月的心终于放下来了。

申请点评

曰：他山之石，不全是可以攻玉，也有毁玉在。又曰：山穷水尽本疑无路，柳暗花明又见一村。此之谓：乾坤大逆转之樊同学。

16. 早起的鸟儿有虫吃

学生背景：肖同学，男

国内就读学校：北京三帆中学

申请年级：9 年级申请 9 年级

标准化考试成绩：TOEFL 89—95—103，SSAT 2280 —90%

申请学校：Kent School，Master School，Portsmouth Abbey School，Peddie School，Mercersburg Academy

录取学校：Kent School，Master School，Portsmouth Abbey School，Peddie School

2013 年 3 月 10 日，樱知叶留学大厅热闹非凡，笑声不绝于耳。大家都知道，3 月 10 日是美国寄宿高中发榜的日子。樱知叶美国高中 2013 年的申请结果非常喜人，人们都沉浸在喜悦当中。突然，一位高大帅气的肖同学走到前台，当着大家的面给我们樱知叶的老师们深深的鞠了一躬。

整个大厅瞬间一片静寂，随后掌声如雷。因为大家都知道这一躬意味着什么？这是学生的感恩，感恩这几年来樱知叶老师们对他的殷殷付出，感恩樱知叶老师们对他的谆谆教诲。鞠躬之后，肖同学一一拥抱了为他服务过的老师，场面非常感人。

那么大家可能会问，肖同学为什么这么动情，为什么这么感恩？实际答案也很简单，在我们樱知叶的专业指导下，肖同学拿到了他最满意的学校录取。申请了 5 所学校，拿到了 4 所录取，这对肖同学来说，应该是一个非常大的成功。

肖同学也是我们樱知叶的老客户介绍过来的，肖同学和妈妈随后参加了我们樱知叶在 2010 年的 10 月份的秋季教育展。在展会上，肖妈妈就直截了当地说，不用做基础的咨询工作给她了，她已经做了很多功课。她现在寻求樱知叶帮助的就是给她的宝贝儿子做个充裕点的留学规划。因为孩子刚上初一，他们打算 9 年级申 9 年级，所以还有足够的时间进行准备。

肖同学虽然还只是个初一的学生，但个头却蛮高，也很壮实，比同龄孩子看起来要成熟。他英文水平属中上，基础条件还不错。根据孩子的条件，我们给家长提出了几个建议：

第一，要马上请外教，加强孩子口语培训，以应对学校面试。

第二，要多读英文原版书籍，通过阅读提升学生的英语水平。

第三，要充分利用暑假期间参加各种夏令营，来丰富他的阅历，积累竞争的软实力。

第四，要充分利用寒暑假及周末时间准备托福和 SSAT 考试。

家长了解留学常识，明白申校要点，我们给的建议照单全收，而且不折不扣地执行。家长请了一位来自美国加州的外教，一教就是将近 3 年的时间，所以学生也 take 了一些加州口音。以致于后来学校在给肖同学面试的时候，校方都质疑他是在公立学校里上学怎么会有加州口音。学生讲了事情的经过之后，校方都很惊讶，一下子拉近了大家的距离。肖学生因加州口音也给校方留下了好感，一致认为他语言学习能力太强了。在外教的指导下，肖同学阅读了很多原版的英文著作。这对后来的学校面试也都起了非常重要的作用。还有一点就是，学生在初一的暑假就参加了一个横跨美国的一个野外生存夏令营项目，这个项目让他在面试中也增添了很多亮点。的确，一个 13 岁的小孩子就穿越了美国，还真是一件了不起的事情。由于英文准备得早，学生的英语能力比较好。相应的托福和 SSAT 成绩也比较高，最后的托福成绩是 103，SSAT 是 90%，比较真实地反映了学生的实际水平。

早起的鸟儿有虫吃这个道理大家都明白，但真正实行起来的还不多。

申请点评

肖同学的成功就一个字：早！留学早规划，学生早准备，大家早行动。一切按部就班，水到自然成。

17. DIY 全军覆没，求帮助绝处逢生

学生背景：王同学，女

国内就读学校：北京师范大学附属试验中学

申请年级：8 年级申请 9 年级

标准化考试成绩：TOEFL 98，SSAT 2154

申请学校：Stevenson School

录取学校：Stevenson School

王同学父母和别人不一样，他们是认为孩子的高中申请非常重要，交给别人做不放心，才决定自己亲自上阵操刀的。

从选校、申请文书、网申，到面试安排，所有高申都是自己 DIY 完成的。到了 3 月 10 日，这个发榜的日子，她们却怎么也高兴不起来了。因为十几所美国高中申请，不是被拒绝就是等待，连一所学校的 Offer 都没有得到。实在走投无路了，被迫来寻求我们樱知叶的帮助。

接到这个 case 之后，我们的第一感觉就是可惜。这么优秀的学生怎么能一所学校都不录取呢，一定是申请环节出现了失误。

四月末的这个时间节点，还有录取可能的学校已经不多了。庆幸的是学生的两个标准化成绩都有，利用我们樱知叶的学校资源，王同学应该还是有希望的。

选校老师很快就反馈回来我们樱知叶还能申请的学校资源，经与学生及家长的认真沟通，最终确定申请美国加州的高中 Stevenson School。这时的文书中心刚刚歇下来，手里的工作不多，他们当天就完成了所有的文书。第二天就走完了审核流程，顺利递出了 Stevenson 的申请。

递交申请前，学校反馈很及时。递交申请后，学校却没有了音信。我们非常着急。正好我们朴总当时在加州，所以我们请朴总出面，亲自给学校打了个电话，为王同学约到了一个视频面试的机会。

王同学很珍惜这个难得的机会，积极配合面试培训。结果不负众望，面试表现不错。面试之后，校方告知我们，学校非常喜欢王同学，只是由于目前没有女孩子的床位，暂时把王同学放在 waiting 里。在这个时点上，我们不奢望学校一下子就录取，学校能够考虑接受我们的申请就已经是非常不容易的一件事了。实际上，waiting 并不可怕，我们知道让王同学从 waiting 实现转正的路径。找了个恰当的时机，我们对王同学的案子又进行了恰当的推荐。又经过半个月的与学校的沟通，在 5 月末的时候，王同学终于从等待中被选拔了上来。

当收到学校录取的时候，王同学的父母非常激动。连呼不敢相信这是事实，从申请到拿到录取仅一个月的时间，我们就达成了孩子的目标。更重要的是，录取她的又是那么好的一个学校，是他们将近半年的奔忙都没有实现的目标。王同学的爸爸妈妈最后总结出一句话：专业的人做专业的事儿，绝不能拿孩子的事儿当试验。

王同学父母非常后悔当初自己导演了这出戏，以为是对孩子好，殊不知把自己的孩子当了一回试验品。当一所学校都没录取之后，他们不知该如何面对孩子，因为申请的失败对孩子来说是一个巨大的打击。孩子下一步该如何走，她们都手足无措。Stevenson 的录取，犹如黑暗中的灯盏，给了他们希望，给了他们目标。

申请点评

很多时候，一条路不通，要学会及时回头，去选择另一条路。切莫头撞南墙，也许另一选择就会让你绝处逢生，柳暗花明！

18. 高申尽早无遗憾

学生背景：高同学，女

国内就读学校：北师大实验中学

标准化考试成绩：TOEFL 108，SSAT 2200+93%

申请年级：9 年级申请 9 年级

申请学校：Loomis Chaffee School，Middlesex School，Concord Academy，，The Webb Schools，Peddie School，Lawrenceville School

录取学校：Loomis Chaffee School，The Webb Schools

高同学的整个申请过程离不开一个人，这个人就是高同学的姥姥。高同学的姥姥是一个教育专家，整个申请过程，姥姥都亲自参与。其实，也正是姥姥很认可美国私立寄宿中学的理念，才主张让自己的外孙女接受这样的教育。但她对美国学校的了解有限，所以在朋友的推荐下，姥姥找到了我们寻求帮助。姥姥很认可我樱知叶的服务理念，即规划型留学，匹配型留学及后续管理型留学。

高同学在初二的时候就与我们签约了，她加入了我们樱知叶的微早规划。高同学是北师大实验竞赛班的学生，北京重点中学的重点班，其学业优秀程度可想而知。但高同学只是中国传统教育中非常优秀的学生，若按照美国私立高中对于学生的入学要求，她还有其短板，需要通过早规划才能加以改善和提高。

大家都知道，美国私立寄宿高中除了对学生的学术有要求之外，对学生的其他方面也有要求，如学生性格、兴趣爱好、特长、活动等。高同学就在活动方面比较欠缺，所以要通过微早规划来帮助，实现提升。我们的规划比较具体，她也切实执行，配合积极。如，一上初二，就让她竞选班干部，并且真正在这个岗位上做实事，积累实力。同时，安排她参加樱知叶组织的活动，如5.12母亲节大型公益活动作为主持人，演出节目等。

高同学今年的申请成果还算不错，但如果她在课外活动上再丰富一些，她的申请结果会更好。

申请点评

申请美国高中真的需要早准备，赶早不赶晚，能早尽量早。实际上，语言类的考试准备还好说，还是比较容易的。但学生的一些软实力的东西却不是短时间就可以准备好的，如学生的领导力，学生的兴趣爱好等，就不能一朝一夕来培养的。如果给我们更多的时间来规划，我相信我们会为高同学打开通往最顶尖美国高中的大门。

19. 一个源于诚实和信任的故事

学生背景：金同学，女

国内就读学校：深圳南山外国语中学

申请年级：10年级申请10年级

标准化考试成绩：TOEFL 无 SSAT 无

申请学校：Blue Ridge School，Darlington School，Miller School

录取学校：Blue Ridge School，Darlington School，Miller School

还是说说我的第一个去美国读中学的学生吧，这也是我们樱知叶的第一个去美国读中学的学生。

2005冬季的一个周末，金先生出现在我们樱知叶的多功能大厅。他来咨询去美国读高中的事情。

见过面，金先生直奔主题。他问的第一句话就是你们樱知叶申请过美国高中吗？

我忙摇摇头，我们没有做过美国高中，但我们做过的是加拿大和英国的

高中留学，我们会有相关经验，如果您愿意，那么我们会很用心地给您做，

我接着说道，去加拿大读高中的第一个成功案例就是在我们公司诞生的，我相信凡事都会有第一次。金先生点点头说：老师，您是我咨询过的老师当中最诚实的一位，没有哄骗我说你们做了多少的成功案例。其实我心知肚明，现在还没有任何一家留学公司在做美国高中这样的事情。但我咨询过几家之后，让我感觉很失望。他们为了签我这一单，撒了很多不能自圆其说的谎。这样的公司，让我如何能够把孩子留学这么重要的事情让他们来做。老师，您的诚实加上您的决心让我觉得您还是可以值得信赖的，所以我愿意把孩子的申请交给你们樱知叶来做。

美国高中的第一单，就这样在樱知叶诞生了。

当时，美国高中对于我们来说就是一张白纸，好在白纸一张正有施展空间。有了家长的信任，加上我们樱知叶在加拿大和英国高中领域的不俗积累，我们一定能够不负家长的重托。

还好，金先生给了我们选校要求：男校或混校都可以，但一定要寄宿制学校，并特别要求把目标学校限定在弗吉尼亚州。

金先生的一位大学同学在弗吉尼亚理工大学当教授，其实也正是这位教授给了金先生送孩子到美国高中留学的想法。所以金先生选校限定弗吉尼亚州，就是冲着这位教授可以照顾到孩子的。

按照金先生的选校要求，我们进行了第一轮调研。我们把符合金先生选校要求的全部学校都纳入视野，虽然工作量非常大，但是凭着金先生的信任，我们任劳任怨，毫无怨言。

接下来，我们进行选校规划，根据孩子的情况开始选择合适的学校作为目标学校。选校规划出来后，我们与金先生逐一匹配学校，经过几轮认真磋商，目标学校终于锁定在三所学校：Blue Ridge School、Miller School 和 Darlington School。

谨慎起见，在申请实操前，我通过 E-mail 把三所目标学校联系了一遍。联系一圈下来，收获不小，信心大增。这些学校及时回复我说，我的 E-mail 是他们学校收到的来自中国大陆的第一封问询高中申请的，他们学校对此很兴奋，对中国学生很感兴趣，欢迎学生立即申请。

有了学校的肯定回复，我们立即行动。按图索骥，比照学校招生要求，按照美国高中申请的流程，一步一步摸索着完成了这三所美国寄宿高中的申请。

一切顺利，我们当时申请的三所学校都陆续录取了金同学。别提当时有多高兴了！

金同学最终决定去 Blue Ridge School，因为离那位教授的家近一些。

录取完之后，就要面临签证的难关。试想，那时美国对华留学大门还未真正打开，就是全奖研究生都是拒声一片，更何况一名自费高中留美生了。

还好，金同学签证的时候，我们樱知叶已经进驻秀水街的美国大使馆签证服务大厅，而且是当时唯一一家进驻使馆签证服务大厅的留学机构。虽然我们遵从与有关方面的默契，始终不张扬，但是今天实话说来，这对于我们的学生来说还是会得到一定便利的。

对于我们来说，金同学的签证不会是个问题。的确如此，金同学的签证非常顺利的就拿到了。

这个案例的成功，其实就是我们一贯践行诚恳、诚实、诚信的必然结果。有了真诚才换来了信任。没有金先生的信任，我们就没有契机迈出美国高中留学的第一步。

多少年过去了，我每每回顾樱知叶美国高中的历程时，金先生的话就时不时地萦绕在耳畔：不管成功与否，只需你们用心就好！

值得一提的仍然是金先生，他对樱知叶的执着信任和大力支持是我们樱知叶美国高中起步阶段的及时雨。樱知叶美国高中的第一个学生是金先生的孩子，樱知叶美国高中第二个学生是金先生推荐的，樱知叶美国高中第三个学生也是金先生推荐的。…… 接下来的这数年间，樱知叶美国高中第N个学生仍然有金先生推荐的。

今天，金先生的第一块石激起的波波涟漪外展着，扩散着，传播者。

今天，樱知叶秉承着“三诚”本色赢得了良好口碑，我们现在 60～70% 的客户都是通过客户推介来的。

今天，我们樱知叶终于成就了行业龙头，美国高中留学傲居群雄。大家一提到樱知叶，就自然联想到美国高中留学；一提到低龄留学，就自然联想到我们樱知叶。这一品牌的形成，行业龙头地位的确立，就是赖于家长们的口碑，就是家长们的口耳相传。

诚实与信任，犹如车之双轮，载着我们樱知叶人的理想，勇往直前；犹如鸟之双翼，载着学生们的梦想，飞跃人生！

第二十一章 走读学校案例分析

1. 态度决定“胜负”

学生背景：周同学，女

国内就读学校：江苏扬州中学高二

申请年级：11 年级申请 11 年级

申请学校：East Catholic High School

录取学校：East Catholic High School

从申请到录取，我对周同学的了解仅限于照片和电话。她看上去很乖巧，声音也很甜美。

通过与周同学及其母亲的沟通，我了解到她们一共申请三所走读学校，把最高目标定在 East Catholic High School。

在整理她的申请材料时，从项目主管那里传来不好的消息：我们公司同时参加 ECHS 面试的六个学生中将只有一个被录取，剩下的五位不会获得录取。周同学申请 11 年级，英语口语较弱，面试绝不占任何优势。

材料整理完后，我开始给她做正式的电话面试培训。刚开始，她听不太懂我提的问题，更谈不上回答了。在这种情况下，我建议她下更多的工夫，将列出的核心问题写出详细的答案，越详细越好，以便于拓展她面试时的思维。当然，我并不是要求她将答案死记硬背。第二次面试培训是 3～4 天后，我明显感受到她付出的努力。她不但能听懂我提出的大部分问题，还能答上几句，尽管并不完整、不流利。不过很难得的是，她自己主动提出了几个问题，这让我感到很欣慰。

这时，周同学和她的家长开始着急到底什么时候能够进行面试，我也开始琢磨学校到底能安排哪天面试周同学。对于这所学校，我尽管不抱什么面试录取的希望，但希望能从中获得必要的面试经验。又是几天过去了，周妈妈开始着急，开始焦躁，因为他们把全部的希望都孤注一掷押在了ECHS。我也很理解，去不了首选，毕竟是件遗憾的事。

就在这个时候，公司主管协调成功，美国本土的协调员可以给周同学提前做一次电话面试。此后，美国的协调老师为周同学安排了有针对性的培训纲要，并表示对周同学非常有信心。这有点出乎我的意料，因为我不相信一个 SLEP 考 47 分的女孩能上 ECHS，而最终她真的做到了。

作为申请老师的我感到有些茫然，有些歉疚。我竟然不相信她能做到。尽管从始至终我一直都是以鼓励的姿态出现，但我很惊讶她为什么能被录取，到底是什么让她“胜”了？

后来，我从面试老师的来信中，我才了解到来龙去脉。面试老师说，前半部分聊得很费劲，她几乎准备结束通话。但周同学的坚持（Ms. ×××，I want to share with you more about me＋ topics extension）感动了她。即便学校最后给出的是条件录取，但那也是一份非常漂亮的答卷。态度决定胜负，态度决定一切！

申请点评

只要有百分之一的机会，我们就要用坚持的态度认真地做下去。周同学向我、向我们大家证明了这一点。尽管语言弱一点，你还是有可能征服面试老师。毕竟学校的面试不是口语考试，交流才是最重要的。对于英语口语不太好的学生，我强烈建议你们面试前下足狠功夫，因为你所付出的，大家都能感受得到——包括面试老师。

2. 一波三折

学生背景：司同学，男

就读学校：美国河滨军事学院

申请年级：10 年级转学申请 10 年级

申请学校：St John Vianney High School，Malden Catholic High School，East Catholic High School

录取学校：Malden Catholic High School

由于司同学之前就读的学校属于军事院校，比较侧重于体育方面。大多数中国家长都想让孩子进入美国著名的大学，所以学生想转学，以加强基础知识。家长希望申请走读学校(申请寄宿学校时间上晚了些，家长是在6月下旬签约的)，时间很紧迫，我们丝毫不敢懈怠。

平心而论，学生的成绩很一般，最大的申请优势就是已经在美国学习了一段时间。学生申请的劣势就是申请材料不齐，比如美国的成绩单、推荐信还没有，加上正好是暑假，老师都在度假，所以准备这些材料花了很长的时间。凭借我们的经验，申请的时候就将学生的签证约到了7月底(签证高峰期，很难约)。所以接下来的任务，就是在不到1个半月的时间内拿到录取。

通过和学生的接触，我们了解到，之前的学校让他太失望了，学生不用怎么努力，就能拿A。对学生而言，没什么挑战性。我们也对学生转学的这一想法给予高度肯定，毕竟他想得很高远，目标是宾大，平时也很努力。对于这样的学生，我们一定要给他挑选几所好学校。事实上，对于转学的学生，申请好学校的几率也更大。我们将目标锁定在以下三所学校：St. John Vianney High School、Malden Catholic High School 和 East Catholic High School。

第一所是学生最想去的。说实话，学校好，门槛也高。我们和学校联系了，学校说位置已满，要等待。这种不冷不热的回复使我们感觉机会渺茫。

为了节约时间，我们同时申请第二所。这所也是超级牛的学校，学生原来就读的学校根本没法比。学生准备好所有的材料，已经是7月10号。学校审理还需要时间，假期也是问题。

我们焦急等待申请结果，公司在美国的协调员也积极地斡旋努力。两周过去了，还是没给我们确切的回复。该不该准备申请第三所？我们在考虑，家长也一直在催我们。

因为这个学生，我和我的上司多次加班到深夜，还打过无数国际电话。24号的时候，协调员终于发来了录取信。尽管这是一封还不完整的OFFER，还没有签字(相关老师在度假)，但是录取结果毕竟有了，这让我们悬着的心终于落了地。

接下来准备签证。我们在签证前两周就开始给学生做签证培训，准备所有材料。目前只差I-20了，还有签名的录取信。我们天天催，天天等(老外就认死理，我在度假，不会为别人的事情浪费属于自己的时间)。

就在签证前两天，我们还在和家长商量第二种方案——改签。改签也很难，因为现在签证的学生多，只能到8月下旬了。家长愤怒地带着合同来公司拍桌子，拍也没用，现在是要解决问题。签证前夜，我的上司凌晨两点都不敢睡，我也不敢关机，一直焦急等待美国协调员的消息。我们的协调员和学校敲定，一定要在学生进使馆前发来这两个文件。约定时间一到，我们的协调员直接开车去学校如愿拿到了文件。我们这边得到消息，立马进行相关准备。

好了，一切搞定！学生终于登上了去上海签证的飞机。家长转怒为喜，学生笑逐颜开，我们更是功德满满！只是过程太紧张了，太艰难了。

申请点评

司同学申请的学校都很好，只是他的准备工作做得不够充分，加上时间紧迫，难度很大。这个案子之所以成功，一个归结于学生本身很优秀，另一个也是因为我们的尽心尽力。为了做成功这个案子，公司上下全部动员起来，美国的协调员也来回跑了很多趟，这才有了最后完美的结局。这里，给各位准备留学的学生和家长一个建议，我们并不能保证每一次都能够这么幸运，所以事情千万不要赶着来，多留些准备时间才能有多一些回旋的余地。

3. 努力争取换来的1%机会

学生背景：王同学，女

国内就读学校：重庆市第十一中学

申请年级：10年级申请10年级

标准化考试成绩：SLEP 50

申请学校：Holy Cross High School，Louisville High School

录取学校：Holy Cross High School，Louisville High School

王爸爸是非常忙碌的生意人，经常坐飞机飞往全国各地。今年5月的一天，王爸爸很偶然地逛了机场的书店，购买了樱知叶总裁朴泰仙主编的《美国顶尖寄宿高中100校》，这是王爸爸第一次知道樱知叶教育。

随后，王爸爸通过电话咨询了美国低龄留学的一大堆问题。6月初的第一个周末，王同学一家人如约来到了樱知叶。王同学的爸爸妈妈平时都忙于工作，从小就没有太关注孩子的学习和成长。交谈中，始终表露着对王同学的愧疚。这次美国留学是孩子一生的转折点，所以非常的重视也非常的谨慎。

王同学英文不是很优秀，但是王同学平时在校成绩很优秀，学习能力很强，并且非常努力用功。

王同学开始准备留学的时间显然已经很晚了，已经没有时间去准备标准化的语言考试。申请美国寄宿高中已经来不及了，但我有信心帮王同学申请到非常好的走读学校。由于王同学之前有去过美国的夏令营，当时住在寄宿家庭里很适应，王同学也很认同选择走读学校。

在国内读书的孩子普遍都存在口语不够好的问题，像王同学这样没有标准化语言成绩，在美国高中申请过程中，能不能被学校录取只能取决于学校面试了。所以我们再三嘱咐王爸爸回到重庆后立刻安排外教老师每天给王同学练口语，以配合我们这边的面试辅导。

王同学在后来的一个月里很努力地做面试培训和口语训练。我们在为王同学选校的时候，她一下就选中了加州的顶尖女校：Louisville High School。但是该学校在这个时间已经截止了10年级的学生申请。反复的跟学校确认，回复都是不再招10年级学生。尽管如此，我们还是不愿意放弃，哪怕只有1%的机会也要为王同学争取到最后！

由于时间紧张，为了不耽误孩子，我们建议王同学先申请第二志愿：Holy Cross High School。同时，我们也一直在跟Louisville强烈推荐王同学：王同学学习基础很好，学习能力较强，爱好陶艺与马术，与Louisville非常匹配，正是该校喜欢的学生！功夫不负有心人，我们的努力争取换来了Louisville的一次SKYPE面试机会。

王同学近一个月的努力果然没有白费：面试效果非常好！Louisville面试当天就给我们回复说，王同学被录取了！与此同时，王同学也收到了来自Holy Cross High School的好消息：录取！

面对这来之不易的录取，王同学一家都很激动。本来以为今年9月走不了的，没想到这么短的时间里就拿到了第一志愿的录取！随后的一个月里，王同学也没有松懈，积极配合我们的签证辅导，最后美国签证也如期的拿到了。

很快8月3号就到了，王同学登上了飞往美国的飞机。走前，王同学一直在跟我们说:“老师,幸福来得好突然,真不敢相信我这就要走了,都还没有跟重庆的老师和同学告别。”

申请点评

从决定去美国留学到王同学去美国学校报道仅为短短两个月时间,这期间真的可以用战斗两个字来形容。我们也通过此事让王同学深深的体会到:没有什么是不可能的,有的时候需要的就是一份执着的努力争取!

4. 此路不通走它途,条条道路通罗马

学生背景:孟同学,男

国内就读学校:北京三帆中学初三

申请年级:9 年级申请 9 年级

标准化考试成绩:TOEFL 81,SSAT 1900+

申请学校:Berkshire School,Woodberry Forest School,Tabor Academy,Edmund Burke School

录取学校:Edmund Burke School

说起孟同学,他的申请经历还是比较曲折的。最开始的时候,孟同学是把申请寄宿学校为目标的。但在寄宿学校的申请大战中,他全军覆没,没有拿到一所学校的录取。别无选择,孟同学开始了美国走读中学的申请。

大家都知道,寄宿学校的申请竞争越来越激烈。不管从孟同学的语言背景还是个人的性格特点来讲,他申请寄宿中学都不占优势的。孟同学真的称得上是我们中国传统教育当中优秀学生的典范。他在重点中学的重点班,学习成绩优秀。尤其是数学,获过很多数学方面的奖项,而且还参加过美国的 AMC 的考试。但学生弱势的地方也很明显,性格比较内向,不愿意表达,而且稍显“不合群”。美国的寄宿学校恰恰是很看重这方面的。因为寄宿学校普遍规模不大,学生们的交际圈子就小,学校当然希望每一个学生都性格随和,每个人都有很多朋友,大家彼此融洽,校园的学习生活才会其乐融融。因此孟同学在几个学校的现场面试当中都不理想,这也是他申请寄宿高中失败的最大的原因。

虽然寄宿高中对于他来讲已经关上了这道门，但走读学校却给他打开了另外一扇窗。

着眼学术方面，孟同学是非常优秀的。在选择走读学校的时候，我们没有降低选校标准，依然秉持合适匹配的准则，把我们樱知叶走读项目当中的最好的学校资源都给了他。因为有前面寄宿学校申请的经历，在申请走读学校的时候，学生已经轻车熟路了。而且他也从前面寄宿高中申请失败的经历当中汲取了教训，学会了要在面试官面前表现的积极、热情与主动。所以在走读学校面试这个环节，孟同学表现的还不错，再加上学生优秀的国内成绩，录取也就水到渠成了。

学生去美国就读一年之后，暑期回国，主动来我们樱知叶给大家做了一场非常精彩的讲座，分享了他在走读学校的收获。这就是一个可喜的成果，首先他学会了分享，而且是主动分享，这就是变化。我认为这样的变化其实比起成绩的提高更让我们欣喜，我们都是社会中的人，彼此的帮助和分享才构成我们一个和谐的社会。他在学业上的优秀表现也让我们为之骄傲，孟同学是我们樱知叶所有学生当中唯一一个在九年级就学了数学 AP 的学生。在去美国之前，孟同学的数学成绩就是非常优秀的。入学之后，他连续换了两次数学课，因为每次数学课都是感觉太简单，最后一换就直接到了 AP 数学。这里，我们也可以看出美国的学校还是很人性化的，总是会根据学生的实际水平，来不断调整课程的难度。这才是我们祖师爷孔老夫子几千年前就倡导的因材施教。

孟同学也和大家分享了他的寄宿生活。他跟寄宿家庭相处融洽，真的就是另外一个家。孟同学寄宿的是一个犹太家庭，寄宿家庭对孟同学的关照非常多，而孟同学也积极参与寄宿家庭的生活。孟同学在学校的优秀表现，寄宿家庭也引以为傲。孟同学刚回国没几天，寄宿家庭就说想孟同学了，希望他早点回美国。

申请点评

孟同学是一个典型的转型成功案例。其实，我们的学生可塑性都非常强，只要有正确的引导，他们都可以做到最优秀的。特别强调一点，同一学术水准的美国寄宿高中和走读高中，其实并没有什么差别，有的仅仅是学生住校还是住家的不同，仅此而已。只要准备好了，在那种类型的学校，我们的学生都能成为精英。

5. 选校匹配,乐学乐己

学生背景:尹同学,女

国内就读学校:北京二中

申请年级:9年级申请9年级

标准化考试成绩:TOEFL 88, SSAT 1862

申请学校:Orange Lutheran High School, Valley Christian School, Holy Cross High School

录取学校:Orange Lutheran High School, Valley Christian School, Holy Cross High School

尹同学是北京二中实验班9年级的学生,年级前30名。孩子的英语口语特别棒,发音很标准。她文静不失活泼,特别的有礼貌,很招人喜爱。她是那种你刚一见面就让你满心欢喜的一个孩子。

详细了解完她的学术成绩和个人素质的背景后,我心里就有谱了。她如果委托我们樱知叶办理美国高中申请的话,利用我们充裕的优秀学校资源,她肯定可以进入到理想的目标学校。

事实正如我的判断,也的确如此。

10月份,寄宿学校 Saint James School 来到我们樱知叶招生面试学生。我觉得从学费、学术的严谨以及整个学校的定位都跟尹同学是非常匹配的。

学校今年计划在中国只招收3个学生:1个8年级的学生,2个9年级的学生。10年级和11年级不打算接受学生。

尹同学面试效果很好,如果递交申请,录取应该不成问题。但家长思前想后,觉得去寄宿学校还是违背了初衷。自由活泼的走读学校体制和入住寄宿家庭一直是尹同学比较向往的学习和生活方式,最后,她还是放弃了这所学校。

尹同学参加过美国的夏令营,当时就住在美国当地人的家庭里面。她觉得她和美国人相处得比较好。这也就进一步加强了她选择走读学校的强烈意愿。

孩子和家长选择走读学校,对我们来说更有优势,我们樱知叶境外后续服务有保障。在境外,我们设有自己的服务团队,负责在美学生的学习和生活,为学生提供全天候服务。一条龙的服务体系让孩子和家长眼前一亮,理所当然地选择了我们樱知叶。

转眼到了寒假,在我们美国服务团队人员的安排,尹同学和爸爸、妈妈一起飞赴美国，前往目标学校实地考察并面试。选校规划方案里的三所学校，他们一个一个去拜访，去参观，去面试。不出面陪老师所料，尹同学的面试结果都不错。她收获满满地回来不久就陆续得到了好消息：三所学校都给了她 offer。

补记：尹同学到美国一年半的时候，孩子妈妈打电话来，又是一番感谢。孩子在寄宿家庭生活得很自如，很愉快。全家真的就是一家人，互相照顾，互相体贴。周末，全家总是外出活动，或郊游，或聚会，或购物，其乐融融。我们的境外协调员也按时面询学生，帮助学生顺利适应学习和生活。孩子在美国开心，家长在中国放心。

申请点评

选择学校必须最大限度匹配，不仅学术匹配，不仅偏好匹配，也不仅学生自身条件匹配，还要家庭背景匹配。

寄宿学校和走读学校，就是住家与住校的区别，学术方面没有什么不同。单就学术而言，好的走读学校也多过寄宿学校。福布斯美国高中排名前 30 的学校，几乎全部是走读学校，寄宿学校仅有少数几所挤了进来。选择寄宿学校还是走读学校，既要看学校的要求，也要看学生的意愿与准备。

6. 成绩不是唯一，努力才是关键

学生背景：张同学，女

国内就读学校：济南外国语学校

申请年级：8 年级申请 8 年级

标准化考试成绩：TOEFL Jr. 770，SSAT 无

申请学校：Ojai Valley School，Christian Heritage School，Wardlaw—Hartridge School，St. Bernard Catholic School

录取学校：Ojai Valley School，Christian Heritage School，Wardlaw—Hartridge School，St. Bernard Catholic School

张同学本打算在本地就近找一家留学机构的，可是走遍了济南城，都没有让她满意的。考虑到北京的资源相对多一些，就和父母来到首都，走大街穿小巷地一家一家转开了。

来到我们樱知叶的时候，是 3 月的一个周六下午。樱知叶是她们走访

的第 N 家机构，但是他们非常认可我们樱知叶的服务理念，加之早就耳闻我们的实力，当场就果断地选择了我们，没有按照原定的计划把时间浪费在与各个机构的周旋当中。

事实也最终证明了他们的选择是明智的。她申请的结果皆大欢喜，并与我结下珍贵的友谊。

张同学想早点走，先去美国的初三适应一年，为接下来的高中生活也打一个比较坚实的基础。所以决定 8 升 8。基于她的留学规划，再结合当时寄宿与走读的补录形势，我们实行了走读与寄宿同时申请的选校方案。

张同学性格开朗，平易近人，这两种类型的学校都比较合适。只是她没有准备标准化考试，还没有语言成绩，申请起来不占优势。但她是济南外国语学校的学生，英语还是比较过硬的，尤其她的优势还是口语和听力，这在面试环节肯定占便宜。

虽然已经是美国高中录取发榜过后的补录阶段，时间比较晚，但是我们还是希望她做好充分的准备以便能申请到尽量好的学校。

进入服务体系后，就按照规划一步一步去落实了。先是外教口语＋小托福培训，紧接着就是穿插着面试培训。在提高学生自身能力的同时，申请中心也在积极地跟学校联系沟通着。尤其是寄宿学校，此时有否补录名额，学校那边都还没有最终确定。但是我不能被动等着，要提前主动跟一些学校取得联系。一旦学校能接收我们的补录申请，就马上启动申请程序，一点时间也不能耽误。走读学校那边的申请，我们也根据孩子的各方面情况给她推荐了匹配的学校。经过多方沟通，最终申请目标确定在了或走读或寄宿的 4 所学校。

在申请过程当中，张同学以及她的父母时而焦虑，时而担心。尤其是小托福只考了 770 分，离理想目标 850 分还有很大的差距。就又特别纠结起来，总是担心申请的四所学校一个也不录取。一个劲地央求我们再补申一所比较一般的学校来兜底，免得全军覆没无学可上。

我们耐心地帮她分析，首先，这所补申的学校真的太一般，没有选择的必要。孩子底子不错，我们不应该让她去到一所纯过度的学校。其次，孩子虽然成绩不高，但是她的面试辅导很到位，应该取得很不错的效果。只要全力以赴攻面试，取得好的面试成绩，就一定会降低分数的劣势的影响，就会创造录取的绝对机会。再次，学生此时既定的申请还有挺多的工作要落实，增加一所也就意味着增加学生不小的负担，万一影响既定的申请就得不偿失了。既然已经明确主攻目标，就要一鼓作气，切忌半途彷徨、犹疑。最后，也是更重要的一点，是我们公司与目标学校的良好关系与信任基础。加上我们的申请中心跟这四所目标学校始终保持密切的沟通，一直变着法推荐学生，且互动良好，预期可待。基于此，如果各方面都顺利的话，虽然不敢保证孩子全部能拿到录取，但是最起码是一定会有学校录取的。好一番苦口婆心，张同学和她的父母才又走回既定的申请轨道，不再左顾右盼，而是全力以赴，奋力一搏。

5月的连着的两三天，张同学的四所学校竟一股脑儿地发来了录取。得到这些好结果，大家都很激动，孩子更是开心地跳了起来。

申请点评

短短的2个月的时间，能有如此大的收获实属不易。这里面既有家长和学生的全力配合，又有我们经年的专业积累与难得的学校资源优势。试想，学生和家长中间提出加申那所学校，又不听我们的专业建议。那么，学生一定两面作战，一是既定申请，一是加申学校，势必互有影响。面试培训规划也不会得到切实落实，面试效果一定会受到影响，学生肯定过不了学校的面试关。这样的话，就是我们和学校关系再好，也无济于事啊。专业的人干专业的事，既然把孩子交个我们，就要相信我们，配合我们。毕竟在这一行当里，我们才是最专业的！

拿到录取仅仅是一个新的开始，接下来的留美中学生活才是关键。真心希望张同学能够好好地适应美国初三的学习生活，顺利升入理想的高中和大学，实现青春抱负，圆梦青年理想！

7. 申请规划，衔接未来

学生背景：王同学，女

国内就读学校：丹东市第二中学

申请年级：10年级上学期申请9年级下学期(2014年春季)

标准化考试成绩：TOEFL 无，SSAT 1986

申请学校：Holyoke Catholic High School，St. Joseph school，Camden Catholic High School

录取学校：Holyoke Catholic High School，St. Joseph school

初次见面，王同学的踏实、稳重、大气就强烈地震撼了我。她的学术能力非常强，英语口语也不错。优势明显的同时，劣势也很突出。她太过安静，不太爱表达自己。这对于非常重视面试的美国高中录取来说，是非常不利的。

鉴于学生的学术能力强，我们的申请中心为她规划了突出优势、弥补劣势的个性方案。在比较短的时间内，我们要求学生尽快地准备 SSAT 考试。同时强化面试口语培训。好在学生的口语还是非常流利的，所以我们的重点就放在了头脑风暴。申请完美国学校，毕竟还是要去就读的。所以不是要包装好了学生给送到学校就完事大吉，而是要让学生和学校真的匹配。学生真心喜欢学校，学校也真正适合学生。我们要真的让学生在申请之前就成为学校真正想要录取的学生。所以，要按照适应学校的方向来培训，进行观念浸润，进行习惯培养，进行方式调整。要培训学生跳出以往我们学校的一些条条框框的限制，让自己可以有更多创新的想法与思维。这个过程还是很痛苦的，好在学生的领悟能力很强，一轮面陪规划下来，在中外教的培训下，王同学已经变得很自如，非常的自信。

最后的结果，她被两所心仪的学校录取了。

申请点评

留学需趁早！要早准备，早规划。早就有时间调整自己，提升自己。这样不仅可以增加录取的几率，还可以同时解决赴美留学的适应问题，让学生到校后可以过渡得更顺畅。

我们申请到学校只是第一步，而且是一小步。学生到校后的学习与生活才是大头，是重点。从一开始，我们就要想到学生的入校学习，把前期申请与后期就读紧密衔接起来，为学生提早规划未来。匹配性留学，的确应该始终成为我们努力的方向和目标。

8. 震撼优势，轻取学校

学生背景：王同学，女

国内就读学校：扬州大学附属中学东部分校

申请年级：10 年级申请 10 年级

标准化考试成绩：SLEP 49

申请学校：Holyoke Catholic High School，Saint Bernard School，St. Paul Catholic School

录取学校：Holyoke Catholic High School，Saint Bernard School，St. Paul Catholic School

王同学第一次来咨询已经是五月份了，秋季入学就在八月。满打满算就两个月的时间，真的很赶。

简单沟通后，我们给她做了英语测试。SLEP 49 的成绩还是可以的，中上等。掌握了王同学的语言情况后，深入聊了一下为什么出国、将来的目标等。

我们了解到王同学家里的一些情况。王同学的父亲打理自己的生意，总是很忙，顾不上家，也顾不上她。母亲倒是家庭主妇，照顾一家人的饮食起居。但最近又刚刚生了一个小弟弟，母亲要全职照顾弟弟。王同学平时的学习与生活，全部都得靠自己。

我们知道出国的决定就是王同学自己作出的，父母不反对但也不是非常支持，但尊重王同学的意见。

我们感觉到王同学是一个非常独立、对于自己目标比较明确的孩子。这确实比较适合走读学校。

当然对于出国，她的了解还不全面，还不够深入。我们重点向她介绍了美国教育当中比较严厉的方面，如有大量的阅读与写作，这也是大多数中国孩子比较欠缺的地方。她听到我们的介绍后，不仅没有害怕，反而非常有兴趣。她告诉我们这就是她想要的学习方式。她目前的学校，老师就是一味地灌输，学生就是一味地死记硬背。课堂就是老师讲学生听，没有交流没有讨论，死气沉沉。老师评价学生就只是看分数，只要期中考试或者期末考试能拿到高分的就是好孩子。可是，王同学表示自己不但要做一个好孩子，而且还要做一个有思想的好孩子。况且她自己非常喜欢音乐，在现在的学校根本没有办法继续她的这份兴趣。她希望到美国后继续发挥这方面的特长，希望通过三年的努力，在艺术方面有更深的造诣。看到她的决心与信心，我们觉得的确应该帮助她这样的孩子走出国门，飞跃梦想，成就不同的人生。

进入我们的服务体系后，就是相应的规划和规范的程序操作了。她的重点还是放在了面试上。面陪规划就调整了不下三次，才最终确定下来。王同学有音乐专长，会演唱许多英文歌。我们就和学生一起选最拿手的，翻来覆去练，准备的两首英文歌曲早已经烂熟于心。果不其然，面试现场大展歌喉，效果震撼超爆，王同学分明就是一位小小歌唱家！

王学生顺利拿到了三所目标学校的全部录取。最终，她选择了最想去的新泽西的一所走读学校 St. Paul Catholic School。

赴美一个月后，王同学就打电话给我，掩不住的兴奋和喜悦。她开心地告诉我，和美国寄宿家庭相处得非常和睦，真的就是另一个家。还骄傲地告诉我，她在美国学校里成立了自己的乐团。她说自己就像小鱼找到了溪水，小鸟飞入了丛林。

申请点评

在最短的时间内，王同学拿到最理想学校的录取就一条：震撼优势，轻取学校录取。美国学校申请，需要我们的专业及敬业，更需要学生的亮点。两者紧密配合，高效工作，才能取得好的结果。没有学生的准备，就是巧妇也难煮无米之炊；没有专业的积累，就是和氏之璧也难成去璞之宝。

9. 留学需趁早，配合是关键

学生背景：肖同学，女

国内就读学校：武汉实验外国语学校

申请年级：9 年级申请 9 年级

标准化考试成绩：TOEFL Jr. 830，SSAT 无

申请学校：Holy Cross High School，St. Paul Catholic High School，East Catholic High School

录取学校：Holy Cross High School，St. Paul Catholic High School

肖同学找到我们樱知叶比较早，2013 年 4 月份就找到我们，属于早规划的学生。

由于进入服务体系较早，肖同学有充裕的时间落实我们的早期规划，提升自己的能力，储备申请优势。

在英语语言方面，规划的任务有提高学生的听、说和读的能力。规划老师就要求学生每周看一部原版电影，每周阅读一部英文原著，每周一次外教课。肖同学非常认真，每项任务都保质保量完成。经过四、五个月的语言培训，肖同学的语言能力已经非常优秀了，达到了预设目标。

在个人素质方面，规划方案规定了许多活动单元。规划老师每周都给肖同学布置具体的任务，她都认认真真地去完成。肖同学是一个非常懂事

的学生，一边在学校始终保持着领先的成绩，一边积极参加学校的活动，丝毫看不出她即将离别学校的任何迹象。

在学术方面，针对留美的需要，还规划了相应的美国历史概览。规划老师具体实施中本来给肖同学布置的是简本美国历史，可肖同学挑战自我，愣是拿了个上中下一套的、厚厚的整整三册。

在整个规划期间，我们和家长一起见证了肖同学的越来越成熟、越来越自信。她不仅提升了语言水平，还增强了沟通能力、协调能力，就是中国学生普遍欠缺的领导力也都有了显著的提高。肖同学落实规划的过程，就是在实现自我升华。她一步一步完成规划的任务，就积累下申请的素材，聚集的申请能力也越来越强。等到全部规划完成，她也实现了自我的涅槃，成为了美国高中真正喜欢的那类型的学生。

选校规划的时候，肖同学毫不犹豫地将目标锁定在顶尖学校：Holy Cross High School。

确定了选校方案，接下来就开始准备学校的申请。包括标准化成绩的准备、申请文书和推荐信的准备等。家长和学生在这一环节还是特别配合，从没有过拖延。使得老师可以把在材料准备阶段的很多时间和精力节省下来去投入到孩子的面培规划和面试培训中。在这里也告诫各位家长，尽量多配合老师完成工作，这样才会对孩子的申请真正有利。

进入到面试准备阶段，学生和家长仍然一如既往地特别配合。学生情商很高，面陪老师循序渐进地给孩子做面试培训。她认真听取老师意见，调整应答角度，改进回答问题的方式。重要的是，她不断思考问题，掌握了由小见大，学会了应对一个普普通通的问题时如何展现自己的特点和闪光点。培训到后期的时候，肖同学是所有老师公认的面培效果最优秀的学生。

面试日期确定了，面陪老师就指导肖同学认真去浏览学校网页，具体了解学校，积极预设问题，精准提炼要点。尤其是跟自己的 dream school——Holy Cross High School 进行面试的时候，准备工作做得格外细致和完善，她甚至可以把学校网页上的一些内容倒背如流了。没有哪一所学校不对这么属意自己的学生无动于衷的！Holy Cross High School 面试当场就给了录取！

申请点评

肖同学最后能够取得 dream school 的 offer 和他早进入服务体系有很大关系。他的准备时间足够长，很多方面都有时间进行规划提升。在其他学生还没有着手准备留学申请的时候，肖同学就已经在跟着老师的规划来一步一步提升自己的能力了。

在后期申请过程中，肖同学和家长也是一直在积极配合，保质保量地完成规划方案的任务，积累了雄厚的申请实力。

总的来说，留学需趁早，配合是关键！

10. 一个托福 30＋的学生在美国寄宿家庭的成长

学生背景：曹同学，男

国内就读学校：北京市一所公立学校

申请年级：8 年级申请 8 年级

标准化考试成绩：TOEFL 30＋，SSAT 无

申请学校：Christian Heritage School，St. Paul Catholic High School，Boston trinity Academy

录取学校：Christian Heritage School

曹同学是一个普普通通的学生，学术没有优势，英文很努力但成效不大。但妈妈的心气比较高，要求学校定位要高，毕业生去向要好，学校的 SAT 平均分也要高，还要求学校的课程设置适合孩子。这真是两难的大难题。大家知道，毕业生去向好的学校，学术往往也比较强，设置的课程起点也比较高。这当然不适合曹同学。反之，课程适合曹同学的，学校的 SAT 也不会太高，毕业生去向也较平常。这当然又达不到妈妈的要求。妈妈的要求如此矛盾，也造成我们的困惑与纠结。如何化解呢，只有规划提升！

曹同学也的确很乖，很懂事，亦步亦趋地跟着规划老师的步骤，按时完成规划方案的任务。一轮规划完成后，他储备了相当的优势，提升能力的同时，也增强了信心。这一路走来，辛苦满满，收获也满满。

进入选校规划了，曹同学的妈妈做了足够的功夫，先声夺人，给我们一下子就发来了十几所学校，让我们给她建议。这些学校都很牛，但要求各异，没有一所是合适的。比如有的要求托福 90+，曹同学相差 60 分，根本够不到。比如有的的需要父母陪读，这要求也只能是本土家庭能够满足，国际学生根本就不适合，因为美国法律还没有允许国际学生的父母陪读。再比如奥巴马私校，学校非常牛，但明确不招收国际学生。

我们耐心地给曹同学筛选学校，最大限度去匹配。确定学校方案的同时，曹同学最后一次的托福成绩也出来了，还是不理想。好在妈妈通情达理，她逐渐认识到孩子语言的真实能力，终于放弃了那几所够不到的学校，欣然接受了我们匹配的合适学校。

申请过程也还是状况不断，最终都被美国办公室的同事一一化解。大家劲往一处使，合力猛攻最心仪的目标学校，终于大功告成：拿到了海瑞特的录取。

Heritage 位于美国东北部名校圈，有得天独厚的地利之便。这所学校比邻耶鲁大学，并与耶鲁大学共享资源。学生可以从入校的第一天起就栉耶鲁之风，沐耶鲁之雨。

曹同学的顺利录取，学生和家长对我们的信任与配合是重要的因素。他们尊重我们的专业指导，听从我们的意见和建议，认真执行我们的规划，终于提升了能力，夯实了申请基础。同时也得力于我们境外团队的努力与争取。申请的关键时刻，我们美国的同事长途驱车两个小时前去学校做最后的争取，并现场展演学生的视频，让学校直观看到一个阳光、向上、乐观、积极并具有潜力的大男孩。

获得 offer 仅仅是开始，尽快适应才是关键。我们樱知叶每年都开设独具特色的行前预备课程——美国高中桥梁课程，为准备赴美留学的学生们提前梳理高中课程要点，让学生赴美后能够尽快适应学校的学习生活。曹同学的软肋是语言，在拿到录取后，我们也安排他参加了这个课程。经过一个月的强化训练，曹同学进步明显。曹同学赴美后适应得的确很快。两周就开始为中国的自己父母与美国的寄父寄母当翻译，沟通感情，增进友谊。也是两周左右就在学校交到了当地人的孩子作朋友。一提起儿子，妈妈总是合不拢嘴，整天美滋滋的。她打心眼里感谢我们，说我们樱知叶就是专业，她儿子就得益于我们的匹配、规划与管理的留学理念。

申请点评

分数低不代表不适合去美国，分数高也不能说明一定会被牛校录取。美国学校是全面考察学生然后才决定录取与否的，绝对和我们国内不一样。除了语言成绩外，还要看学生的态度、性格、潜力等多种因素。这要引起学生和家长们的重视。

11. 手握金刚钻，咸鱼翻身是必然

学生背景：严同学，男

国内就读学校：南充市第五中

申请年级：10 年级申请 10 年级

标准化考试成绩：TOEFL 80，SSAT 2050

申请学校：Malden School，Boston Trinity Academy，The Woodward School

录取学校：Malden School，Boston Trinity Academy

严同学当年 DIY，但是没有拿到录取。

每年四月份的时候，美国高中补录的环节都已经接近尾声了。这个时候，严同学才通过在线系统咨询我们。其实，他对我们樱知叶还是早有耳闻的，但是由于实际的距离原因，学生最终选择了自己申请。现在全军覆没了，他急于寻求我们帮助他摆脱困境，他说了一个很有趣的词儿叫咸鱼翻身。当了解了严同学的基本情况后，我们非常吃惊。他托福分数已经达到 80 分，SSAT 也达到了 2 050。这样的分数怎么说都算得上是非常优秀的了，而且他申请的学校也不是怎么特别难申的，以他的条件申请这些目标学校应该是可以拿到录取的。我们樱知叶的学生也有申请同一学校的，条件不如他的都照样拿到了 offer。但严同学楞是没有被学校录取。凭经验，我们觉得一定是在申请的哪个环节出现了问题。

对症下药，首先要找到病症所在。接下来，我们详细了解严同学的申请流程和申请文件，一步一步进行申请推演。

实际上，美国高中整个申请的环节中，一个好的标准化成绩只是录取的参照标准之一。面试的表现和文书的精准也是非常重要的。大多数情况

下，美国高中的 Skype 面试时间一般维持在 15 分钟到 20 分钟。学校就是通过面试来判断一个学生的综合能力和学术水平进而决定录取与否。在这么有限的时间里让学校认可自己就是学生的重要功课，必须加以足够的重视。学生如果能够把握机会，将自己的优秀都展现给学校的面试官，就会博得眼球，获得加分。果不其然，面试就是严同学的滑铁卢。因为没有规范的面试规划与培训，严同学根本就没有重视面试，就当面试是走过场，面试过后也不懂得及时跟进，以至于被众多申请湮没了都不自知。好可惜！

找到症结，就好解决问题了。加强面试培训自不待言，提炼亮点也是理应如此，整套申请按部就班，就等水到渠成了。

面试过后，我们及时跟进，并重点进攻 Malden 这所东部顶尖走读男校。功夫不负有心人，面试后的第三天，Malden 决定将最后一个 10 年级的名额给了我们的严同学。

申请点评

套用一句名言：成功的申请，都是相似的；失败的申请，各有各的不幸。我们要努力的，就是变不幸为有幸，让咸鱼翻身胜造七级浮屠。

下篇
实用参考

内容提要

- 美国高中学校申请
- 美国留学签证申请
- 美国高中学校选介
- 名词解说
- 美国高中排名

第二十二章 美国高中学校申请

1. 学校申请材料

(1)明确信息

请明确以下信息。

申请人__________ 性别__________ 生日__________

所在学校__________ 年级__________ 毕业时间________

申请院校________________________ 开学时间________

(2)准备材料

请准备以下材料(以申请1所学校为例,见表22.1)。

表22.1

编号	材料名称	数目	备　注
1	申请费	100美元左右	学生自付
2	申请表	1份	服务机构负责填写
3	个人简历	1份	英文
4	自荐信	1封	英文
5	父母推荐信	1封	英文
6	老师推荐信	3封	数学老师、英文老师及班主任推荐信,需提供学校的信封和信纸若干
7	高中在读证明	2份	中英文(学校申请1份,签证申请1份)
8	高中成绩单和初中三年成绩单	2份	成绩单需中英文对照,并盖学校红章。装入带有学校名称及地址、电话的学校信封内,在封口处盖学校红章
9	存款证明	2份	在申请人本人或父母名下的存款证明,一式2份。提供的存款能够支付在该校读书一年的学费和生活费(40～50万人民币)
10	获奖证书或作品	如有,1套	
11	2寸照片	2张	

续上表

编号	材料名称	数目	备　注
12	生活照	2套	每套5张左右
13	护照首页和签证页复印件	2份	

(3)在读证明范例(见表22.2)

表22.2

在读证明

兹证明学生XXX,男,XXXX年XX月XX日出生,XXXX年XX月入读我校,现为我校XXXX年级XX班学生。根据教学计划,该生将于XXXX年XX月毕业。

特此证明

校长:XXX
XXX市XXX中
XXXX年XX月XX日

Certification of Studying

XX(day)XX(month) XXXX(year)

This is to certify that student XXX, male/female, born on XX(day) XX(month) XXXX(year), was admitted by our school in XX(month) XXXX(year), now is a student in Class XX, Grade XX in our school. According to our teaching plan, he/she will graduate from our school in XX(month) XXXX(year).

Principal: XXX
Seal of City XXX High School

(4)父母推荐信

父母推荐信,是只有高中留学申请才需要的,像大学申请、研究生申请就不再需要。中学生还未完全成熟,对自己、对他人的看法还不全面,世界观还在建立之中,因而,往往较难对自己做出较为真实的、正确的评价。所以，父母的客观推荐介绍，就显得非常重要。

父母推荐信没有统一的定式，但一篇好的推荐信却有相同或相似的特点。

真实客观是第一要务，是推荐信的最基本要求。正因为中学生不太容易把握客观，才要求父母加以补充。如果父母的推荐信失于客观，就有违初衷了。因此，父母的推荐信必须以真实客观为出发点，不得随意拔高或贬低，更不得虚构事实。

突出个性特点是推荐信的精髓，是推荐信的亮点。有关这个学生学习与生活的亲身经历，是其他学生不曾有过的。父母尤其要注重这些孩子亲历的具体事件，从中提炼能够见证孩子成长的素材，展现孩子鲜明的个性特征。

(5)老师推荐信

三封老师推荐信，要各有侧重。各有侧重，才能突出特点。三封推荐信就能展现学生的三个不同侧面给学校，招生人员获得的信息就比较多，比较全面，对学生的了解也就更具体，更深刻。

(6)个人简历

美国高中申请的个人简历，和我们平常的个人简历不一样。虽然记录的也是个人的履历，但绝对不是流水账。要在简历中，突出个人的成长历程，让人看到这一成长历程的昨天、今天，并由此可以合理预见未来。

个人简历让学校招生老师看到的不仅仅是昨天的成绩，看到的更多的是未来的发展。这才是关键。

(7)自荐信

自荐信要在合适二字上下工夫。学生根据自己的实际情况选择相应的目标学校，首先就是适合自己。学生可以考虑从自身实际情况、自我理想的实现、自己已经付出的努力等角度展开，说明目标学校与自己的合适、匹配。实际上就是两方面：相对于学校而言，我是你的必选。我这样优秀，这样符合你的条件，你就应该录取我。相对于学生而言，你是我的不二选择。你的教育，你的学术，你的环境，你的软硬件设施，无一不是我的需求。除了你，不会有第二个这样适合我的学校了，我就应该选择你。

虽说是自荐信，但是不能单从自我的角度出发，否则就会事倍功半。

2. 留学时间规划

(1)时间规划要尽早

理论上，学生应该在准备入学的前一年，就开始着手查找自己想去的学校，尤其是申请目标为寄宿学校的，就更应该做好时间规划，否则，就会手忙脚乱，影响申请结果。提前做好时间规划，才会有足够的时间进行学校挑选和申请准备，才能有条不紊地开展申请工作，也才能保证申请结果。

(2)时间规划表格

表 22.3 是是樱知叶留学咨询师根据多年工作经验制定的留学时间规划表，稍加整理，公布在这里。供各位学生和家长参考。

表 22.3　留学时间规划表

时间	准备事项
5 月	●自我评估 ☆目标学校在学术、运动和课外活动等方面都有什么特色 ☆考虑自己的留学期望(例如希望自己更加独立，还是阅历丰富，或是具备更多专长等等) ●调研学校，并且考虑学校能在多大程度上满足自身的需求
6 月	●列出 10 至 20 所资质较好又非常适合自身发展的学校 ●在所选的这些学校里，应该包括三类： ☆一类是录取可能性高的学校 ☆一类是录取可能性一般的学校 ☆一类是录取略有难度的学校 ●建议：选学校是一件很关键但又非常繁琐和耗时的事。如果不是很有把握或者没有足够的时间，不如咨询留学顾问，他们丰富的经验可以让你省去很多麻烦，他们手上的学校资源也可能对录取非常有帮助 ●请求学校提供学校软硬件信息 ☆学校的宣传册、录像和申请资料
7 月至 8 月	●在资料掌握得更充分之后，根据选校标准，缩小范围 ☆列出保底学校 1～2 所，必选学校 1～2 所，可选学校 1～3 所，然后由咨询顾问辅助筛选并确定选校规划。 ☆所选学校的数量并不是越多越好，由于申请的时间有限，申请的学校越多意味着精力越分散，反而对申请不利 ●根据选校规划，准备去学校参观和面试 ☆关键点：参观学校是了解学校真实情况的最佳选择，可以进一步评判学校是否适合自己

续上表

时间	准备事项
9月至10月	●参观校园，进行面试 ●和学校确认是否需要标准化考试成绩 ●完成SSAT/ISEE或其他考试的注册报名工作（例如部分学校要求学生参加TOEFL考试） ●备考（例如准备考试的课程和书籍） ●开始收集老师的推荐信
11月	●确定选校方案 ●参加SSAT/ISEE等考试 ●开始起草申请用的短文，准备申请的资料，essay
12月	●完成短文的创作和申请材料的初步准备 ●开始填写资助申请表（如需要）
1月至2月	●提交申请资料和奖学金或资助申请表 ☆申请截止时间通常是1月中旬到2月初
3月	●3月初，等待学校录取的结果 ●再次访问录取你的学校（视需要而定），并选定就读学校
4月	●4月初，最终确定就读学校

3. 网上申请实例

网申就是网上在线申请。越来越多的美国高中学校，都要求申请的学生，在线填制相应申请文件，完成基本数据和信息的预先采集，以便于招生录取。

网申之后，才是纸申，也就是邮寄纸质的申请材料。网申和纸申是相辅相成的，内容相佐证，信息相照应。因而，要注意两者的关联性、逻辑性，不能前后矛盾，左右脱节。下面是Cushing Academy的网申实例，供学生和家长参考。

(1)申网步骤

①打开学校网页，通常在学校网页的首页会有“ADMISSION”的标签，在该标签下一级菜单中有“apply to school”或者“how to apply”字样，点击进入。

图 22.1

②页面会出现“Apply Online”等类似字样，点击进入。

图 22.2

③如没有账号需先注册，点击左侧的“Create Account”字样进入。

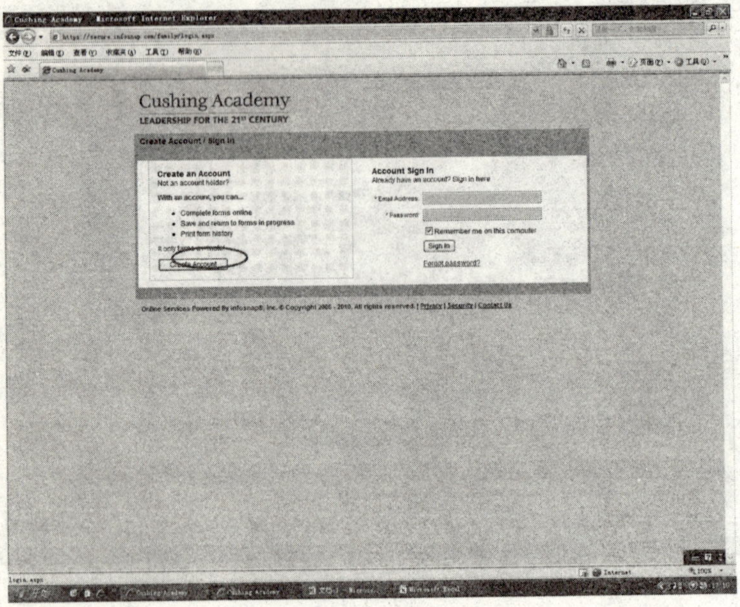

图 22.3

④填写好注册相关信息，点击“Create Account”。

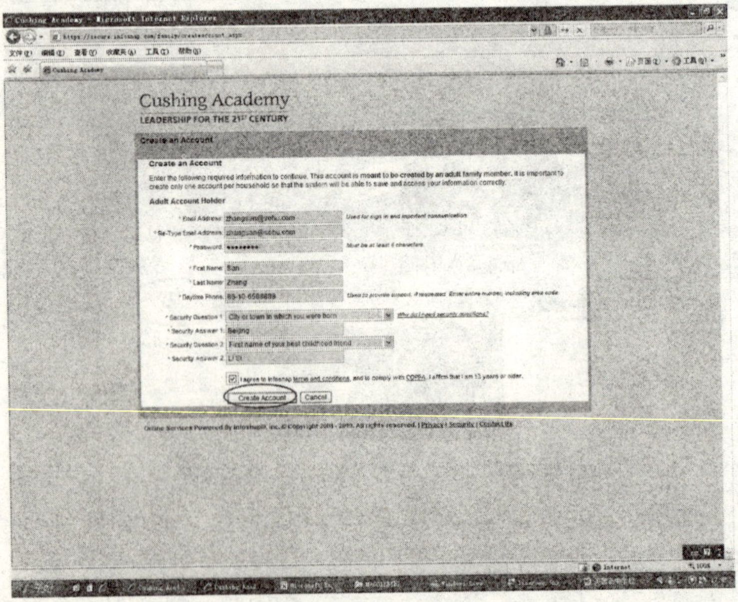

图 22.4

⑤按照需要进入相关页面。

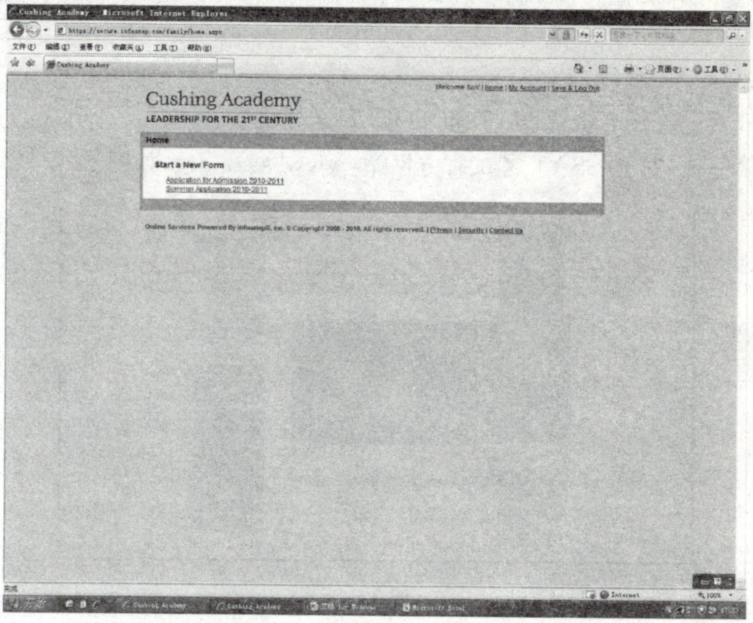

图 22.5

⑥如已有账号,直接输入账号和密码进入。

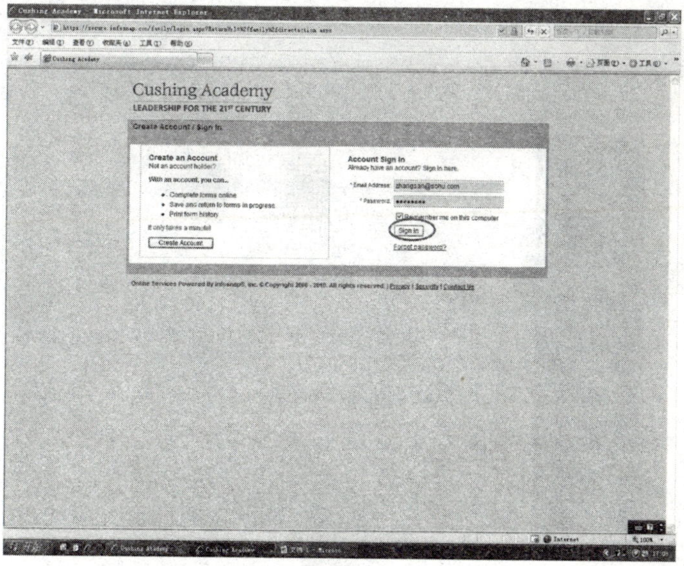

图 22.6

4. 网上送分实例

(1)SSAT 送分

SSAT 送分不收费,SAT 和 TOEFL 送分收费。

第一步:打开 SSAT 考试官方网站:www. ssat. org,如图 22.7 所示。

图 22.7

第二步:在 Student Login 处填入相关信息进入,如图 22.7 右上侧所示。

Web Login ID 处填写学生的注册号,Birth Date 处填学生的生日。点击 sign in。

第三步:跳转到 SSAT ACCOUNT MANAGEMENT 页面,如图 22.8,划圈部分会显示学生的姓名。

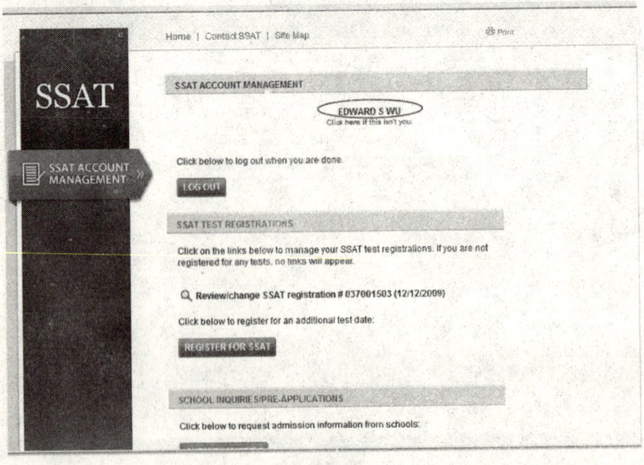

图 22.8

查看 Student Test Registrations 记录，每次报考的记录都会以下面的方式显示：Review/change SSAT registration ＃ 013001568。

第四步：点击进入想送分的那次成绩，系统会出现如图 22.9 的页面，包含学生的姓名、生日、报考时间等。

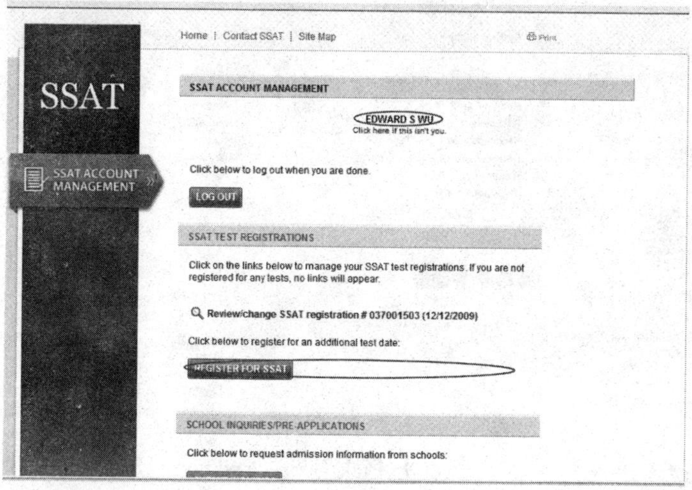

图 22.9

在页面（即图 22.10）下半部，点击选择 ADD SCORES，添加或者删除成绩报告。

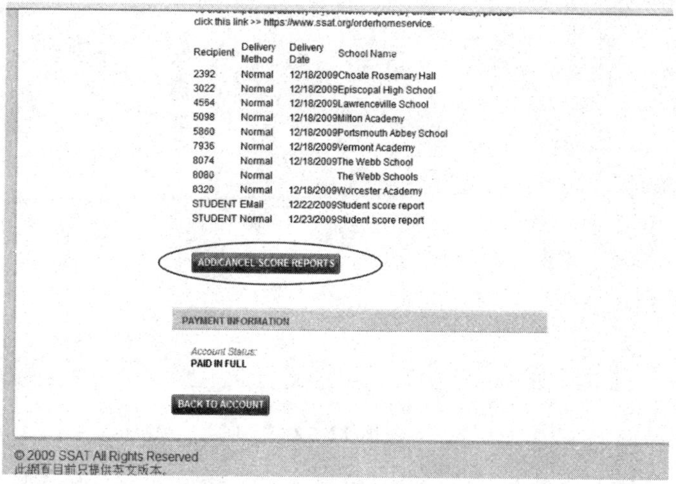

图 22.10

出现如图 22.11，点击选择送分菜单。

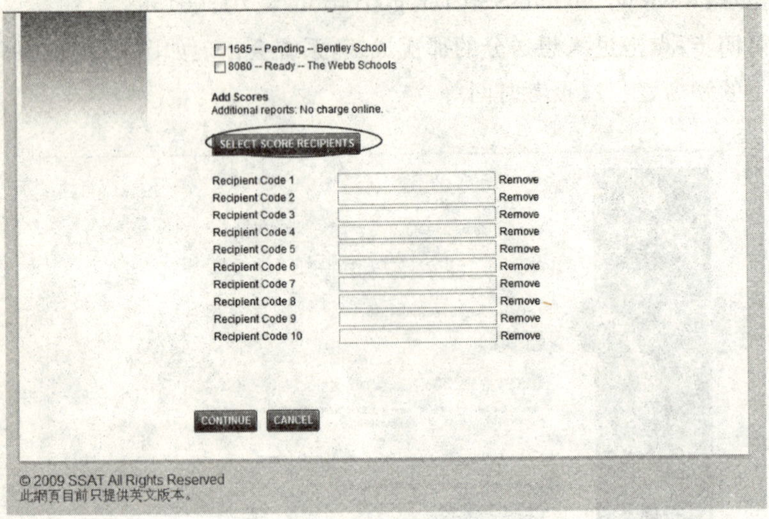

图 22.11

第五步：出现如图 22.12，点击 Pick Score Recipients，查找送分代码。

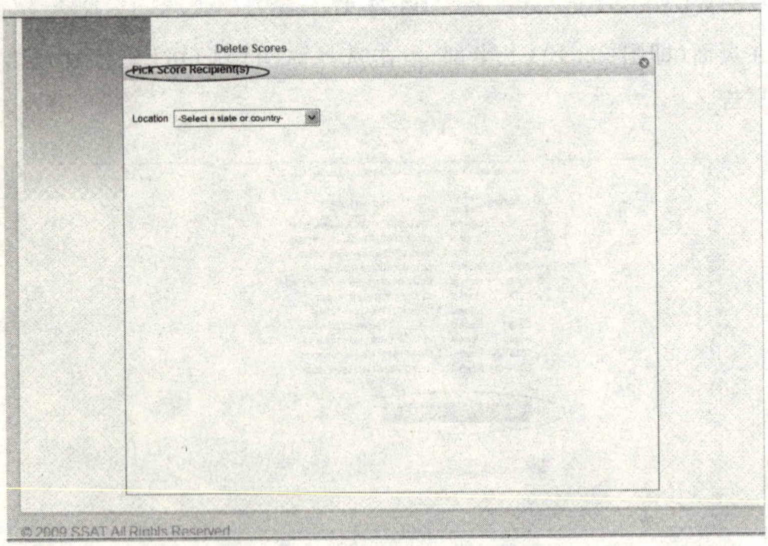

图 22.12

在对话框中选择您要送分的学校所在的国家及州。比如选择美国—加州，稍等几秒钟，出现如图 22.13。

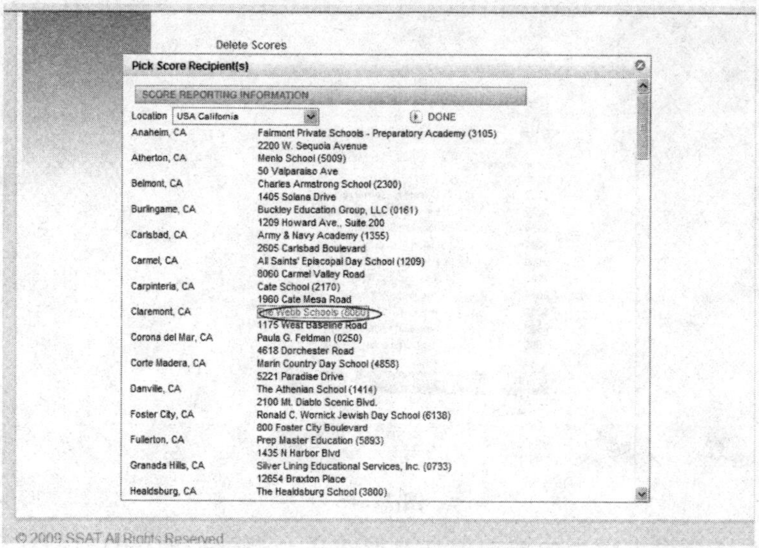

图 22.13

系统会列出加州的所有高中，比如我们选择 the Webb Schools，点击。假如这所学校对应的代码是 1585，页面右下角会显示 Add 1585，系统会自动将代码填入 Recipient Code 1 的空格中。如图 22.14 所示。

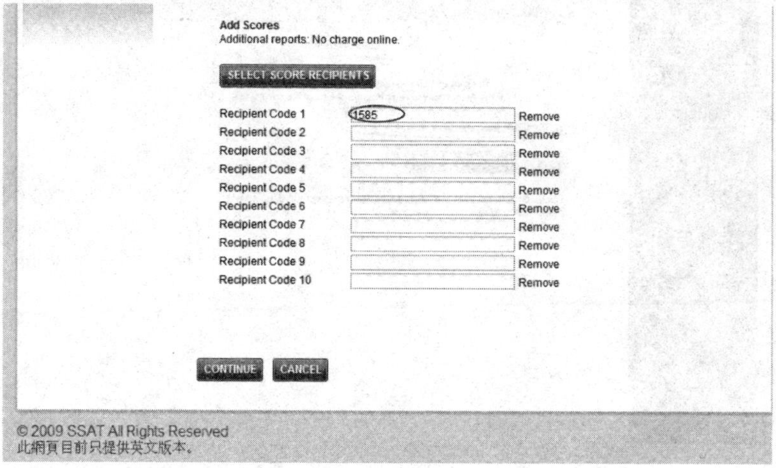

图 22.14

然后将鼠标停留到 Recipient Code 2，继续点击 SELECT SCORE RECIPIENTS 重复以上操作，这时候所有学校的代码就会出现在名单中，最终选择完之后点击 continue，出现如图 22.15。

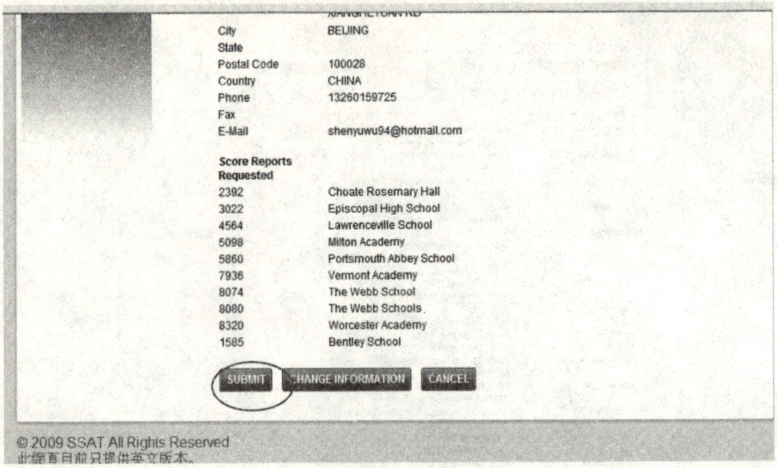

图 22.15

系统会列出学生的基本信息及所选送全部学校的信息，确认后点击 Submit 即完成送分。出现如图 22.16，显示 Your information has been updated 即送分成功。

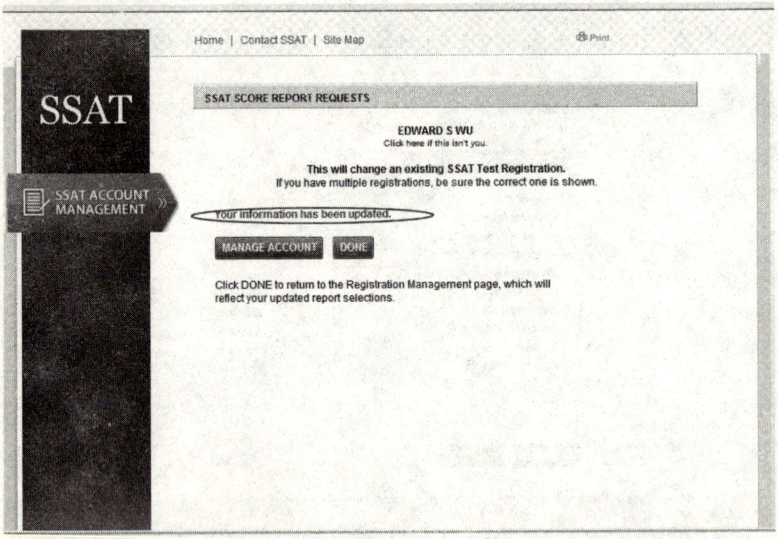

图 22.16

在确认提交的时候，学校名字和代码会同时出现，如果发现选送错误，请返回到上一步，点击错误代码处，按后面的 Remove，即可删除，然后继续添加所送分学校，再次确认，最终提交即可。

(2)TOEFL 送分

第一步:打开教育部考试中心托福网考报名网站。

(http://toefl. etest. net. cn/cn/SelectFeeType)

第二步:键入注册时的用户名和密码,进入您的页面。在页面的右边会显示报考者的相关信息(包括账户余额)。

第三步:如果您的账户有足够的余额保证送分,请点击左边的查看成绩,这时候会显示您每次考试的成绩链接。

第四步:点击您要送分的那次考试。

第五步:选择增送成绩,这时候会出现成绩增送框。

第六步:点击"查找学校/机构代码",然后按学校所在州查找学校对应的机构代码,填入机构代码框中。请注意,虽然我们送分的学校都是高中,但是页面下的机构类型要选择 0—本科。如果申请大学或者研究生,可以正常选择,然后点击继续。确认相关信息,提交就可以了,如果继续送其他学校,返回到上一页,进行相同的步骤。

如果您的账户没有足够的余额送分,在送分之前,需要先付费。

第一步:进入页面之后选择付款。

第二步:成绩增送费前打钩,送几所学校,后面就填几所。点击继续。

第三步:选择支付种类:工商银行、招商银行和电汇(您的工行或者招行卡必须具备网上银行功能)。

第四步:确认金额,每所学校送分 126 元,交易时会收一些手续费,这个没有固定标准(最多 1 所 2 元,一般 5 所收 6 元)。

第五步:付费。付费和网上银行付款的程序相同。

付费成功后,您的主页申请信息下面不会立即出现付费金额,一般过一天,系统才会显示。送分成功后,学校也不能马上收到成绩,一般最少需要一周的时间。

第二十三章 美国留学签证申请

1. 签证申请材料

(1)护照

签证申请人的护照有效期必须比申请人预计在美停留的时间至少长6个月。如果您护照的有效期在您预计离开美国的时候将不满6个月,或您的护照已损坏,或护照上已无空白的签证签发页,请您在面谈前先申请一本新护照。

注意:如申请人有过其他国家的出境记录,请将过期护照原件一并提供。

(2)一张打印版与电子版签证照片

于6个月内拍摄的50mm×50mm的白底彩色免冠照片。

(3)填写完整的DS-160表格

点击美国驻中国使馆官方网站,在线填写DS-160申请表格,填写完整后提交并生成确认页。签证时携带确认页的打印件。

(4)中信银行的签证费缴费收据原件

中信银行在中国的任何分行均可支付签证申请费。

注意:申请费一旦支付便无法退款,即便申请人被拒签或放弃申请。

(5)美国学校的录取通知书及I-20表格

请于签证时携带校方录取通知书与I-20原件。并检查确认I-20表上个人信息是否正确,有错请提前更正。

(6)SEVIS费缴费收据

SEVIS即Student and Exchange Visitor Information System。SEVIS FEE是美国国土安全部对留学生及交流访问学者信息管理的费用。所有F-1、J-1、M-1的申请者必须于签证前上网缴纳SEVIS费,并于签证时携带SEVIS FEE收据。

(7)补充材料

①学生本人的初中毕业证、在读证明、成绩单的原件。

②英语标准化考试成绩原件(如有)。

③户口本原件,如果父母双方及申请人本人均在同一户口本上,则无需

提供其他佐证材料；如不在同一户口本上，为了证明申请人及其父母的关系，则需要申请人提供医学出生证明，加以补充。

如果申请人无法提供出生医学证明，则需要申请人在当地的公证处做一份出生公证书。同时，申请人仍需提供个人和父母双方的户口本。

④父母工作及收入证明，需使用印有公司具体地址及电话的公司信纸，中英文都要提供。

中英文件要用单位信纸加盖公章；工作单位介绍彩页、名片等；职称/职位任命书；父母出国记录(护照上的签证页)。

一般来说，使馆签证处对于申请人的资料审查会遵循一定程序，使馆签证处有可能会致电到学生父母所在的公司调查相关情况，所以请务必提供真实的信息。

⑤资金证明：由银行开具的父母/学生名下的存期至少3个月的存款证明及存单或存折原件。具体金额根据留学期限及奖学金数额而定，一般来说，申请高中需要存款60万至80万人民币。

包括银行存款证明原件、存单或存折及存取款的利息单、股票清单等，父母自有公司的营业执照和股东证明等，房产证、车证等。

⑥辅助文件，如果申请人的父母有过美国的出入境记录，并能提供出境记录的复印件，会对学生本人的签证申请有帮助。

⑦学生的成长证明材料，如参演/参展/参赛等证书、奖状、奖章、照片等，刊发的文章、作品等。

⑧全家福及体现申请者成长经历的照片也有帮助，如有出国经历也尽量提供一些在国外留念的照片。

⑨不同于加拿大、英国和澳大利亚，美国的签证申请需要面签，所以请在面签时带齐上述文件。

2. 签证预约与F1签证

(1)签证预约

自2013年开始，美国签证面谈预约已经由电话预约改为网上在线预约。

预约签证面谈时间，申请人需要登陆美国驻华大使馆网站，进入签证预约页面 http://chinese.usembassy-china.org.cn/niv_howtoapply.html，在线注册并创建个人预约档案。

预约面谈时，需提供以下三条信息：护照号码、DS-160 确认页上的 10 位条形码编号和签证申请缴费收据上的编号。

美国大使馆列学生签证类别为 F。

目前，美国驻华使领馆受理 F、J、M 类签证预约，平均等待时间为一个星期左右。

(2)签证加急

在某些情况下，申请人等不及到预约时间再面签，这时可以申请加急。需要申请加急面谈的申请人应首先通过正常程序完成在线预约，然后写好书面申请，并传真或 E-mail 至使馆等待受理(申请人属于哪个领区便将传真发至该领事馆)。加急申请内容应包括申请加急面谈的理由、申请人护照号码、中英文姓名以及目前的预约日期、时间和预约编号。还可附上有效的证明文件如 I-20、录取信等。申请时请务必留下有效的联系电话，使馆工作人员会根据加急理由及时间来处理申请者的加急申请。

(3)签证缴费

F1 签证费目前为 160 美金(中信银行会根据人民币对美元汇率的变动实时调整人民币收费)。到中信银行支付签证费，保存收据编号。您可以在中信银行的任何一网点使用现金支付非移民签证(NIV)申请费。去银行之前，您必须登录预约网站个人资料页面，打印相应的美国签证付款单。支付签证费时，请携带您的护照和打印的签证付款单。

(4)签证程序

完成非移民签证电子申请表(DS-160)—缴纳签证申请费—预约面谈—按照预约时间，到使馆面试(根据预约时间，提前半个小时排队等候)。

(5)美国留学签证(F1)样版(图 23.1)

图 23.1

3. 美国留学签证(F1)申请表格(DS-160)实例

自 2010 年 3 月 1 日起，所有申请人必须使用新的 DS-160 在线申请表。下面我们将详述如何填写 DS-160 表格。

①在填写表格的第一页，请在右上角的语言窗口选择“中文”。这样，当你将鼠标停留在英文表格的每项问题时，表格会自动显示相应的中文译文。请见下图。

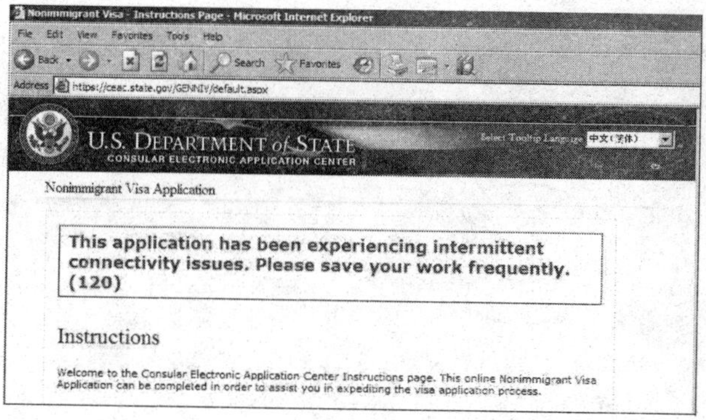

图 23.2

②当您点击“开始申请”进入下一页时，请选择相应领事区为您的申请地。请见下图。

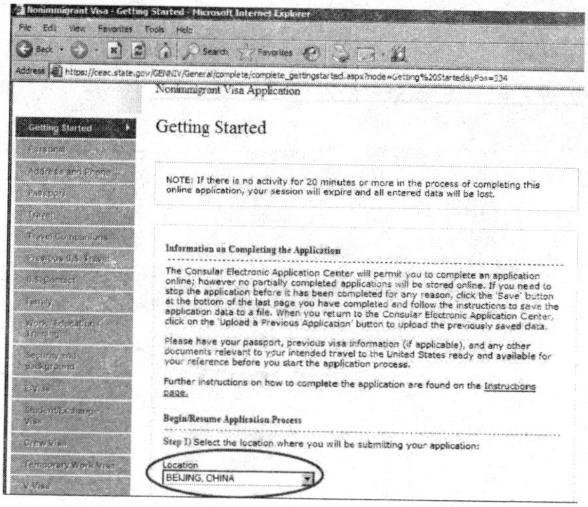

图 23.3

③弹出的表格需要填写姓名。中国公民可用汉语在此填写全名。除此之外，所有内容必须用英文填写。请见下图。

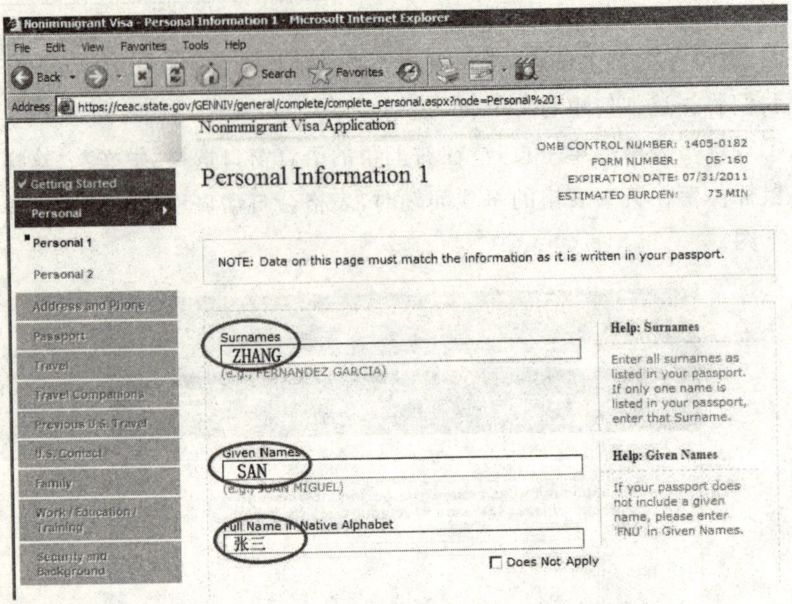

图 23.4

④在填写表格时请不断存储信息。表格填写完毕后，请将其存入 U 盘或者 CD，以便以后使用。下次申请时可将已储存文件上载，将信息修改后重新提交进行申请。请见下图。

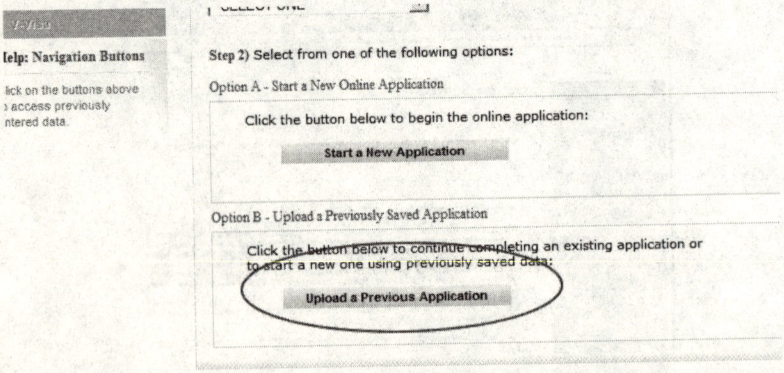

图 23.5

⑤如果您以前去过美国，请在指定地方填写您以前的签证号码(红色的8位数字)，见下图。

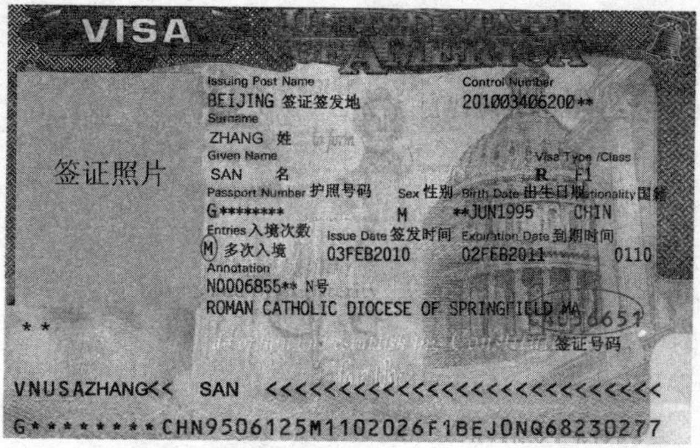

图 23.6

⑥提交成功后，会生成一个确认页。请将确认页打印，并携带面签，请见下图。

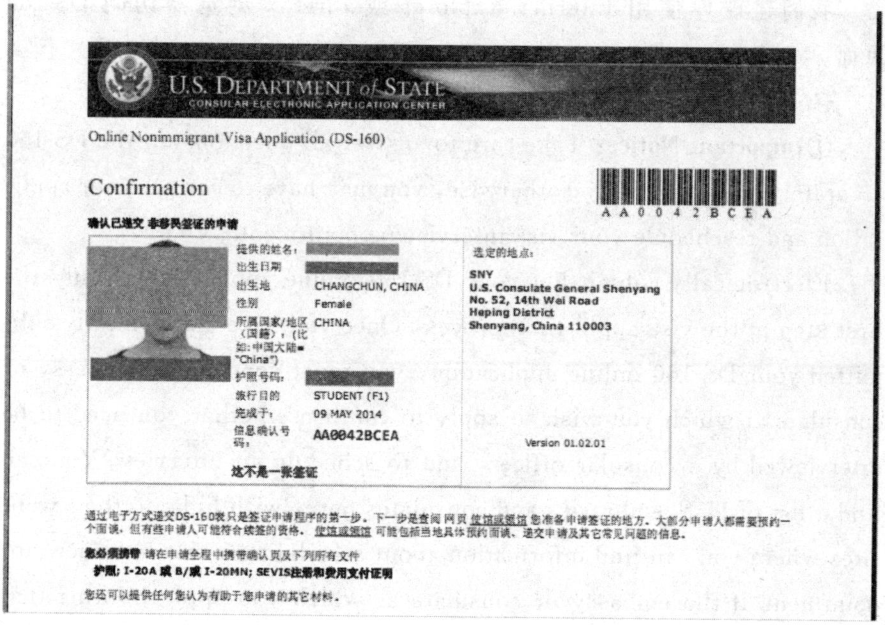

U.S. DEPARTMENT of STATE
CONSULAR ELECTRONIC APPLICATION CENTER

Online Nonimmigrant Visa Application (DS-160)

Confirmation

AA0042BCEA

确认已递交 非移民签证的申请

提供的姓名：	[redacted]
出生日期	[redacted]
出生地	CHANGCHUN, CHINA
性别	Female
所属国家/地区（国籍），(比如:中国大陆="China")	CHINA
护照号码：	[redacted]
旅行目的	STUDENT (F1)
完成于：	09 MAY 2014
信息确认号码：	AA0042BCEA

这不是一张签证

选定的地点：

SNY
U.S. Consulate General Shenyang
No. 52, 14th Wei Road
Heping District
Shenyang, China 110003

Version 01.02.01

通过电子方式递交DS-160表只是签证申请程序的第一步。下一步是查阅网页 使馆或领馆 您准备申请签证的地方。大部分申请人都需要预约一个面谈，但有些申请人可能符合续签的资格。 使馆或领馆 可能包括当地具体预约面谈、递交申请及其它常见问题的信息。

您必须携带 请在申请全程中携带确认页及下列所有文件

护照; I-20A 或 B/或 I-20MN; SEVIS注册和费用支付证明

您还可以提供任何您认为有助于您申请的其它材料。

图 23.7

4. DS-160 申请表常见问题答疑

以下资料摘编自美国大使馆网站。

Accessing the DS-160(访问 DS-160 申请表)

①Where can I find the DS-160?

Access the DS-160 here, by clicking: Consular Electronic Application Center website.

我在哪里可以找到 DS-160 申请表?

你可以在 Consular Electronic Application Center 网站访问 DS-160 申请表。

②I am having problems accessing the DS-160.

We recommend that you use Internet Explorer or Firefox browsers to access the DS-160.

我无法访问 DS-160 申请表。

我们建议你使用 Internet Explorer 或 Firefox 浏览器访问 DS-160 页面。

Completing the DS-160(完成 DS-160 申请表填写)

①Important Notice: Take care to answer all questions on the DS-160 accurately and completely; otherwise, you may have to correct your application and reschedule your visa interview appointment.

Electronically submitting your DS-160 online application is only the first step in the visa application process. Once you have electronically submitted your DS-160 online application, you must contact the embassy or consulate at which you wish to apply to confirm whether you need to be interviewed by a consular officer, and to schedule an interview. You can find a list of U. S. embassies and consulates here, with links to their websites where you can find information about scheduling a visa interview appointment. If the embassy or consulate at which you apply informs that you must have a visa interview, the visa application process cannot be completed until you appear for an interview with a consular officer.

重要提示:请准确、完整地回答 DS-160 申请表中的所有问题,否则,如果信息不准确或不完整，你可能需要更正你的申请表并且重新预约签证面谈时间。

在线提交 DS-160 申请表只是签证申请的第一步。成功提交 DS-160 申请表之后，你需要联系将要申请签证的大使馆或领事馆来进一步确认是否需要与一位使馆官员面谈，并且安排面谈时间。你可以找到美国在各地的驻华大使馆与领事馆的网站，通过访问网站，你可以了解到各地预约签证面谈的信息。如果你申请签证的大使馆或领事馆通知你必须参加签证面谈，而你没有准时出现参加面谈，那么你的申请过程是不完整的。

②What documents do I need to have with me while I complete the DS-160?

You should have the following documents available while you complete your DS-160:

- Passport
- Travel itinerary, if you have already made travel arrangements.
- Dates of your last five visits or trips to the United States, if you have previously travelled to the United States. You may also be asked for your international travel history for the past five years.
- Résumé or Curriculum Vitae- You may be required to provide information about your current and previous education and work history.
- Other Information- Some applicants, depending on the intended purpose of travel, will be asked to provide additional information when completing the DS-160.

Some applicants will need to have additional information and documents handy while completing the DS-160:

- Students and Exchange Visitors (F, J, and M): You will be asked to provide your SEVIS ID, which is printed on your I-20A, I-20B, I-20MN, or DS-2019, so you should have this form available when completing your DS-160. You also will be asked to provide the address of the school/program at which you intend to study. This information should also be on your I-20 or DS-2019 form.
- Petition-based Temporary Workers (H-1B, H-2, H-3, CW1, L, O, P, R, E2C): You should have a copy of your I-129 available when

completing your DS-160.

- Other Temporary Workers: You will be asked for information about your employer, including the employer's address, while completing your DS-160.

在线完成 DS-160 申请表的过程中,我需要具备哪些文件?

当你填写 DS-160 申请表时,需要具备以下文件。

- 护照。
- 行程单(如果你已经确定了行程安排)。
- 需要提供过去 5 次的旅美日期,如果你之前去过美国。你也有可能会被问及过去五年的国际旅行史。
- 简历—也许需要你提供过去和现在的教育及工作经历。
- 其他信息—在填写 DS-160 申请表时,根据赴美目的的不同,一些申请者会被要求提供附加的信息。

在填写 DS-160 申请表时,一些申请者需要具备附加的信息和表格,具体如下。

- 学生和交流访问学者(F,J,M 签证类型),需要你提供 SEVIS 号码,该号码位于 I-20A,I-20B, I-20MN 或 DS-2019S 表格上。所以,在填写 DS-160 申请表时,你需要具备上述相关文件。也需要你提供即将去学习的美国学校或某个项目的地址。这些信息也体现在你的 I-20 或 DS-2019 表格中。
- 由雇主提出请求的临时赴美工作者(H-1B, H-2, H-3, CW1, L, O, P, R, E2C 签证类型),在填写 DS-160 申请表时,你需要一份 I-129 表格影印件。
- 其他临时工作者:在填写 DS-160 申请表时,需要你提供包括地址在内的工作单位信息。

③Can my answers be in my native language?

No. All answers must be in English, using English characters only, except when you are asked to provide your full name in your native alphabet. Applications submitted in any language other than English will be denied, and you may be required to submit a new application.

While you must answer all questions in English, translations of questions are available in many languages from the drop-down menu in the right upper corner of the application. These translations should assist you in completing the form in English.

我可以用本国语言回答问题吗？

不可以。除了使用本国语言填写姓名全称之外，所有的问题必须只能采用英语表达，使用英文字母回答。除了你被要求用母语字母填写姓名以外。递交用英语以外的语言填写的申请表将会被拒绝，需要你填写一份新的申请。

所有的问题必须使用英语回答。在申请页面右上角的下拉菜单中，有关于这些问题的多种语言翻译。这些翻译，可以帮助你用英语完成 DS-160 申请表。

④Are all questions on the DS-160 mandatory?

Most questions are mandatory and must be answered in the spaces provided. You may leave spaces blank when the questions are marked "optional." You may answer a question with "Does Not Apply," when that question does not apply to you; however, all other questions must be answered. The system will not allow you to submit an application with any mandatory questions left unanswered. If you do not complete a mandatory question, the system will display an error message and require you to answer the question before continuing with the application. If you do not answer questions that apply to your circumstances and/or purpose of travel, the system will not accept your application.

DS-160 申请表中的所有的问题都是必需回答的吗？

DS-160 申请表中的大部分问题是必须回答的，并且需要在指定位置回答。遇到标注"Optional"问题时，你可以空着，不用回答。当某些问题不适用于你，你可以回答"Does Not Apply"。其他所有问题都需要回答。如果你没有完成必填问题的回答，系统将不允许你递交这份表格。在此情况下，屏幕会出现"错误"信息提示并且要求你在继续填写申请表之前回答未完成的问题。如果你对适用于自身情况或旅行的目方面的信息没有做出回答，系统也不会接受你的申请。

⑤Are additional forms required?

No. The online DS-160 application replaced the DS-156, DS-157, DS-158, and DS-3032, which are no longer necessary. NOTE: In addition to the DS-160, Treaty Trader/Treaty Investor visa applicants also must complete an additional form (see the Treaty Trader/Treaty Investor, E Visa Applicants section below for more information).

需要提供附加表格吗?

不需要。DS-160 申请表已经取代 DS-156，DS-157，DS-158 和 DS-3032 表格。

注意:除了 DS-160 申请表,条约商人/投资者 E 签证类型申请者需要完成一个附加的申请表。(更多具体信息,请参考条约商人/投资者,E 签证类型申请者部分。)

⑥What happens to my DS-160 if I select a U. S. Embassy or Consulate where I will be applying for my visa, but end up making an interview appointment instead at another U. S. Embassy or Consulate?

The Embassy or Consulate at which you actually apply should be able to access your form using the barcode on your DS-160 confirmation page, which you must bring to the visa interview. For example, a business traveler intends to apply for his visa at the U. S. Embassy in City X, so he selects City X as the location where he will submit his application when he completes his DS-160. He then has an urgent reason to travel to City Y on business. Because there is a U. S. Consulate in City Y, he schedules an appointment for a visa interview there, using the barcode from his completed DS-160 application for appointment scheduling. The U. S. Consulate in City Y is able to accept his DS-160 even though it lists the U. S. Embassy in City X as the location where he originally intended to submit his application.

在填写 DS-160 申请表时,我选择的签证地点是某个大使馆或领事馆,但最终在另一地点的大使馆或领事馆预约了签证面谈,这种情况应该如何处理?

实际为你安排签证面谈的大使馆或领事馆可以通过 DS-160 确认页上的条形码访问该申请表,DS160 确认页是必须携带的文件。例如,商务旅行的申请者想要在 X 城市参加面谈,所以,将 DS-160 申请表选择提交到 X 城市。但是由于某种紧急情况,他必须要到 Y 城市。因为 Y 城市有大使馆或领事馆，申请者使用 DS-160 确认页上的条形码在 Y 城市预约了签证面谈。

尽管 DS-160 申请表确认页上写的是 X 城市，Y 城市的大使馆可以访问原来提交到 X 城市大使馆的 DS-160 申请表。

Completing Specific DS-160 Questions(DS-160 申请表中的具体问题)

①How do I sign the DS-160 form?

You electronically sign your DS-160 by clicking the "Sign Application" button at the end of the form. Failure to sign may result in termination of the application. Your electronic signature certifies that you have read and understood the questions in the application and that your answers are true and correct to the best of your knowledge and belief. The submission of an application containing any false or misleading statements may result in the permanent refusal of a visa or denial of entry into the United States. All declarations made in the application are unsworn declarations made under penalty of perjury.

Unless you are exempted from appearing in person, your fingerprints will be electronically scanned on the day of your interview. By providing your fingerprints, you will again certify that that you have answered all questions on the DS-160 truthfully and to the best of your knowledge, and that you will tell the truth during your visa interview. You will be directed to read the following statement prior to having your fingerprints scanned:

"By submitting my fingerprint, I am certifying under penalty of perjury that I have read and understood the questions in my visa application and that all statements that appear in my visa application have been made by me and are true and complete to the best of my knowledge and belief.

Furthermore, I certify under penalty of perjury that I will tell the truth during my interview and that all statements made by me during my interview will be complete to the best of my ability."

我如何在 DS-160 表格上签字?

你可以通过点击申请表最后一页的 Sign Application 按钮在线签署 DS-160 申请表．申请表未签署，会导致申请终止。我保证我已经阅读并理解了签证申请中的所有问题，并且申请表中的陈述尽可能是真实的。提交的申请表中，如果包含虚假的或误导性的陈述，将会导致签证申请永久被拒签或永久不允许进入美国。申请中所做的所有声明虽然都是未经宣誓的说明，但如果违反将按照伪证罪予以惩处。

除了免面谈申请者，参加签证面谈的每个申请者都会在面试当天被采集指纹。通过提供指纹，再次证明你已经尽可能真实地回答了 DS-160 申请表中的问题，并且你会在签证面谈的过程中讲真话。在指纹扫描前，将会有工作人员引导你阅读下面的声明。

“通过提交我的指纹，我保证我已经阅读并理解了签证申请中的所有问题，并且申请表中的陈述尽可能是真实的”。

“而且，我保证我会在签证面谈的过程中讲真话，我在签证面谈过程中的所有陈述尽可能是完整的”。

②Can a third party complete the form on my behalf? Who is exempt from signing the form?

If an applicant is illiterate or unable to complete the application, the applicant must be assisted by a third party. The third party must be identified on the “Sign and Submit” page of the application. While the third party can assist the applicant in completing the application, he or she must instruct the applicant on how to endorse the application on his or her own behalf by clicking the “Sign Application” button.

If the applicant is under the age of 16 or physically incapable of completing an application, the applicant's parents or guardian may complete and click the “Sign Application” button on his or her behalf. If the applicant has no parent or legal guardian, then the application may be completed by any person having legal custody of, or a legitimate interest in, the applicant.

是否允许第三方代替申请者完成申请表？哪些申请者可以不签署表格？

如果申请者是不识字的或没有能力完成申请表，那么申请者需要在第三方帮助下完成申请表。第三方必须在 Sign and Submit 页面上被识别。在第三方辅助申请者完成申请表时，第三方需要指导申请者如何通过点击 Sign Application 按钮来签字。

如果申请者不满 16 周岁或者因为身体缺陷没有能力完成申请表，申请者的父母或合法监护人可以代替申请者完成申请并点击 Sign Application 按钮。如果申请者无父母或合法监护人，申请者的法定监护人或合法利益者可以代替申请者完成。

③The DS-160 contains terms that I am not familiar with. Are these terms explained?

Explanations of the following terms contained in the online DS-160 form are available to you as help topics while you complete the DS-160 and are also provided below?

Help: Surnames

Enter all surnames (or family names) exactly as they are written in your passport. If only one name is written in your passport, enter that as your "Surname."

Help: Given Names

If your passport does not include a first or given name, please enter 'FNU' (meaning "first name unknown") in the space for "Given Names."

Help: Other Names

Other names used include your maiden name, religious name, professional name, or any other name by which you are or have been known.

Make sure to enter the other names you have used in full. ? Thus, if you have only used another surname, enter it along with your usual given name. ? If you have only used another given name, enter it along with your usual surname.

Help: Telecode

Telecodes are four-digit code numbers that represent characters in some non-Roman alphabet names.

Help: Date of Birth

Enter as shown in your passport.

Help: Place of Birth

Please choose the name currently used for the place where you were born.

Help: Phone

You must provide a primary phone number. ? The primary phone number should be the phone number at which you are most likely to be reached; this could be a land line or a cellular/mobile number. ? If you have an additional land line or a cellular/mobile number please list that as your secondary phone number. ?

Help: Identification Numbers

Your National ID Number is a unique number that your government may have provided. ? For example, the U. S. Government gives unique numbers to people looking to work or who pay taxes.

Help: Other Nationality

Enter all nationalities you currently hold and all nationalities you have previously held (including United States, if applicable), regardless of whether you have formally and/or legally relinquished the nationality. If the country where you previously held nationality no longer exists, choose the name of the country that is currently used for that location. ? (For example, if you used to be a citizen of the former East Germany, choose "Germany.")

Help: Passport/Travel Document Number

Enter the number of the passport or travel document you will use to travel to the United States. This passport/document must still be valid, and must identify you and your nationality.

Help: Passport Book Number

The Passport Book Number is commonly called the inventory control number. You may or may not have a Passport Book Number on your passport. ? If you do, the location of the Passport Book Number on your passport may vary depending on the country that issued your passport. Please contact your passport issuing authority if you are unable to determine whether or not your passport contains a Passport Book Number.

Help: Expiration Date

In most cases your passport or travel document must be valid for at least six months after your arrival in the United States.

Help: Application Receipt/Petition Number

If you are applying for a petition-based visa, your application receipt/petition number was given to you by the Department of Homeland Security's U. S. Citizenship and Immigration Services (USCIS) after you filed your petition application at a USCIS Service Center. The application receipt/petition number is 13 characters long and the first three characters are letters.

Help: *Previous Employer*

Please enter information regarding your previous two employers only. ? Applicants may choose to bring along a separate written list of? all? previous employers to the visa interview for reference.

DS-160 申请表中包含了一些我不熟悉的项目,有对这些项目的解释说明吗?

当你完成 DS-160 申请表时,可以看到对这些项目的解释,下面提供了对这些项目的解释。

姓

根据你的护照信息,准确填写姓氏。如果护照只包含一个拼写单词,可以将其默认为姓。

名字

如果护照上不包含名字,请在 Given Name 一栏输入 FUN(表示名字是未知的)。

其他名字

其他名字包括你的曾用名字,宗教名字,专业名字或其他你被别人比较熟悉的名字。

请确保完整填写你使用过的其他名字的姓和名。因此,如果你曾经仅仅使用了另一个姓,你需要除了输入这个姓之外,还要在名字处输入你平时使用的名字。如果你曾经只使用了另一个名字,你需要除了输入这个名字之外,还要在姓处输入平时使用的姓。

电码

电码是 4 位数的代码,代表了非罗马字母的字符。

出生日期

根据你的护照信息准确填写。

出生地

请选择你的出生地目前所被使用的名字。

电话

你需要提供一个最有可能联系到你的主要电话号码,这个号码可以是固定电话也可以是移动电话。如果你有其他联系方式,也可以作为第二联系方式提供。

身份证号

你的身份证号是政府提供的唯一号码。例如，美国政府会给想要工作的人或纳税人颁布唯一的号码。

其他国籍

无论你曾经正式或法律上放弃过某个国家的国籍，请输入你现在和过去所持有的所有国籍名称(包括美国)。如果你曾经持有国籍的国家不存在了，选择该位置的现在的国家名称(例如，如果你曾经是西德的公民，,可以选择填写德国)。

护照本编号/旅行证件号码

输入护照上的号码或其他你到美国旅行时的证件号码，这个号码必须是有效的，能够证明你的身份。

护照本编号通常被称为库存控制号码

护照本编号通常被称为库存控制号码。在护照上，有可能有，也有可能没有这个编号。护照上的编号会因发放签证国家的不同而位置不同。如果你无法确定你的护照是否包含护照编号，请与发放护照的官方机构联系。

截止日期

在大多数情况下，你的护照或旅行证件的有效期必须要距离抵美国日期超出至少 6 个月。

申请收据号码

如果你正在申请由雇主提出请求的签证，你需要有一个申请收据号。这个申请收据号是当你向美国国土安全局下辖的美国公民及移民服务部的服务中心提交工作申请后，由美国公民及移民服务部给你提供的。该号码由 13 个字符组成，其中前 3 位是字母。

关于之前工作单位信息

请输入之前的最多 2 个工作单位信息，在签证面谈时，你可以单独携带一个之前工作过的其他单位列表。

Saving Your DS-160 and Returning to a Partially Completed DS-160(DS-160 申请表和返回之前完成的部分 DS-160 申请表)

①How can I save my application? Can I stop in the middle of the application and return to it later?

You can save your application or return to a partially completed application. When you begin a new DS-160, you will be issued a unique application identification (ID) number after selecting and answering a security question. Once you have your application ID number and have selected and answered a security question, you may exit the DS-160 application and return to it later. You must have your application ID to return to your application. To save your DS-160 to the Consular Electronic Application Center website, click the "Next" button at the bottom of each page you complete. You have 30 days to return to a partially completed application. To access your application after 30 days, you must save it to your computer hard drive or a disk, as explained in the FAQ below.

如何保存我的 DS-160 申请表？我可以在填写期间暂时停止，稍后返回到申请表吗？

你可以保存 DS-160 申请表并且返回到之前完成的部分 DS-160 申请表。当你开始一个新的 DS-160 申请表时，在选择和回答一个安全问题之后，你会得到一个唯一的申请确认号码。当你获得一个申请确认号码，选择和回答了一个安全问题，你就可以退出和返回 DS-160 申请表。你必须拥有申请确认号码，才能返回 DS-160 申请表。为了将 DS-160 申请表保存到 Consular Electronic Application Center 网站，在完成页面的底部点击"Next"按钮。你可以在 30 天内返回到之前完成的部分 DS-160 申请表。为了在 30 天之后仍可以访问你的申请表，你需要将其保存待电脑硬盘驱动器或磁盘中。请参考下面常见问题答疑中的解释。

②How do I save my DS-160 application to my computer hard drive or a disk?

Saving to a hard drive or disk will allow you to access your application after 30 days. To permanently save your application to your computer hard drive or a disk, select the "Save Application to File" button. Then, click the "Save" button on the File Download window. Identify a place on your computer to save the application, browse to that location, and click the "Save" button on the "Save As" window. The system will download your application to the specified location. Once the download is complete, you can click "Close" to return to the live application on our website. Note: Applications saved to the hard drive of a public or shared computer or memory device could likely be accessed by anyone else who uses the computer or device after you.

如何将 DS-160 申请表保存在电脑驱动硬盘或磁盘中?

保存到硬盘驱动器或磁盘中的申请表,可以允许你在 30 天后继续访问。为了将你的申请表永久保存在你的电脑硬盘驱动器或磁盘中,请选择"Save Application to File"按钮。然后,在文件下载窗口点击 Save 按钮。在电脑上确认一个位置保存申请表。浏览到该位置,在 Save As 窗口点击 Save 按钮。系统会将你的申请表保存到具体位置。下载完成后,你可以点击 Close 回到网站上的应用页面。注意:如果申请表保存在公共电脑或共享电脑上的硬盘驱动器或记忆性设备中,使用该电脑的任何其他人也可以访问这个申请表。

③I apply for U. S. visas often. Can I reuse the DS-160?

Yes, you can use information from a previously submitted DS-160 to populate some fields on a new form. There are two ways that you can do this. ? First, if you plan to apply for a visa in the future, save your DS-160 to your hard drive or a disk using the instructions in the FAQ above. When you go to apply for your new visa you can then select "Option B-Upload a Previously Saved Application" on the Getting Started page. Alternately, if your previous visa application was submitted after November 1, 2010, you can select "Option C-Retrieve Application," enter your previous visa application ID, and then hit "Create a New Application." Your personal information will then populate the form. Be careful to check that all previously submitted information is current and accurate.

我经常申请美国签证,我可以重新使用原来的 DS-160 申请表吗?

可以。你可以将原来已经提交过的 DS-160 申请表中的一些信息移到新的表格中。有两种方式可以这样做。首先,如果你将来还想申请签证,请参考 FAQ 中的指导如何将 DS-160 申请表保存硬盘驱动器或磁盘中。当你申请一个新的签证时,你可以在开始页面选择"Option B-Upload a Previously Saved Application"。另外,如果你之前的签证申请表在 2010 年 11 月 1 日后提交,你可以选择"Option C-Retrieve Application"。输入你之前的签证申请号,然后点击 Create a New Application。你的个人信息也会移到该表格中。请仔细核对之前提交的信息是否是最新和准确的。

④What if I lose my internet connection, the application "times out," or I receive an error? Will my application be lost?

All information is automatically saved when each page is completed, so your application will not be lost. You will need to enter the application ID number, and answer other questions as prompted, to retrieve your application. Once your application has been retrieved, it will begin at the last page you completed. You will be able to edit previous pages, if needed.

如果网络中断、申请超时,或者显示错误,我的申请会丢失吗?

当每页完成时,所有信息都会自动保存,所以,申请不会丢失。你需要输入申请 ID 号码,回答出现的其他问题来激活你的申请。当你的申请被成功激活时,申请页面将会从你完成的最后一页开始。在必要的情况下,你也可以修改和编辑之前的页面。

⑤Why did the edits I made from the review page "edit" link not save?

In order for data changes made from the review page links to save, you must use the buttons at the bottom of each page to navigate, instead of the browser's back/forward buttons or the buttons along the side of the screen.

为什么在 review 页面修改的内容没有被保存?

为了保存在 review 页面更改的内容,你必须使用每页页面底部的按钮操作,而不是浏览 back 或 forward 步按钮或者是屏幕旁边的按钮。

Uploading a Photo to Your DS-160(上传一张照片到 DS-160 申请表中)

①I understand that I can upload a photo with my application. How do I get a digital photo that will successfully upload to my application?

Please refer to the Photograph Requirements for detailed guidance.

我知道我可以上传一张照片到申请表中,我如何获得一张可以成功地上传到申请表中的照片?

请参考照片要求,获得详细的指导。

②The confirmation page has an "X" in the box where the photo should be. What does that mean?

That means that the photo upload failed. Therefore, you should submit one printed photograph meeting our requirements, along with the online DS-160 confirmation page, to the U. S. Embassy or Consulate at which you plan to apply for your visa. Please contact the U. S. Embassy or Consulate where you are applying for specific instructions on how to do this. See the print photo format found in the Photograph Requirements for more information. If the confirmation page includes a photo image, then the photo upload function was successful and no separate print photograph is required.

如果在确认页面的照片位置出现了X,这意味着什么?

那表示你上传照片失败。因此,你需要连同DS-160确认页一起,带一张打印出来的签照片到申请签证的大使馆。如果你想了解更多关于如何操作,请联系美国大使馆或领事馆。请参考照片要求中的照片格式获得更多信息。如果确认页包含了照片图像,表明照片已经上传成功,不需要携带附加的打印的签证照片。

Correcting Answers on a Submitted DS-160(在已经提交的DS-160申请表中更改信息)

①The U. S. Embassy or Consulate where I went for my visa interview denied my application because my DS-160 contained errors or was incomplete. What does this mean and what do I need to do next?

DS-160 applications submitted before April 1, 2010 cannot be reopened, and therefore, you must complete and submit a new DS-160.

The Embassy or Consulate should reopen your DS-160 submitted after April 1, 2010 if your application is denied for this reason and ask you to correct it, as explained below:

DS-160 applications submitted on or after November 1, 2010: Enter your application ID number and answer additional questions as prompted to access and correct your application.

DS-160 applications submitted on or after April 1, 2010, but before November 1, 2010: Enter your barcode or confirmation number into the Application ID field and answer additional questions as prompted to access and correct your application.

如果因为DS-160申请表中包含错误信息或申请表格不完整,我的签证申请被拒绝。这意味着什么,下一步该如何操作?

在2010年4月1日之前提交的DS-160申请表无法再打开。因此,你必须完成并提交一个新的 DS-160 申请表。

如果你的签证申请由于这种原因被拒绝，并且要求你更正信息，大使馆或领事馆应该可以重新开放你在 2010 年 4 月 1 之后提交的 DS-160 申请表。解释如下：

在 2010 年 11 月 1 日当天或之后提交的 DS-160 申请表。在页面输入你的申请 ID 号码并且回答附加的问题，即可以访问并更正你的申请表

在 2010 年 4 月 1 当天或之后，到 2010 年 11 月 1 日之前提交的 DS-160 申请表：在页面输入你的条形码或确认号，并且回答附加的问题，即可访问并更正你的申请表。

②After I have corrected or completed my DS-160 application, do I need to schedule a new appointment or return to the U. S. Embassy or Consulate?

Contact the U. S. Embassy or Consulate where you applied for specific instructions.

当我更改或完成 DS-160 申请表之后，我是否需要预约一个新的签证面谈或者返回到大使馆或领事馆吗？

请联系你申请签证的大使馆或领事馆获得详细指导。

DS-160 Confirmation Page(DS-160 确认页)

①Should I bring my entire application or just the confirmation page with me to the interview?

You are not required to bring your entire application. For your interview, you are required to bring your confirmation page with your application ID number on it so we can retrieve your DS-160. You must bring the confirmation page with you during all phases of the application process. Without the confirmation page, we may not be able to process your visa case.

签证面谈时，我需要携带全部申请表还是只携带申请表确认页？

你不需要携带全部申请表。面试时，你需要携带包含申请确认号码的 DS-160 确认页，以此让使馆激活的你的 DS-160 申请表。在申请的整个过程中，你必须携带该确认页。如果没有确认页，我们无法处理你的签证申请。

②I submitted my online DS-160 application, but lost my confirmation page. Can I print a new one?

Yes, you can reprint the confirmation page of an application that has already been submitted. In order to do so, go into the Consular Electronic Application Center website? and select the Embassy or Consulate at which you are applying. it "Option C-Retrieve Application" on the Getting Started page and enter your application ID number. rom there you will be able to view and print your confirmation page.

我已经在线提交了 DS-160 申请表,但是丢失了确认页。我可以打印一个新的吗?

可以。你可以打印一个已经提交的申请表确认页。你可以登陆 Consular Electronic Application Center 网站,选择你申请的使馆地址。点击开始页面的 "Option C-Retrieve Application" 按钮并且输入申请号码。从这个入口,你就可以浏览并且打印你的确认页。

Family/Group Applications(家庭/团体申请)

①I am traveling with my family or as part of a group. Can I create a family or group application?

Yes. On the "Thank You" page you will see an option to create a family or group application. When you select this option, certain information from your application, such as destination, will automatically be imported to and displayed on a new application. Please note that if you use this option you must create an individual application for each family member or for each individual within the group.

我计划跟我的家庭或作为某个组织的一员旅美,我可以创建一个家庭或团体签证申请吗?

可以。在 Thank you 页面,你将会看到一个选项来创建家庭或团体申请。当你选择这个选项,你申请中的某些信息,例如目的,会自动移入或出现在一个新的申请表中。请注意,如果你使用了这个选项,你必须为每个家庭成员或团体内的成员单独创建一个申请。

②If I use the option on the "Thank You" page to create a family or group application, can I modify the data automatically populated by the system?

Yes. If one of the dependents has a different surname or nationality, for example, you can alter that data before submitting the application.

如果我使用 Thank you 页面上的选项创建一个家庭或团体申请,我可以修改自动移至申请表中的信息吗？

可以。例如，如果其中某个个体拥有另一个姓或国籍，你可以在提交申请表前更改数据。

Treaty Trader/Treaty Investor，E Visa Applicants（条约商人/投资者，E签证申请者）

I am applying for a Treaty Trader/Treaty Investor，E Visa. Do I need to fill out the DS-160 and the DS-156E?

It depends. If you are a Treaty Investor (E-2) applicant，you need only complete the DS-160. If you are a Treaty Trader (E-1) or an Executive/Manager/Essential Employee (E-1 or E-2)，you must complete the DS-160，and you or your employer must complete the paperDS-156Eform.

我正在申请条约商人/投资者，E签证类型。我需要填写DS-160申请表和DS-156E申请表吗？

这需要因情况而定。如果你是条约投资(E-2)申请者，你仅需要完成DS-160申请表。如果你是条约商人(E-1)或执行主管/经理/核心雇员(E1或E2)，你必须完成DS-160申请表，并且，你或者你的工作单位必须完成纸质版DS-156E表格。

第二十四章
美国高中学校选介

1. 寄宿学校

Blue Ridge School(蓝岭高中)

蓝岭高中是一所全日制寄宿男校。学校实行小班授课,并通过展开DIY设计,让每个学生都拥有自己的学习生活计划,以培养他们良好的学习生活习惯。

蓝岭高中位于弗吉尼亚州,距离弗吉尼亚大学的故乡夏洛特维尔只有20英里的路程。校园占地800英亩,坐落于蓝山山脉脚下。校园内环境宜人,随处可见假山,小道……是孩子们学习之余聚会、活动的自由场所。2003年,学校董事会拨款800万美元进行校园、宿舍、教学楼等设施的完善更新工程。

蓝岭高中致力于给那些有志向的孩子创造最适合他们发展的环境。学校严谨的教学、和谐的人文环境和幽静的校园生活给每一个来到这里的孩子一次不一样的求学体验,这将帮助孩子们树立人生目标。学校尽可能地挖掘学生的潜能,为他们将来升入大学做好全方位的准备。

表24.1 蓝岭高中概况

建校时间	1909年
学校性质	私立/寄宿
所在州	弗吉尼亚州(VA)
学校地址	273 Mayo Drive, St. George, VA 22935
招生年级	9～12
学生总数	195人
师生比例	1∶6
班级人数	9人

续上表

国际生比例	25%
寄宿生比例	100%
学校类型	男校
宗教背景	无
占地面积	800 英亩
受赠款	1,200 万美元
SAT 平均分	1 700
目前年学费	42,500 美元
荣誉课程	有
ESL 课程	有

蓝岭高中设有 6 门 AP 课程：微积分、英语语言文学、欧洲史、法语、法国文学和统计学。

蓝岭高中的社团和体育活动，都是为适应男生的特性而设立的。学校的主要学生社团有：艺术社团、国际象棋俱乐部、合唱团、戏剧社、机器人俱乐部、国际联谊会和学生会等。学校的主要体育活动有：越野赛、棒球、篮球、高尔夫、足球、曲棍球、山地自行车、网球、田径赛、排球和摔跤等。

学校优势

①蓝岭中学独特的课程设计和个性化的学生培养方案更能培养出孩子坚定的性格和强烈的责任心。

②学校提供大学预科课程，其严谨和富于经验的教学给学校带来100%的大学升学率。

③占地 800 英亩的校园给孩子们广阔的学习和生活空间，丰富多彩的校园生活更是在这里被淋漓尽致地体现出来。

毕业生去向

圣母大学、弗吉尼亚大学、威廉玛丽学院、伊利诺伊大学、康奈尔大学、波士顿学院，等等。

Concord Academy（康科德高中）

康科德高中建于 1922 年，是一所男女合校，同时也是走读和寄宿两制并存的学校。其最大的特点是教师团队和学生群体所体现出的个性、多样化和高素。

学校鼓励学生养成独立的学习习惯，培养他们的自信心和意志力，让学生在有关爱和富有挑战的环境中，发现并且发展自身的才能。

学校校园生活既有挑战，又充满活力。学校校风良好，教学质量高。校长、老师、家长和同学都非常友善亲切，大家共同营造着这个其乐融融的别致校园。

学校提供丰富的艺术、体育和课外活动，供学生选择。学校有三百多名学生，但给与每位学生充分的关注。学校位于历史名城波士顿附近的康科德，拥有悠久丰富的历史文化。

表 24.2　康科德高中概况

建校时间	1922 年
学校性质	私立/寄宿
所在州	马萨诸赛州(MA)
学校地址	166 Main Street, Concord, MA 01742
招生年级	9～12
学生总数	365 人
师生比例	1∶6
班级人数	12 人
国际生比例	10%
寄宿生比例	42%
学校类型	男女混合校
宗教背景	无
占地面积	39 英亩
受赠款	5,500 万美元
SAT 平均分	2 050
目前年学费	50,075 美元
荣誉课程	无
ESL 课程	无

康科德高中设有多门 AP 课程：生物、微积分、化学、汉语语言与文化、计算机科学、英语文学与写作、英语语言学与写作、法语、德语、拉丁语、音乐

理论、物理、西班牙语、西班牙文学、统计学和美国历史。

康科德高中的社团和体育活动真的是异彩纷呈。学校的主要学生社团有：亚洲学生协会、国际学生组织、艺术社团、拉丁舞社团、陶艺学会、合唱团、郊游协会、辩论团、eBa 俱乐部、环境协会、电影协会、法语俱乐部、德语俱乐部、学生自治会、纪律委员会、青年慈善协会、模拟联合国、投资俱乐部、导游协会等。学校的主要体育活动有：高山滑雪、棒球、篮球、越野运动、曲棍球、高尔夫球、兜网球、帆船、英式足球、垒球、软式墙网球、网球、极限飞碟、排球、摔跤等。

学校优势

①优美、便利的地理位置。

②友好、丰富的校园活动。

③首屈一指的艺术课程。

④藏书丰富的公共图书馆就在学校斜对面。

⑤学校离哈佛和麻省理工学院很近，学生可以随时前往听讲座。

总的来说，该校在顶尖的美国高中当中算是比较柔和的一所，包容性比较好。学生间更愿意互相帮助，而非互相竞争。学校的校园不是很大，但是物尽其用，布局精巧。学校的课程设置齐全，尤其是 AP 课程众多，完全适应学生的不同选择。学校的课外活动和学生社团也应有尽有，丰富多彩。

毕业生去向

塔夫茨大学、布朗大学、哥伦比亚大学、纽约大学、麻省理工学院、贝茨学院、波士顿大学、斯基摩尔学院、瓦萨学院、华盛顿大学，等等。

Lake Forest Academy（森林湖高中）

森林湖高中成立于 1857 年，是一所专门招收 9～12 年级学生的全日制男女寄宿合校。学校位于芝加哥以北的森林湖市。

学校的四大教育理念：个性、学识、责任、合格公民。学校秉承这四大理念进行课程设置与活动安排。学校全部小班授课，教学都是采用课堂讨论进行的，以调动学生主动性与积极性。学校要求所有的学生都要参加艺术课程、体育项目和社区服务项目，以便培养学生的全面发展。学校提供 26 门 AP 课程，给学生挑战与展示的充分空间与便利条件。学校欢迎来自不同经济体、不同社会、不同地域、不同族群的国际学生，以便丰富校园的国际化，创造多文化的不同体验与交融。

表 24.3　森林湖高中概况

建校时间	1857 年
学校性质	私立/寄宿
所在州	伊利诺伊州(IL)
学校地址	1500 West Kennedy Road, Lake Forest, IL 60045
招生年级	9～12
学生总数	400 人
师生比例	1∶5
班级人数	12 人
国际生比例	27%
寄宿生比例	50%
学校类型	男女混合校
宗教背景	无
占地面积	150 英亩
受赠款	2,100 万美元
SAT 平均分	1 700
目前年学费	49,000 美元
荣誉课程	无
ESL 课程	有

森林湖高中开设的 AP 课程有：艺术史、音乐理论、计算机科学、经济学、美国历史、世界历史、汉语语言与文化、法语、西班牙语、西班牙文学、拉丁语、微积分、统计学、生物、化学、环境科学、物理和心理学等。

森林湖高中的学生社团有：历史俱乐部、投资俱乐部、日本俱乐部、针织俱乐部、文学杂志、模拟法庭、报社、摄影俱乐部、航海俱乐部、诗人与作家俱乐部等。

森林湖高中的体育活动有：美式足球、长曲棍球、壁球、曲棍球、冰球、足球、篮球、棒球、长跑、网球、田径运动、高尔夫和垒球等。

学校优势

①小班授课和完善的辅导体系促进学生和教师之间独特、和谐的关系。

②课外活动丰富多彩，培养学生各方面的兴趣爱好。

③交通便利，学校距离奥海尔国际机场仅30分钟车程，更方便国际学生。

学校校园占地150英亩，树木葱郁，环境优美。学校建有两个小型人工湖和运动场，另外还有足球场、垒球场和棒球场。还设有完善的体育馆，内设室内游泳馆、室内溜冰场、室内排球场、网球和篮球场。学校的艺术中心建有一间能同时容纳425人的礼堂，另有摄影、音乐和美术工作室。学校除寄宿生外，还招收走读生，大家都相处得很友善，共同享有学校的各种公共设施。学校建有25间教室，供全校四个年级的学生分别使用。寄宿学生按照不同性别分别住在四栋宿舍楼，每栋宿舍楼并有专责老师负责管理。

毕业生去向

西北大学、伊利诺伊香槟大学、密歇根大学、卡内基梅隆大学、杜克大学、森林湖学院、塔夫茨大学、范德堡大学、纽约大学等。

Miss Hall's School（米斯豪斯高中）

米斯豪斯高中位于美国东北部的马萨诸赛州的匹兹菲尔德市，是一所高质量的私立女子高中学校。该校与哈佛大学、麻省理工等大学名校在同一个州，有近水楼台之便。

自1898年建校以来，米斯豪斯高中就一直致力于为年轻女性提供高质量的教育。今天的米斯豪斯高中已经发展成为一所全面的、跨学科的美国一流私立女子中学，）人文科学、数学、自然科学、语言、艺术等教育的各个方面在米斯豪斯高中得到了均衡的发展。

米斯豪斯高中学校现有180名女生，他们来自21个州和14个不同的国家，其中75%的学生是寄宿生。

米斯豪斯高中为NEASC的正式会员。米斯豪斯高中是经英格兰私立中学协会、学校和学院之新英格兰协会、寄宿制中学协会和马萨诸赛州教育部共同认可的学校。

表24.4　米斯豪斯高中概况

建校时间	1898年
学校性质	私立/寄宿
所在州	马萨诸赛州/MA
学校地址	492 Holmes Road, PO Box 1166, Pittsfield, MA01201
招生年级	9～12
学生总数	180人

续上表

师生比例	1∶5
班级人数	11 人
国际生比例	30%
寄宿生比例	75%
学校类型	女校
宗教背景	无
占地面积	80 英亩
受赠款	1,500 万美元
SAT 平均分	1 850
目前年学费	48,400 美元
荣誉课程	有
ESL 课程	有

学校开设 AP 课程多门：艺术史、生物、微积分、化学、英语文学与写作、欧洲历史、法语、心理学、统计学、影音艺术和美国历史等。

学校设立有数学社、有氧运动社、电影社、拉丁俱乐部、瑜伽社、学生会、艺术社、健身俱乐部、舞蹈队、辩论社、环境社、艺术俱乐部、体育协会、环境俱乐部、国际学生会、剧院乐团、声乐合奏、西班牙语俱乐部、器乐俱乐部等 48 个学生社团。

学校开设了高山滑雪、篮球、越野、曲棍球、足球、垒球、网球、排球等多项体育活动。

学校优势

学校很注重教育的国际化，目前学生中的 30% 是国际学生。学校还专门为国际学生开设了三个不同级别的 ESL 英语课程，便于国际学生尽快融入美国私立学校的学习和生活。学校为小班教学，平均每班人数为 11 人，教师和学生的比例为 1∶5，这样学生可以得到老师更全面的照顾。学校以学生为中心，提供丰富的体育、娱乐和社会实践活动，培养学生各方面的兴趣和能力。

毕业生去向

学校毕业生的去向非常好，有很多学生在学校毕业后就读于著名大学。该校毕业生去向比较多的大学有波士顿大学、哈佛大学、宾夕法尼亚大学、宾州州立大学、塔夫茨大学、麻省理工、美国大学、埃默里大学、佛蒙特大学、华盛顿大学等。

Loomis Chaffee School（卢米斯查菲高中）

卢米斯查菲高中成立于1874年，具有悠久的历史。该校是美国最著名的私立学校之一，培养9到12年级来自全国和世界各地最优秀的学生。卢米斯查菲高中的宗旨是培养来自不同文化和社会背景的学生在德、智、体各方面的全面发展，培养学生发展自我的同时，关注社会公共利益。学校提供优质的学术课程帮助学生掌握技能和思辨能力，为大学深造和终生学习做好准备。

表24.5　卢米斯查菲高中概况

建校时间	1874年
学校性质	私立/寄宿
所在州	康涅狄格州（CT）
学校地址	4 Batchelder Road，Windsor，CT 06095
招生年级	9～12
学生总数	650人
师生比例	1∶5
班级人数	11人
国际生比例	17%
寄宿生比例	62%
学校类型	男女混合校
宗教背景	无
占地面积	300英亩
受赠款	20，000万美元
SAT平均分	1 780～2 120
目前年学费	49，220美元
荣誉课程	
ESL课程	无

学校开设了英语文学与写作、西班牙语、汉语语言与文化、美国历

史、美国政治与政府、统计学、微积分、计算机科学、化学、物理和环境科学等AP课程。

学校设有动漫社、国际象棋俱乐部、中国俱乐部、基督徒团、区服务联盟、达尔文俱乐部、电影俱乐部、机器人小组项目、法国俱乐部、德国俱乐部、犹太学生联盟、、弓箭手、广播电台、、联合国儿童基金会、魔术俱乐部、数学组、彩弹俱乐部、乒乓俱乐部、诗会、绿色项目、攀岩俱乐部、烧烤俱乐部、书友会和文学社社团、辩论赛团、现代诗人社团、民主社团、中东舞蹈俱乐部、股票/金融组、戏剧社团、视频游戏俱乐部等许多学生社团。

学校开展有高山滑雪、棒球、长跑、跳水、曲棍球、足球、高尔夫球、冰球、长曲棍球、垒球、壁球、网球、田径、排球、篮球、水球、摔跤等多项体育活动。

学校优势

①艺术课程设置非常出色，非常经典，艺术大楼里陈列学生的各种作品。

②学校学术非常强，共提供几十门AP课程。

③学校始终致力于培养学生拥有优秀的学习能力和习惯并且成为全球性人才。

毕业生去向

乔治·华盛顿大学、康涅狄格大学、纽约大学、贝茨学院、斯基德莫尔学院、塔夫茨大学、康奈尔大学、乔治城大学、联合学院、圣三一学院等。

The Webb Schools（韦伯高中）

1922年，位于加利福尼亚的韦伯高中成立了。成立之初，只有不到14个男生和4位教师。现在，在校学生多达400人，不仅来自美国，而且来自世界各地。教师们也都有很高的学历，其中很多老师都取得了硕士以上学位。

韦伯高中学校的创建者是汤姆生·韦伯先生。他一生致力于教育年青人要有高尚的品质和卓越的领导能力。汤姆生的父亲1870年在田纳西州建立了韦伯学校，学校学术表现卓越，学生成绩优秀，在国内赢得了很高的荣誉。汤姆生·韦伯正是以同样高的标准在加利福尼亚设立了韦伯高中，并赶超了自己的父亲。现在的加州韦伯高中同样是一所有光荣的传统、特色的建筑和极强的学术的高中学校。

韦伯高中学校的考古课程非常有特色，非常经典。学校建有全美著名的古生物博物馆，馆藏有全球最权威的古人类脚印。学校的艺术课程也很强，非常注重学生的艺术修养与艺术技能的培养。学生的起点非常高，因而学校不为国际学生开设 ESL 课程。学校开设有多门荣誉课程和 AP 课程，给学生选择与挑战。韦伯高中学校是全美最有学术选择性和竞争性的高中之一。

表 24.6　韦伯高中概况

建校时间	1922 年
学校性质	私立/寄宿
所在州	加利福尼亚州（CA）
学校地址	1175 W. Baseline Road，Claremont，CA 91711
招生年级	9～12
学生总数	410 人
师生比例	1∶8
班级人数	15 人
国际生比例	22%
寄宿生比例	65%
学校类型	单一性别学校/男女混合校
宗教背景	无
占地面积	70 英亩
受赠款	3，300 万美元
SAT 平均分	1 900
目前年学费	49，775 美元
荣誉课程	有
ESL 课程	无

学校开设有生物、微积分 AB、微积分 BC、化学、英语文学与写作、英语语言学与写作、环境科学、法语 、物理 B、物理 C：力学、物理 C：电磁学、统计学、西班牙语、西班牙文学、美国历史、世界历史等 AP 课程。

学校另开设有美国文学、化学、生物、古生物学、博物馆研究、综合数学2、初级微积分、西班牙语2、西班牙语3、法语2、法语3、交响乐、美术等荣誉课程。

学校的学生社团有运动俱乐部、社区服务俱乐部、舞蹈俱乐部、戏剧俱乐部、体育俱乐部、攀岩俱乐部、生存技能俱乐部、极限飞盘俱乐部、瑜伽俱乐部、山地自行车协会、博物馆协会、体育新闻协会等。

学校的体育活动有棒球、篮球、越野运动、潜水、美式橄榄球、高尔夫球、英式足球、垒球、游泳、网球、田径运动、排球、水球、摔跤等。

学校优势

学校在90多年的发展过程中发生了巨大变化。1981年，当地居民希望建立有相当的师资和规模的女校时，韦伯适时建立了女子校。目前，女校相较于男校，不仅是女孩的数量的增加，而且是同时增强女孩在单性别学校里的信心和勇气。因为韦伯不像其它混合校那样，仅仅是在男校中简单的增加女生人数，而是既增加女生人数又同时加强历练女孩的学识与胆魄。这样，韦伯高中就形成了前两年男或女单一性别校、后两年男女混合校的独特教育。韦伯高中既能提供单性别学校教育，也能提供男女混合教育，这已经成为韦伯学校的标志和优势。

韦伯高中学校除了有趣的维维安韦伯教堂外，还有最新发展起来的学科和计算机实验室，以及网络宿舍和网络化教室。那令人骄傲的古生物博物馆，更是独树一帜，享誉全美，影响世界。

韦伯高中学校教育的三大特点：学校实行个性化教育，培养学生独立思考，通过学术教学和道德规范来提高学生的素质：诚实、责任感、互敬互爱、公平竞争及充满激情。

令韦伯毕业生骄傲的是：在韦伯高中，大家最为享受也最宝贵的就是寄宿的经历；在韦伯高中，大家交到了很多的国际朋友；在韦伯高中，大家为申请大学做了四年的充足准备并如愿以偿；在韦伯高中，大家的这段人生经历也奠定了他们今后成功的基础。

毕业生去向

斯坦福大学、麻省理工、南加州大学、克莱门特学院、卡耐基梅隆大学、西北大学、波士顿大学、哈佛大学、卫斯理学院、康奈尔大学、布朗大学、哥伦比亚大学等。

Walnut Hill School For The Arts（胡桃山艺术高中）

胡桃山艺术高中位于美国波士顿近郊，占地 45 英亩。它建立于 1893 年，是美国最古老的艺术高中，也是美国少数几个临近大都会的寄宿学校之一。

胡桃山艺术高中为学生提供独特的艺术培养和学术训练。这和我们国内的艺术院校附中不一样，我们的艺校附中就是艺术课，根本不重视学术课。胡桃山艺术高中，虽然也非常重视艺术课，但坚持艺术与学术并重，不偏不倚。学校规定学生在芭蕾舞蹈、创意写作、音乐、戏剧与视觉艺术中选择一门作为艺术主修课，同时必须修习严格的学术学科课程。学校向学生提供多样化、富有人文气息并且崇尚品德的学习环境，发现、发掘学生的艺术爱好、天分和潜能，致力于教育来自世界各地有天赋、有造诣并且品学兼优的年轻艺术家。

表 24.7　胡桃山艺术高中概况

建校时间	1993 年
学校性质	私立/寄宿
所在州	马萨诸赛州（MA）
学校地址	12 Highland Street，Natick，MA 01760
招生年级	9～12
学生总数	301 人
师生比例	1∶6
班级人数	10 人
国际生比例	25％
寄宿生比例	80％
学校类型	男女混合校
宗教背景	无
占地面积	45 英亩
SAT 平均分	1 730
目前年学费	48，425 美元
ESL 课程	有

学校虽然以艺术见长，但学术也非常强，AP 课程就开设了 10 门之

多：生物、微积分 AB、微积分 BC、化学、英国文学、法国文学、意大利语言文化、西班牙语、西班牙文学和美国历史。

学校的学术很强，入学门槛比较高。但是还为国际学生设有 ESL 课程，便利国际学生顺利度过语言障碍，尽快融入学校的学习和生活。

学校的学生社团既突出艺术高中特点，强调艺术修养，延展艺术技艺，设有合唱团、唱诗班、舞蹈俱乐部、剧场组、戏剧社、芭蕾舞团和瑜伽俱乐部等；又注重学生的广阔视野与社会实践，培养良好品德与社会责任，设有国际特赦组织、社会服务、同侪辅导、性别研究、国际社、学生政府和年鉴等。

学校的体育活动也很有艺术高中的特色，设有健美操、自由搏击、游泳、瑜伽、普拉提、足球等体育项目。

学校优势

学校艺术课程非常强，每门课都由专业老师亲执教鞭。真的是因材施教，教学相长。

学校寄宿生比例很高，校园内有七栋学生宿舍。丰富的寄宿生活高效率地提高学生们的艺术技能和学术水准，同时也是他们切磋技艺，互相提高，共同成长的最佳平台。

专业化水准的艺术教学与演练楼宇，为学生们提供高标准的艺术设施与设备，让学生们高起点飞翔在艺术的蓝天。

毕业生去向

胡桃山艺术高中的毕业生有两类去向：普通大学和艺术院校。升入普通大学的，在艺术高中的历练也往往得到著名大学的更多青睐与加分。升入艺术院校的，是选择艺术专业之路的学生，他们常常把顶尖艺术院校作为目标大学，事实上的结果也是如此，美国顶尖的新英格兰音乐学院和茱莉亚音乐学院就有许多胡桃山艺术高中的毕业生。

该校毕业生主要去向大学选列：茱莉亚音乐学院、新英格兰音乐学院、波士顿大学、哥伦比亚大学、乔治·华盛顿大学、哈佛大学、普林斯顿大学、纽约大学、西北大学、范德堡大学、曼哈顿音乐学院、南加州大学等。

Northfield Mount Hermon School（北野山高中）

北野山高中获有美国中部各州学校联合认证，是美国教育部认可的示范型学校。学生分别来自美国的 28 个州以及世界上的 24 个国家，国际学生比例较大，多元文化氛围浓烈。

表 24.8　北野山高中概况

建校时间	1879 年
学校性质	私立/寄宿
所在州	马萨诸赛州（MA）
学校地址	One Lamplighter Way，Mount Hermon，MA 01354
招生年级	9～12
学生总数	650 人
师生比例	1∶7
班级人数	12 人
国际生比例	25％
寄宿生比例	83％
学校类型	男女混合校
宗教背景	无
占地面积	1，565 英亩
受赠款	12，100 万美元
SAT 平均分	1 788
目前年学费	49，700 美元
荣誉课程	有
ESL 课程	有

学校开设了阿拉伯语、生物、微积分 AB、微积分 BC、化学、计算机科学 A、计算机科学 AB、汉语语言与文化、英语文学与写作、经济学、环境科学、欧洲历史、法语、法国文学、拉丁文学、宏观经济学、微观经济学、物理 B、心理学、美术、音乐理论、西班牙语、西班牙文学、美国历史、世界历史等几十门 AP 课程。

学校另设有荣誉课程：生物、化学、英语、物理、法语、西班牙语、几何学、代数、初级微积分等。

学校有国际学生联盟、亚裔美国学生协会、犹太学生联盟、西班牙及拉美学生联盟、国际学生杂志社、罗马天主教协会、穆斯林学生协会、活动策划协会、动物权益联盟、环境协会、艺术活动联盟、天文与物理俱乐部、合唱队、舞蹈俱乐部、音乐俱乐部、辩论学会等学生社团。

学校有高山滑雪、棒球、篮球、赛艇、越野运动、潜水、曲棍球、美式橄榄球、高尔夫球、冰球、兜网球、北欧两项滑雪、英式足球、垒球、游泳、网球、田径运动、排球、水球、摔跤等体育活动。

学校优势

学校地理位置很好，且校园广阔，一流的自然景色与一流的建筑设施融为一体；

学校的体育项目和课外活动丰富多彩，为学生提供了增强体魄、毅力、协作、尊重的历练舞台；

学校实行小班授课，师生比例为1∶7，较好地照顾到每个学生；

学校为国际学生提供ESL课程，帮助他们尽快度过语言关；

学校为毕业生提供升学指导，帮助学生升入理想的目标大学；

众多的知名校友是学校的财富，这些奇才遍布艺术、商业、法律、体育各界。

北野山高中为来自世界各地的学生提供独特的教育体系，个人价值和机遇是这个体系的核心。学校尊崇和注意培养学生的独立性，因为学校相信这可以使学生在日常生活中更好地学习和获得更多的成长。

毕业生去向

波士顿大学、布朗大学、斯坦福大学、哥伦比亚大学、杜克大学、达特茅斯学院、麻省理工、哈佛大学、乔治·华盛顿大学、塔夫茨大学、威斯利大学、康奈尔大学、佛蒙特大学、纽约大学等。

Woodberry Forest School（伍德贝瑞森林高中）

伍德贝瑞森林高中座落在弗吉尼亚州的麦迪逊镇。学校园区广袤，风景怡人。学校历史久远，是美国一流的全日制寄宿男校。

学校的学生以美国本土学生为主，分别来自于美国的33个州。国际学生占比12%，主要来自8个不同的国家和地区。

全校85名教职工几乎都住在学校里，以校为家，像对待家人一样照顾学生。学校的老师们都具有深厚的教育背景以及丰富的教学经验。

学校的目标是将学生培养成具有正直品质和崇高荣誉感的人，成为遵循基督教义的社会公民。学校被公认为男生教育领域中的佼佼者。学校推行学生管理荣誉制度。该校重视智育，缜密性和道德操守。学校拥有国家最先进的设备和学术，体育，艺术和科技项目。

表 24.9　伍德贝瑞森林高中概况

建校时间	1889 年
学校性质	私立/寄宿
所在州	弗吉尼亚州（VA）
学校地址	241 Woodberry Station，Woodberry Forest，VA 22989
招生年级	9～12
学生总数	402 人
师生比例	1∶5
班级人数	10 人
国际生比例	12%
寄宿生比例	100%
学校类型	男校
宗教背景	基督教
占地面积	1 200 英亩
受赠款	2，500 万美元
目前年学费	46，700 美元
荣誉课程	有
ESL 课程	无

学校开设了艺术史、工作室艺术、拉丁文学、拉丁诗人、美国政治与政府、经济学、心理学、统计学、生物学、化学、环境科学、概念物理学等多门 AP 课程。

学校另有英语、法语、西班牙语、拉丁语、生物、音乐理论、现代欧洲史、美国历史、宪法学、化学、物理学等荣誉课程。

学校有自行车俱乐部、读书俱乐部、童子军团、啦啦队、合唱团、电脑俱乐部、辩论会、戏剧社、院校基督徒委员会、国际关系俱乐部、数学组、模拟联合国、学生理事会、学生报纸、学术团队等学生社团。

学校有垒球、篮球、越野、足、高尔夫、长曲棍球、足球、壁球、游泳、网球、田径、冬季田径、摔跤等体育活动项目。

学校优势

①学校位置非常好，近美国首府华盛顿特区。

②学校住宿率高，国际生比例低，对于国际生融入美国当地生活更有利。

③学校校园优美，建筑宏伟，是一所典型的贵族学校。

④学校体育特别强，非常适合男生特点，着重锻炼男生的强健体魄和勇猛进取的精神。

⑤学校非常重视学生艺术的修养，培养超凡的品性与高贵的气质。

⑥学校的学术异常强势，提供了几十门AP课程和荣誉课程，加强学生的学术习得与历练，挑战自我，永远进取。

毕业生去向

北卡大学教堂山分校、弗吉尼亚大学、伍夫德大学、北卡州立大学、华盛顿与李大学、威廉和玛丽大学、威克弗里斯特大学、南卡大学、佐治亚理工学院等。

Peddie School（佩迪高中）

佩迪高中成立于1864年，一直是一流的大学预备学校。学校招收9到12年级的学生，也招收高中毕业后尚未有选择去向的学生。

佩迪高中是美国最吸引人的高中之一。学校既有很强的学科教育，又激励学生追求更高的成就，终生追求使自己成为最好的公民。

表24.10　佩迪高中概况

建校时间	1864年
学校性质	私立/寄宿
所在州	新泽西州（VJ）
学校地址	201 South Main Street，Hightstown，NJ 08520－3349
招生年级	9～12
学生总数	557人
师生比例	1∶6
班级人数	12人
国际生比例	13％
寄宿生比例	63％
学校类型	男女混合校
宗教背景	无
占地面积	280英亩

续上表

受赠款	2，780 万美元
SAT 平均分	1 770～2 090
目前年学费	47，500 美元
荣誉课程	有
ESL 课程	有

学校开设 17 门 AP 课程：音乐理论、美国历史、艺术史、美国政治与政府、欧洲历史、汉语语言与文化、法语、拉丁语、西班牙语、微积分 AB、微积分 BC、统计学、化学、生物、物理、环境科学、心理学等。

学校另有多门荣誉课程：英语、法语、西班牙语、中文、化学、微积分、生物、物理、几何、代数、微积分、美术、数码、剧院等。

学校有众多学生社团：自由与人权社、文学与文化社、国际象棋俱乐部、荣誉学生俱乐部、舞蹈团、保护环境俱乐部、法语社、校园服务社、曲棍球俱乐部、犹太人组织、素食主义者俱乐部、拉丁社、数学俱乐部、模拟联合国、多文化联盟、佩迪年册、帮助弱者医疗组织、外出旅行团、诗歌社、项目展示组织、西班牙语社、佩迪新闻社、股票市场组、小科学家俱乐部、美食团等。

学校体育活动有划船、越野、曲棍球、橄榄球、足球、篮球、田径、游泳、网球、棒球、高尔夫球、长曲棍球、垒球和摔跤等。

学校优势

①学校进入中国较早，大家普遍熟知并认可，申请学生比较多，学校门槛自然高。

②学校起点很高，不开设 ESL 课程，国际学生与本土学生别无二致，这对国际学生实际上是一种挑战。

③学校非常重视艺术，从课程设置上就有这种引导，目的就是要加强学生的艺术修养，使之全面发展。

④学校体育设施齐全完善，适合不同项目的顺利开展，让学生充分享受体育项目带来的进取激情与豪迈释放。学校每年举办的游泳夏令营，有很好的口碑与效果，深受学生和家长们的喜爱。

⑤学校的社团丰富多彩，成绩斐然，是学生自我实践的最佳舞台，展示着学生们的进取、协调、自主与责任。

⑥学校坐落在新泽西，环境优美，景色怡人。交通便利，地理位置优越。

毕业生去向

巴克内尔大学、卡耐基梅隆大学、哥伦比亚大学、康奈尔大学、乔治华盛顿大学、乔治城大学、约翰霍普金斯大学、理海大学、迈阿密大学、纽约大学、里奇蒙大学、罗格斯大学、美国海军军官学校、宾夕法尼亚大学等。

2. 走读学校

东天主教高中（East Catholic High School）

东天主教高中是一所哈特福德总教区管辖范围内的大学预备学校，学校服务范围包括哈特福德市区和郊区超过 35 个城镇的区域以及康涅狄格州东部地区。东天主教高中致力于在良好的环境中培育出博爱且富有挑战精神的学生。

表 24.11　东天主教高中概况

建校时间	1961 年
学校性质	私立/走读
所在州	康涅狄格州（CT）
学校地址	115 New State Road Manchester，CT 06042
招生年级	9～12
学生总数	730 人
学校类型	男女混合校
宗教背景	天主教
SAT 平均分	1 700
荣誉课程	有
ESL 课程	无

学校开设英语语言与写作、英语语言与文学、美国历史等 9 门 AP 课程。

学校开设生物学、微积分、物理学等荣誉课程。

学校的体育活动按男生和女生分别设置。男生的体育项目有棒球、高尔夫球、篮球、越野长跑、橄榄球、冰上曲棍球、室内田径、室外田径、足球、长曲棍球、网球和摔跤等，女生的体育项目有篮球、越野长跑、啦啦队、高尔夫球、室内田径、室外田径、足球、垒球、游泳、网球、排球、长曲棍球等。

学校的社团有越野队、啦啦队、篮球队、足球队、艺术团、学生组织、社区服务社等。

学校优势

学校坚信在教育学生方面的成功来自于东天主教高中的教职员工和家长的共同努力。学校按照教义教导学生正真、博爱、慈善，学校用爱心去教导学生并倡导终身学习。学校培养学生成为具有良好道德规范、富有责任心的社会公民；

学校坚持全方位培养学生，又区分不同情况而因材施教，绝不放弃任何一位学生。而是鼓励每位学生挑战自我，超越自我，追求自我的卓越发展，实现完美的个性升华。

毕业生去向

东天主教高中毕业生的99%升入大学，毕业生的普遍目标大学为康涅狄格大学、莱斯大学、耶鲁大学、范德堡大学、波士顿大学等。

莫顿天主教高中（Malden Catholic High School）

莫顿高中建于1932年，是一所私立大学预科学校。学校由Xaverian Brothers提供财政资助。

莫顿高中始终坚持作为一所教区高中的初衷与使命，为学生进入大学、在各领域成功和作出贡献并实现人生意义做好充足的准备。

莫顿高中高素质的教职人员对学生全方位的呵护与培养，言传身教，给学生们潜移默化地影响与引领，使学生明确人生目标并努力追求成功。

表24.12　莫顿高中概况

建校时间	1932年
学校性质	私立/走读
所在州	马萨诸赛州（MA）
学校地址	99 Crystal Street Malden, MA 02148

续上表

招生年级	9～12
学生总数	600人
师生比例	1∶13
国际生比例	<8%
学校类型	男校
宗教背景	天主教
SAT平均分	1 700
荣誉课程	有

学校设有英语文学、英语语言与写作、微积分AB、微积分BC、美国历史、美国政府、物理学、化学、经济学、统计学、西班牙语、欧洲历史、生物学、计算机科学等AP课程。

学校开设有西班牙语、普通话、拉丁语、生物学、英语、数学等荣誉课程。

学校的体育活动有足球、高尔夫球、美式足球、曲棍球、游泳、摔跤、橄榄球、网球、棒球和田径队等。

学校的社团组织有乐队、合唱团、学生报纸编辑社、国际象棋社、亚洲文化俱乐部、科学俱乐部、学生会和作家社等。

学校优势

①学校实行小班授课，最大可能照顾所有的学生。

②学校设有完善的教师顾问体系，对学生及时提供帮助，不让一个学生掉队。

③学校的老师用尽爱心教育学生，帮助学生，引导学生，让学生沐浴着爱去享受优质的教育。

④学校遵从男生的特点设置学术课程，开展体育项目和课外活动，从才智、品德、体格等方面全方位促进学生的健康成长。

毕业生去向

普林斯顿大学、佐治亚理工学院、杜克大学、康奈尔大学、乔治城大学、哈佛大学、波士顿大学、密歇根州立大学、西北大学等。

保罗六世高中（Paul VI High School）

保罗六世高中是一所私立天主教学校。学校以保罗六世主教命名，建立于1966年，学校位于新泽西州的 Haddon town。哈顿是一座富裕的美国小镇，人口不到两万。人们友善慈爱，生活安静而闲适。

保罗六世高中设有9～12四个年级。每学年九月初开学，次年六月中旬结束，应届毕业生一般在五月末六月初结业。学校早上8：05开始上课直到下午2：30，剩下的时间为课后活动。

学校规定，学生在校期间需穿校服，体育课有专门的运动服。

学校的规章制度很严格，很具体。学生一旦违反学生手册中规定的学生行为规范就必须接受相应处罚。学生违纪评价与处罚体系清晰明了，公开透明。学生累计10次轻微处罚，就会受到一次禁闭惩处。学校希望学生以天主教教义为指导去规范自己，成长为社会公民。学生要对自己的行为负责，并承担相应社会义务。

表24.13　保罗六世高中概况

建校时间	1966年
学校性质	私立/走读
所在州	新泽西州（NJ）
学校地址	901 Hopkins Rd Haddonfield，NJ 08033
招生年级	9～12
学生总数	1 192人
师生比例	1∶16
班级人数	25人
国际生比例	＜3%
学校类型	男女混合校
宗教背景	天主教
占地面积	35英亩
SAT平均分	1 780
荣誉课程	有
ESL课程	无

保罗六世高中设有15门AP课程：英语语言与文学、英语语言与写作、微积分AB、微积分BC、统计学、生物学、化学、物理C、经济学、欧洲历史、心理学、美国历史、电脑科学A、环境科学和西班牙

语等。

保罗六世高中的社团多种多样，大致可以概括为九大类：学术类、文化类、视觉艺术与表演艺术类、宗教类、社区服务类、特别爱好类、运动类、学生自治组织类和校刊等媒体类。

保罗六世高中的体育活动有男子篮球、摔跤、足球、田径、越野、啦啦队、高尔夫球、网球、冰球、垒球、游泳和英式足球等。

学校优势

①保罗六世高中的课程设计都是从培养学生的领导力出发的，学校注重培养学生在团队的协调中锻炼出不俗的领导能力。

②学校提供超强的 AP 课程，并提供足够的荣誉课程，让学生选择挑战，并超越自我。

③学校注重学生的音乐教育与培养，设有乐队、喜剧、爵士乐队、舞蹈队、管弦乐队、音乐理论等课程，培养学生的音乐兴趣，发展学生的音乐爱好，提升学生的音乐素养。

④学校还设有素描、水彩、油画等美术课程，满足学生们的兴趣需要，发掘学生的艺术爱好。

⑤学校另设有电影制作、2D 设计等高科技制作课程，让学生感受高科技的乐趣，体验高科技的进步。

⑥学校甚至开设烹饪课程，历练学生的厨艺，培养学生的生活能力，增强学生的生活本领与乐趣。

总之，学校校规的严谨与严格是出了名的，而对学生的全方位培养与锻炼也同样是出了名的。

毕业生去向

加州大学洛杉矶分校、加州大学圣地亚哥分校、埃默里大学、伊利诺伊大学香槟分校、印第安纳大学、约翰霍普金斯大学、马里兰大学、纽约大学、北卡大学、宾州州立大学、费城大学、匹兹堡大学、圣母大学、弗吉尼亚大学、威廉玛丽学院、康奈尔大学和波士顿学院等。

路易斯维尔高中（Louisville High School）

路易斯维尔高中是一所走读制大学预备女校，开设从 9 到 12 年级课程。学校成立于 1960 年，位于加利福尼亚州郊区的校园占地 17 英亩。学生每周上学 5 天，每天 6 小时。学生每年需到校至少 180 天。

表 24.14 路易斯维尔高中概况

建校时间	1960 年
学校性质	私立/走读
所在州	加利福尼亚州（CA）
学校地址	22300 Mulholland Drive，Woodland Hills，CA 91364
招生年级	9～12
学生总数	428 人
师生比例	1∶11
班级人数	22 人
学校类型	女校
宗教背景	天主教
占地面积	17 英亩
SAT 平均分	1 641
荣誉课程	有
ESL 课程	无

路易斯维尔女子高中学术非常强，仅 AP 课程就有几十门：高等艺术、代数、美国历史、美国文学、解剖、艺术、圣经、生物、微积分、微积分、陶艺、化学、计算机科学、创造性写作、欧洲历史、法语、地理、几何学、民法、语法、数学、音乐、摄影、体育、物理、宗教、科学、社会学、西班牙语、演讲、三角法、世界历史、视觉艺术、圣经、摄影、世界文学等。

路易斯维尔高中的社团偏向女性特点，注重女性能力的锻炼。有艺术社团、历史社团、演讲与辩论社团、科学实验社团、互联网团队、女生委员会和戏剧社团等。

路易斯维尔高中的体育活动有瑜伽、棒球、篮球、橄榄球、高尔夫球、游泳、曲棍球、潜水、网球、田径等。

学校优势

①路易斯维尔高中针对女生特点注重内外兼修。既通过课业从学术上内修才智与品性，又通过特色的活动外修技艺与气质。尊重女性特点又不囿于女性视野，将女生培养置于整个社会的背景之下，女孩个个有胆有识。

②学校的 AP 课程令人咋舌，真的是适合女孩子，充满乐趣和挑战。

③学校注重学生的音乐、美术等的艺术教育，发掘女性的天分，激发女性的潜能，培养她们成为艺术领域的行家里手。

④术业有专攻。学校以培养女性成功为唯一任务，且成绩斐然。学校积累了女生认知、女生教育、女生升华等方面的成功经验，是女孩子的不二选择。

毕业生去向

近几年的毕业生，连年全部升入大学，其中包括许多大学名校。毕业生去向较多的大学有斯坦福大学、纽约大学、加州大学圣地亚哥分校、巴德学院、南加州大学、亚利桑那州立大学、加州大学伯克利分校、罗耀拉大学、加州大学洛杉矶分校、俄勒冈州大学、美国大学、芝加哥艺术学院、卫斯理文理学院、罗德岛设计学院、阿姆赫斯特学院等。

埃德蒙伯克学校（Edmund Burke School）

埃德蒙伯克学校是一所著名的私立走读中学。学校以英国 18 世纪著名政治家 Edmund Burke 命名，学校谨记先生“善事不为则邪恶胜”的警训，以培养社会公民为己任。

学校位于美国首都华盛顿的西北，地理位置绝佳。学校紧邻地铁站，交通便利。学校所在是一处高档社区，治安良好。学校坐落市区，空间受到限制，仅占地 2 英亩。但学校与霍华德法学院（Howard Law School）等共享体育设施，向外合理延展，弥补了自身空间的局限。

埃德蒙伯克学校欢迎不同背景和天赋的学生，尊重学生的个性，激发学生自我学习的主动性。学校通过提供挑战性的学术课程，让学生不断超越自己，增长才干，积累学术成就。

埃德蒙伯克学校始终认为艺术和体育是学生表达自我的重要方式，因而学校致力于营造温馨的校园环境，滋养学生的健康身心，发掘学生的艺术潜能，培养学生的体育特长。学校鼓励学生积极参与各种活动，以陶冶情操、塑造品格。学校设立严格的督促制度来切实予以落实，明确规定每位学生必须完成一定的相应学分才能毕业。

埃德蒙伯克学校坚信自己的使命在于所教与如何教，学校的教师大半以上具有硕士以上学位，从而保证了学校的教学质量。学校给学生足够的权利与责任，鼓励他们自己规划未来，学校的目标是把每个学生培养成有娴熟技能的独立的思想家。

表 24.15 埃德蒙伯克学校概况

建校时间	1968 年
学校性质	私立/走读
所在州	华盛顿特区（DC）
学校地址	4101 Connecticut Avenue，NW，Washington DC 20008
招生年级	6～12
学生总数	300 人（高中部 220 人，初中部 80 人）
师生比例	1∶6
班级人数	16 人
际生比例	4%
学校类型	男女混合校
占地面积	1.38 英亩
SAT 平均分	1 849
荣誉课程	有
ESL 课程	有

埃德蒙伯克学校的学术非常强，除设置 AP 课程外，还设置有高级自学课程和大学水平的自学课程。学校开设的 AP 课程有艺术、生物、微积分、化学、经济学、英语语言与文学、法语、拉丁语、物理、西班牙语、统计学和美国历史等。学校另为学生提供 AP 法语、剧本写作、有机化学的高级自学课程以及初级微积分、微积分、物理 1 和物理 2 的大学水平自学课程。

学校设有西班牙语、法语、拉丁语等三门第二语言课程，供学生选择。

学校的艺术课程异常丰富，有陶艺、素描和油画、混合媒介、摄影、摄影新闻、潜意识素描、视频制作、高级作品集、3D 设计、戏剧基础、莎士比亚戏剧表演、演员和剧作家工场、器乐、演唱、剧场设计和制作、剧本写作、舞台工艺等 17 门之多，简直就是一所艺术院系的缩小版。

学校的体育活动有橄榄球、排球、越野、篮球、游泳、摔跤、高尔夫球、田径、垒球、极限飞碟等。

埃德蒙伯克学校设有30多个社团来丰富学生的课外活动。社团活动有清唱、亚洲学者、香蕉拼字游戏、篮球俱乐部、围棋俱乐部、孔夫子俱乐部、辩论俱乐部、实践俱乐部、法式料理俱乐部、国际犹太人社、环境保护俱乐部、游戏俱乐部、重点俱乐部、孩子的力量俱乐部、世界新闻俱乐部、电影评论社、音乐分享俱乐部、乒乓球俱乐部、朋辈引导俱乐部、哲理书籍社、摄影俱乐部、西班牙语社、午餐俱乐部、口语俱乐部、股票市场俱乐部、学生活动俱乐部、学生管理社、团结一致社、电视节目社、Burke论坛、女性论坛、年刊社和You Tube俱乐部等。

学校优势

①领导力培养。埃德蒙伯克学校注重学生领导力的培养，并形成一套完整的培养制度。领导力培养项目的宗旨是秉承埃德蒙·伯克先生的遗训，培养学生强烈的社区责任感，去帮助学生认识自身所具备的领导力的优势和劣势，并扬长避短。

9年级的学生开始进入领导力培训体系。学校首先开始普及培训领导力培养所需的基础知识。每年还另有两次团队培训活动。

10～12年级的的学生领导力的培训频率加大，每周都不间断地持续进行。晚上、周末和午餐时间都会有不同的领导力培养活动。学生制定活动的计划，规划活动团队的发展，总结活动中的领导技巧。活动的主题也是广泛而深刻的，大家一起探讨社会热点，共同交流学习心得，携手面对道德抉择。

学生参加领导力培养项目后效果明显。学生能够自如主持各项活动、会议，自主倡导或发起各项活动。学生的领导力普遍得到提升。

②社区服务活动。

学校的创建者尊崇埃德蒙·伯克先生的理念而创办了埃德蒙伯克学校。他们创建这所学校就是为践行埃德蒙·伯克先生的理想，除了对学生进行学术、艺术和体育等方面的培养，还培养学生成为一个公正的社会公民。

为社区做贡献既是学校先进教育理念的一部分，也是学生成长的必然需要。学校既教育学生必须的社区服务课程，也要求学生亲自参与社区服务。在初中阶段就开始设置这一课程，足见学校是多么的重视。

学校的社区服务指导老师和高中生活指导老师一起为学生甄选社区服

务对象，让学生在适合的项目中既完成他们的社区活动任务又能感受到其中的乐趣和意义。学校在假期也安排社区服务之旅。在这些旅程中，学生除了参加社区服务外还可以研究不同的文化和不同的宗教，从不同的角度认识我们的社会，进而负起社会责任。

毕业生去向

学校毕业生的大学升学率100%，超过90%的学生被自己的意向大学录取。这些著名的大学有哈佛大学、约翰霍普金斯大学、布朗大学、纽约大学、乔治华盛顿大学、乔治城大学、康奈尔大学、宾夕法尼亚大学、波士顿大学、美国大学、爵硕大学、佛蒙特大学、东北大学、戴顿大学、芝加哥艺术学院、斯基德摩尔学院、伯克利音乐学院、威廉玛丽学院、卡耐基梅隆大学等。

怀延斯维尔基督教学校（Whitinsville Christian School）

怀延斯维尔基督教学校由Whitin家族于1928年创立，学校也是以这个家族来命名的。学校严谨、务实、精益求精。学校与家庭、教会结成紧密合作体全方位培养学生，共同担负起对学生的教育。学校舍得在自身领域的投入，努力在学术、艺术以及体育方面配备充足的资源和设备来保障学生的成长需要，开设超过80门的学术课程。学校的管弦乐、海洋生物的特色项目业内瞩目。

表24.16 怀延斯维尔基督教学校概况

建校时间	1928年
学校性质	私立/走读
所在州	马萨诸赛州（MA）
学校地址	279 Linwood Avenue Whitinsville, MA 01588
招收国际生年级	7～12
学生总数	170人
师生比例	1∶8
班级人数	16人
国际生人数	20人
学校类型	男女混合校
宗教背景	基督教

续上表

占地面积	40 英亩
SAT 平均分	1 748
荣誉课程	有
ESL 课程	有

怀延斯维尔基督教学校认为中学就做中学的事，大学才做大学的事。体现在课程设置上就很有自己的特点，坚持夯实学生的基础，又在基础上最求卓越。比如属于大学先修阶段的 AP 课程仅开设了文理两科各一门最为基础的课程：微积分和英语语言与文学，让学生浅尝辄止，体验而已。但是属于高中课程范围内的荣誉课程却多达 14 门，就是要夯实学生在高中的基础，又把这基础做到极致。学校开设的荣誉课程有化学、海洋生物、会计Ⅰ、会计Ⅱ、西班牙语Ⅱ、西班牙语Ⅲ、西班牙语Ⅳ、当代文学、英国文学、生物、生态学、解剖学、物理、美国文学与写作等。

怀延斯维尔基督教学校的体育项目有越野赛、排球、篮球、美式足球、田径、棒球、垒球、高尔夫球、网球和室内田径等。

怀延斯维尔基督教学校的学生活动有年鉴制作、唱詩班、学生政府、艺术与摄影社、现代艺术之夜、粉红丝带社团、戏剧、礼拜堂委员会、环境意识社、文化社、国家荣誉社群、数学奥林匹克组、铜管乐器合奏团、辩论社、长笛合奏团、滑雪社、学生议会、机器人社、体育夏令营、视觉教学社、绝妙美声合唱团等。

学校优势

①学校的音乐和体育都成绩卓著。弦乐项目更是有口皆碑。学生被选入马萨诸赛中心和州设管弦乐团、国家东部荣誉管弦乐团等。学校合唱团的学生也被选入中央地区和全国合唱团。学校的篮球队战绩不俗，多次斩获篮球锦标赛，并在州田径赛中获得优异的成绩。

②学校的艺术课程非常强，全面培养学生的兴趣和爱好。视觉艺术就有素描、油画、摄影、雕塑和版画制作。老师提供一对一的教学指导，协助学生完成个人创作集作为之后大学申请的作品展示。表演艺术有音乐、舞蹈和戏剧表演课程，其中尤以管弦乐最为著名。学校的艺术课程集美学鉴赏、艺术史、哲学史和个人创作于一体，理论与实践紧密结合，教师指导与学生创作紧密结合。

③学校的海洋生物项目远近闻名。作为荣誉课程，海洋生物课在夏季开设，让学生较为深入地了解海洋生态、海洋生物与非生物种等知识。结合课程内容，另前往海滨、湿地、沼泽等进行为期一周的实地考察。

④学校坚持着现实固本的特色。这从课程设置上可以窥其端倪。荣誉课程和 AP 课程在学术层面差别不是很大，但 AP 课程却对学生升入大学有诸多利益。但是学校就是固守高中基础，开设众多高中荣誉课，宁可把基础的事做到极致，也不去多碰 AP。就学校而言，绝不是利益驱使，而是理念使然。这对于普遍比较内敛的中国学生来说是非常匹配的、合适的。

毕业生去向

伯克利音乐学院、布朗大学、波士顿学院、哥伦比亚大学、康奈尔大学、纽约大学、约翰霍普金斯大学、普林斯顿大学、达特茅斯大学、塔夫茨大学等。

克里斯卡莫雷特高中（Crespi Carmelite High School）

克里斯卡莫雷特高中坐落在加利福尼亚州恩西诺市。自建校起，学校就致力于帮助学龄男孩在天主教的环境中完成全方面的大学预备教育。秉承着追求完美不断挑战的教育理念，克里斯卡莫雷特高中提供了一个让学生可以在学业、身心、社交等全方面发展的教育环境。

学校校园集中紧凑，大家接触频繁。学校的老师、教练会为每一位学生提供一对一的交流机会，学生遇到的每一个困难或问题都会得到及时周到的处理。学校确保每一个学生都在一个快乐、积极的环境中接受最好的教育。

克里斯卡莫雷特高中以其杰出的教育理念在男校制的天主教学校中享有很高的赞誉。遵循卡莫雷特传统，克里斯卡莫雷特高中致力于学生在道德和精神方面得到全面发展。更为重要的是，为学生在未来的人生道路上成长为成熟和智慧的社会人才起到积极的引导。

表 24.17　克里斯卡莫雷特高中概况

建校时间	1959 年
学校性质	私立/走读
所在州	加利福尼亚州（CA）
学校地址	5031 Alonzo Ave，Encino，CA 91316
招生年级	9～12

续上表

学生总数	565 人
师生比例	1∶14
班级人数	23 人
中国学生总数	7 人
学校类型	男校
宗教背景	天主教
SAT 平均分	1 728
荣誉课程	有
国际学生英语培训项目	有

学校设有英语语言与写作、英语语言与文学、世界历史、美国历史、微积分 AB、化学、宏观经济学、微积分 BC、生物学、欧洲历史、法语、美国政治与政府、拉丁语、艺术二维设计、物理、电脑科学、统计学、西班牙语等 21 门 AP 课程。

学校有荣誉课程 15 门：国际关系、英语写作Ⅰ&Ⅱ、艺术绘画、绘画设计 2D、绘画设计 3D、法语Ⅱ&Ⅲ、拉丁语Ⅱ&Ⅲ、西班牙语Ⅱ&Ⅲ、代数 1、几何学、代数 2、三角函数、生物、物理和化学等。

学校的体育活动有棒球、越野赛、足球、高尔夫球、长棍曲球、美式足球、游泳、田径、网球、排球、水球和摔跤等。

学校的社团活动有模拟联合国、机器人团队、文学杂志等。

学校优势

①克里斯卡莫雷特高中是格利安研究机构认证的成员。在格利安模式教学体系下，学校根据男生不同于女生的思维模式设计独特课程，最大效率地开发男生的大脑潜力。

②学校师资力量雄厚，99%的教师拥有一个或多个硕士以上学位。

③学校的毕业要求均高于加州大学和加州州立大学的最低入学标准。学校是经过加州州立大学和加州大学体系认证的中学，毕业生申请这两大体系的院校路径更顺畅，几乎无障碍。

④学校是全美极少数在高中就提供建筑类课程的学校之一，完全遵从男生的教育特点。

⑤学校的社区服务更完善、具体、持久。学生从九年级开始接受该课程的教学，一直持续到十二年级。社区服务教学全部采用浸润式教学。学校要求学生在学期间必须完成100小时的社区服务与实践。

⑥学校帮助学生增长专业知识并学习理解和尊重不同的文化、经济、社会、政治和宗教背景。学生在发展人际交往能力的过程中学会尊重来自不同背景的同龄人。

⑦洛杉矶、比佛利和好莱坞是全美的多元文化城市集群，学校比邻这些文化之都，有数不尽的剧院、博物馆、音乐会和电影制作等文化资源。学校广揽文化艺术领域的英豪为学生提供专业的学业指导和未来职业发展的规划。

总之，学校培养学生成为在道德和精神上成熟的人，成为高效和成熟的社会人，成为终身的学习者。

毕业生去向

学校98%的毕业生都直接升入高等教育，85%的毕业生进入四年制大学。学生普遍申请的著名大学有加州大学欧文分校、耶鲁大学、哈佛大学、哥伦比亚大学、加州大学伯克利分校、西北大学、芝加哥大学、加州大学圣地亚哥分校、圣约翰大学、南加州大学、爵硕大学、佩珀代因大学、斯坦福大学等。

阿尔维诺高中（Alverno High School）

阿尔维诺高中是一所天主教私立大学预科学校。学校不懈努力于年轻女性的教育培养，女生在创造力、问题解决能力和人际交往等各方面都得到全面的发展。

表24.18 阿尔维诺高中概况

建校时间	1960年
学校性质	私立/走读
所在州	加利福尼亚州（CA）
学校地址	200 North Michillinda Avenue，Sierra Madre，CA 91024
招生年级	9～12
学生总数	225人
师生比例	1∶12
班级人数	18人

续上表

国际生人数	6人（中国学生）
学校类型	女校
宗教背景	天主教
占地面积	13英亩
SAT平均分	1 780
荣誉课程	有

学校有AP课程12门：英语语言与写作、英语语言与文学、生物学、微积分、法语、西班牙语、欧洲历史、人类地理、美国历史、宏观经济学、工作室艺术（设计）、工作室艺术（绘画）等。

学校有荣誉课程11门：英语9、美国文学、生物学、化学、物理、代数Ⅰ、几何学、代数Ⅱ、代数Ⅲ、西班牙语Ⅰ和西班牙语Ⅱ等。

学校的体育项目有越野、排球、篮球、美式足球、垒球和田径等。学校建有图书馆、艺术工作室、学生中心、电脑室、体育活动室和垒球场，但大型活动或其他体育运动均与校外单位共享。非常值得骄傲的是，学校在这些体育项目上成绩卓越：连续七年越野联赛冠军，连续十一年足球联赛冠军，2010年篮球联赛冠军、2012CIF网球冠军，连续两年CIF垒球冠军，两年田径联赛冠军。

学校的社团活动多姿多彩，尤以校园大使、舞蹈团、陶艺社、发型设计和化妆社、唱诗班、机器人社团、数学与科学社、哈利波特社团、戏剧表演社、艺术社等最有影响。

学校优势

①学校的学术课程非常强，而且经常从比邻的加州理工学院延聘专家教授进行教授或辅导，并有机会享用加州理工的试验室设备亲自参与实验研究。

②学校注重女生的数理训练，学校从技巧、概念理解和实际应用三个层面进行培养。学校在四年的高中学程中完成五年的数学课程，可见数学水准之高。

③无论是绘画、素描、唱歌、跳舞、乐器演奏或者表演，学校的学生都拥有发展成为艺术家的潜力。四年的高中学习，学生的艺术创造力得到巨大的提升。

④学校校园内拥有一处历史宅院，包括《公主日记》、《律政俏佳人》等在内的很多好莱坞的著名影片都选此景拍摄。学校有机会为学生提供艺术的熏陶和早期参与。

⑤学校致力于发掘女生的自身潜能和价值，培养其独立解决问题的能力以及知识的应用能力。学校同时培养女生在对待错误和问题时的心态以及处理能力。学校灌输女生要相信成功不是快乐的唯一来源，从错误中的自我学习和提高才是教育最重要的意义。在认识和解决自身错误的同时，对他人错误以及不同于自己的问题处理方式的包容和理解，也是让学生日后走出校园适应社会很宝贵的经验。

毕业生去向

加州大学伯克利分校、加州大学洛杉矶分校、加州大学戴维斯分校、布朗大学、南加州大学、约翰霍普金大学、西北大学、斯坦福大学、纽约大学、塔夫茨大学、北卡罗兰纳大学、耶鲁大学等。

天主教爱立麦尼高中（Bishop Alemany High School）

天主教爱立麦尼高中培养青年学子成为未来优秀的全球人才领导者，教育学生成为才智聪颖、品德高尚、体格强健的社会公民。让学生在不断变化的国际环境中发展自我的同时为社会作出贡献。

表 24.19　天主教爱立麦尼高中概况

建校时间	1956 年
学校性质	私立/走读
所在州	加利福尼亚州（CA）
学校地址	11111 North Alemany Drive，Mission Hills，CA 91345
招生年级	9～12
学生总数	1 520 人
中国学生	75 人
师生比例	1∶16
班级人数	24 人
国际生比例	15%
学校类型	男女混合校
宗教背景	天主教

续上表

占地面积	55 英亩
SAT 平均分	1 441
荣誉课程	有
ESL 课程	有

学校设有世界历史、美国历史、西班牙语、宏观经济学等 14 门 AP 课程。

学校设有高级艺术雕塑 、工作室艺术、高级陶艺、美国历史与电影文化、新闻学、创意写作等 16 门荣誉课程。

学校设有越野、篮球、棒球、足球、高尔夫球、垒球、田径、网球、游泳、排球、水球、摔跤和排球等 21 项体育活动。学校体育项目收获颇丰：2012 年男子篮球州际冠军、2013 年女子田径 CIF 冠军、2007—2012 年连年获得男子足球联盟赛冠军。

学校的社团有剑术队、演讲辩论队、艺术作品与名家学习学生委员会、动漫社、剧场表演、校友代表社、乐队、合唱团、鼓队、唱诗班、魔术社、瑜伽社、马术队、年报社、嘻哈文化社、围棋、机器人社、乒乓球社、奥德赛社团、国家荣誉社会、长棍曲球社、新闻传媒社团、学术十项全能队、飞盘社和视频游戏社等。

学校建有室内体育馆、足球场、田径场、游泳池、篮球场和多媒体中心等活动场馆和设施。

学校优势

①学校是加州地区第二大天主教私立学校，也是洛杉矶地区首批加入 iPad 教学计划的学校之一，学校实力雄厚。

②学校开设免费 TOEFL 讨论课程，帮助和指导国际学生提升语言成绩，这对国际学生来说是非常利好的。

③学校提供免费 SAT 研讨课程，帮助学生查缺补漏，扫除升学障碍。

④学校为所有学生免费提供专业的大学升学规划与就业指导的顾问服务。

毕业生去向

加州大学洛杉矶分校、加州大学欧文分校、加州大学圣地亚哥分校、加州大学伯克利分校、加州大学戴维斯分校、康奈尔大学、宾夕法尼亚大学、东北大学、加州理工学院、南加州大学等。

霍利澳克天主教高中（Holyoke Catholic High School）

霍利澳克天主教高中位于马萨诸赛州奇科皮市。学校在全方面发展的学习环境下鼓励和发展学生的各方面才能，同时培养学生积极的和平的世界观和价值观。学校每年都有很多 AP 国家奖学金获得者。学校的法庭辩论队在马萨诸赛州取得了出色的成绩。学校的表演队已有 18 年的历史。学校的合唱团也曾获得国家 SPICE 荣誉。

表 24.20 霍利澳克天主教高中概况

建校时间	1963 年
学校性质	私立/走读
所在州	马萨诸赛州（MA）
学校地址	134 Springfield St. Chicopee，MA 01013
招生年级	9～12
学生总数	308 人
师生比例	1∶12
班级人数	16 人
国际生比例	<10%
中国学生数	12 人
学校类型	男女混合校
宗教背景	天主教
占地面积	35 英亩
SAT 平均分	1 597
荣誉课程	有
ESL 课程	有

学校开设英语语言与写作、微积分 AB、英语英语与文学、拉丁语、美国历史等 5 门 AP 课程。

学校开设有 12 门荣誉课程。

学校设有美国足球、棒球、足球、长棍曲球和滑雪等 19 门体育科目。

学校有学生委员会、国家荣誉社会、演讲社、艺术表演团、文学杂志社、创意写作社、校园报纸社、唱诗班、拉丁语社、法语社、户外探险队、青年俱乐部、环境保护社、国际学生社等22个各类校园社团。

学校优势

①学校的教职员都十分友好并且时刻以学生的需要为中心，学校提供了不同层次的课程以适应学生们的各程度需要。当学员毕业时，他们都对他们的大学生活充满了信心，因为学校已经为他们打好了坚实的基础。

②根据马萨诸赛州学术交流体育协会的要求，任何学生在参与学校运动课程之前都需要由原就读学校的体育老师出具一份证明，载明学生之前参与过相同的或类似的项目并具备相应的完成能力。学生需要通过CSI-ET的机构认证后方可参与学校的体育项目。

③霍利澳克与ELMS大学仅隔一个街区，大学的设施均向霍利澳克的学生开放。霍利澳克的学生都有ELMS大学的图书馆借阅证，可以使用丰富的大学馆藏。霍利澳克的学生享有在ELMS大学选修大学课程的资格，学生可提前开始该大学的等级课程并且所学课程被全美大多数大学所认可。ELMS大学的教授同时可以在霍利澳克高中教授课程，保证了教学质量，提升了学术水准。

毕业生去向

耶鲁大学、普林斯顿大学、达特茅斯学院、斯普林菲尔学院、布朗大学、马萨诸赛大学爱莫斯特分校、西新英格兰大学、哈佛大学等。

圣伯纳德中学（Saint Bernard School）

圣伯纳德高中是一所男女合校的天主教学校。学校提供6年级到12年级的课程，是一所初高中一贯制的完全中学，目前对国际学生仅开放的是9～12年级。

学校欢迎来自不同文化和社会、宗教背景的同学，圣伯纳德期待对学业发展和个人培养充满热情的青年，并且敢于接受挑战。圣伯纳德致力于不同性别、国籍、种族和宗教背景的学生都公平对待地提供高质量的大学预备课程。在圣伯纳德，学员将在安全和活泼的学习环境中发展学业和个人价值。

在圣伯纳德，学生们的责任心和集体感得到快速培养。特别是领导能力的培养是圣伯纳德出色的校园教育十分重要的一部分。在这里，品格培养和课业学习同等重要。圣伯纳德为学生提供大量的机会启发学生和当地及不同文化的团体进行合作，所有在校学生均要求在毕业前完成指定时间的社区服务，通过志愿者活动和学术课题研究全面提高学生的沟通能力和社会认知。

表 24.21　圣伯纳德高中概况

建校时间	1972 年
学校性质	私立/走读
所在州	康涅狄格州（CT）
学校地址	1593 Norwich-New London Turnpike，Uncasville，CT06382
招国际生年级	9～12
学生总数	268 人
中国学生	25 人
师生比例	1∶12
班级人数	19 人
国际生人数	20 人（中国学生）
学校类型	男女混合校
宗教背景	天主教
占地面积	113 英亩
SAT 平均分	1 592
荣誉课程	有
ESL 课程	无

学校设有英语语言与写作、英语语言与文学、心理学、微积分、欧洲历史、化学、生物学、物理、美国历史、音乐理论等 12 门 AP 课程。2012 年，全校学生共参加了 102 场 AP 考试，通过率为 82%，其中 100% 的学生通过了英语语言与写作和英语语言与文学两科。

学校开设有艺术理论、创新表达、统计课、会计课、公共演讲、创新写作、环境科学、司法科学，解剖生理学、历史文化与艺术、美学鉴赏等 26 门荣誉课程。

学校的体育课程有足球、越野、游泳、摔跤、击剑、啦啦队、室内田径、室外田径、垒球、棒球、冰上曲棍球、长曲棍球、篮球、网球、高尔夫球等 23 项。

学校的社团活动有学生乐团、管弦乐队、合唱团以及众多的体育队等校园组织。

学校优势

①学校虽然不设ESL课程，但是针对国际学生尤其是中国学生的实际需要特别开设了两年的AIP英语学分项目。既帮助国际学生顺利度过语言关，又帮助学生拿到学校的正式学分。这样，国际学生（目前全部来自中国）就不会损失时间，把在语言补习的时间也计入到在校的正式学习。这对国际学生来讲，是一份额外的学校重视与厚重的人文关怀。

②圣伯纳德将要求所有国际新生参加学校的语言能力入学考试，根据康涅狄格州法律的要求，也要求所有新生必须在入学前提供完整的疫苗接种证明。

毕业生去向

康涅狄格大学、布朗大学、芝加哥大学、范德堡大学、哈佛大学、哥伦比亚大学、波士顿学院、波士顿大学、塔夫茨大学、美国海岸警队学院、三一学院、福特汉姆大学、特拉华大学等。

圣杰纳维夫高中（St. Genevieve High School）

圣杰纳维夫高中坐落于圣费南多谷旁的巴诺拉玛市中。这是一所私立走读男女合校高中。学校成立于1959年，以修女圣杰纳维夫命名。学校的教师98%以上拥有研究生以上学位，圣杰纳维夫有能力致力于在学术和精神教育中为学生创造一个美好的未来。

学校培养学生具备辩证思考能力、问题解决能力和积极学习的上进心，学校的目标是在四年时间里充分发掘学生的个人潜能。希望学生通过自己的努力和学习更全面地认识自己的个性和能力，学校也将尽全力引导学生在毕业走出校门之时，成为社会需要和认可的人才。圣杰纳维夫高中的毕业生不仅仅为大学生活做好了充足准备，更重要的是奠定了他们未来成功的人生起点。简单来说，圣杰纳维夫的学子们都具备未来的领导能力。

表 24.22 圣杰纳维夫高中概况

建校时间	1959年
学校性质	私立/走读
所在州	加利福尼亚州（CA）
学校地址	13967 Roscoe Blvd. Panorama City，CA 91402
招生年级	9～12

续上表

招收国际学生年级	9～10
学生总数	640人
中国学生	25人
师生比例	1∶25
班级人数	30人
国际生比例	<6%
学校类型	男女混合校
宗教背景	天主教
SAT平均分	1 627
荣誉课程	有
ESL课程	无

学校开设英语语言与写作、英语语言与文学、美国政治与政府、生物学等10门AP课程。学校另开设美国历史、世界历史、生物课程、环境科学、解剖生理学、化学、物理等16门荣誉课程。

学校设有足球、篮球、美式足球、棒球、垒球、舞蹈队、田径队、排球、越野队等33门体育课程。学校组建有13个体育校队，其中12支队伍代表学校打进过决赛。

学校的社团有舞蹈队、合唱团、高级游行乐队、高级演奏管弦乐队、爵士乐队、架子鼓乐队、音乐剧团、啦啦队等。其中，乐队在Simi Valley与Granada Hills表演中曾获得第一名，学校编排过2部百老汇级别的音乐剧作品并得到团体表演第一名。

学校优势

①学校被华盛顿地区特色教育联盟评选为国家特色学校。学校每月邀请知名领域内专家来校做讲座。学校与美国第39任总统吉米凯特建有深厚友谊。

②学校是全美第一所被授予国家品格教育的天主教高中学校。学校有国家认可的特色教育项目——品格教育，这对于每一个学生的发展都尤为重要。品格教育要求在校的每一个成员（从学生到校长）都要参与其中，全体教职人员也和学生一样，努力学习与探索。品格教育并不仅仅体现在

课堂或者书本当中，要在行为举止的日常细节中体现它的重要性。

③作为一所领先型创新高中，学校懂得新世纪新挑战的重要性。所以学校教育引导学生如何适应一个日新月异的社会环境。为了让学生更清楚的认识到“变化”的意义，在日常的教学与生活中，圣杰纳维夫高中全方位追求学生的适应能力和人格培养的成就。

④学校没有 ESL 课程，但为国际学生成熟地运作英语语言培训项目。学校是圣费南多谷唯一一所为学生提供数学双课程项目的学校，学生有机会选择微积分 AB 和 BC 课程，可以在一年中完成两年要求的数学课程。这对数学底子普遍好的中国学生来说不啻为一个福音，中国学生选择这个数学项目，既可以拿到高学分，又能够抢出时间用于弥补自己其他科目的不足。

毕业生去向

加州州立大学北岭分校、加州大学欧文分校、耶鲁大学、加州大学圣芭芭拉分校、哈佛大学、哥伦比亚大学、洛约拉马利蒙特大学、加州大学伯克利分校、加州大学圣地亚哥分校、圣约翰大学、加州大学洛杉矶分校等。

圣约瑟高中（Saint Joseph High School）

圣约瑟高中是一所天主教学校，开设 9 年级到 12 年级课程。在校注册学生人数 376。圣约瑟高中致力于全方位培养学生成为高尚品格、坚定信仰、正直公正的社会公民。学校通过学术培养学生的智力，通过艺术等活动磨砺学生的品行，通过体育锻炼学生强健的体魄。

表 24.23　圣约瑟高中概况

建校时间	1935 年
学校性质	私立/走读
所在州	新泽西州（NJ）
学校地址	328 Vine Street Hammonton，NJ 08037
招生年级	9～12
学生总数	376 人
师生比例	1∶16
班级人数	25 人
学校类型	男女混合校

续上表

宗教背景	天主教
SAT平均分	1 536
荣誉课程	有
ESL课程	无

学校开设生物学、英语语言与写作、微积分、美国历史等AP课程。

学校另外设有英语、生物、化学和地质学等荣誉课程。

学校有国际象棋、美式足球、足球、棒球、曲棍球、冰上曲棍球、啦啦队、体操、高尔夫球、田径、垒球、摔跤等体育项目。

学校有舞蹈队、外语社、美国未来教育社、国际学习社、模拟法庭、学生政府、曲棍球队、表演社、足球队、体操队、科技社、棒球队、田径队、高尔夫球队、冰上曲棍球队、垒球队、摔跤队、国际象棋社、啦啦队、美式足球队、网络报纸编辑社等学生社团。

学校优势

①学校有严格的课程等级计划，学生每天有5门课，每门课时长75分钟。学生按照自己合适的等级选择相应的课程，修习相应的学分。真的是因材施教，个性化教学。

②仅就2011年的数据来看，学校有38名毕业生获得了超过380万美金的大学奖学金。有49%的学生进入了四年制大学，另有49%进入了两年制大学，还有1%的学生选择了大学军校，最后的1%毕业生选择直接就业。

毕业生去向

布朗大学、哈佛大学、哥伦比亚大学、波士顿学院、波士顿大学、天普大学、福特汉姆大学、特拉华大学、纽约大学、圣家大学、杜克大学、弗吉尼亚理工、纽约州立大学、宾州州立大学、罗格斯大学、洛约拉马利蒙特大学、圣玛丽山学院、圣约翰大学、北卡罗南纳大学、费城大学、圣约翰大学、雪城大学等。

斯特拉福特中学（Stratford Middle School）

斯特拉福特是一所地处加州圣克拉拉市的私立走读中学。学校坚信教育对孩子人生成长发展的重要性。学校秉承最大限度帮助学生发掘自己潜能的精神，学校的全体人员—从校长到教师以及学生家长都融入与学校的教育与发展。学校希望学生能够在一个安全舒适的学习环境中，体会到教育的乐趣和意义。

表 24.24　斯特拉福特中学概况

建校时间	1999 年
学校性质	私立/走读
所在州	加利福尼亚州（CA）
学校地址	1718 Andover Lane San Jose，CA 95124
招生年级	K-8
学生总数	210 人（主校区）
师生比例	1∶22
班级人数	22～26 人
国际生比例	＜10%
学校类型	男女混合校
宗教背景	无
荣誉课程	有
ESL 课程	无

学校开设 1 门荣誉课程：几何学。

学校设有排球、篮球、垒球、夺旗橄榄球、足球、美式足球等体育活动。

学校鼓励学生参与各类课外活动，学校建有学生政府、国家青少年荣誉社会、学生报社、年册制作社团、演讲辩论俱乐部、艺术表演团、机器人社、创意写作社等学生社团。

学校建有健身中心、篮球场、排球场、多媒体图书馆、大礼堂、体育场等校园设施。

学校优势

①学校设有高质量的高中预备课程和先进的多媒体科技课程，学校重视艺术、体育及品格教育的全方位发展。学生的作品会在每年的斯特拉福特校展中展出。

②初中教育是斯特拉福特中学的传统优势项目。学校的目标是培养和指导学生为日后申请优质私立高中做好准备。根据学生的核心认知体系发

展设置的学业课程，帮助学生建立完整系统的初中阶段学习，包括扩展词汇量、辩证分析思考及细致的课上和课后指导。

③学校高标准的核心课程帮助学生多方位全面发展，包括艺术、音乐、学术、体育和外语学习（如西班牙语和法语）。

④学校小班授课的模式为学生提供了安全、有序和互相尊重的学习氛围。所有学生有平等的机会使用学校的包括多功能实验室、学习中心和多媒体课件等在内的各项资源。

⑤学校没有 ESL 课程，但针对国际学生提供课后的语言辅导，帮助国际学生尽快适应学校的学习生活。

⑥斯特拉福特初中的学生均参与强健体能教育项目。学生通过丰富的体育课程提高身体素质，同时养成健康的生活习惯及合理饮食。学校的体能教育老师鼓励个人在个人参与同时发展团队合作意识。在每个学年中，学校安排各类社区活动鼓励学生参加，斯特拉福特中学帮助学生建立并发展团队意识。

毕业生去向

初中毕业生均被各类著名私立高中、公立高中全部录取。本校初升高的学生毕业后普遍申请的大学有康奈尔大学、加州大学旧金山分校、加州大学伯克利分校、加州大学戴维斯分校、加州大学圣巴巴拉分校、查普曼大学、伦斯特理工学院、斯坦福大学、圣何塞州立学院、加州大学圣克鲁兹分校、加州大学旧金山分校和旧金山州立学院等。

沃德洛哈特里奇学校（The Wardlaw-Hartridge School）

沃德洛—哈特里奇学校位于新泽西州的爱迪生市。学校培养学生迎接和适应在全球化的社会环境。学校积极专业的学术教育环境让学生们能够全面发展各方面素质。学校建有室内游泳池、两个草皮运动场、八个网球场、先进的学生健身中心、阶梯教室和两个图书馆。学校提供课后学业辅导，并对应届毕业生提供大学申请顾问服务。学校开设世界公民主题的选修课，培养学生的领导力和国际视野。

表 24.25　沃德洛哈特里奇学校概况

建校时间	1882 年
学校性质	私立/走读
所在州	新泽西州（NJ）

续上表

学校地址	1295 Inman Ave, Edison, NJ 08820
招生年级	K-12
学生总数	470 人
中国学生	23 人
师生比例	1∶7
班级人数	14 人
学校类型	男女混合校
宗教背景	无
占地面积	36 英亩
SAT 平均分	1 794
荣誉课程	有
ESL 课程	无

学校提供英语语言与写作、英语语言与文学、西班牙语、拉丁语、微积分 AB、微积分 BC、统计学、工作室艺术、欧洲历史、美国历史、美国政治与政府、电脑科学、心理学、生物学、物理 C：E&M、物理 C：机械、拉丁语、音乐理论等 19 门 AP 课程。

学校另提供 16 门荣誉课程。

学校有越野赛、排球、网球、美式足球等体育活动。

学校有机器人社团、合唱队、国家荣誉社会、国家语言荣誉社会、全球独立电影节、模拟联合国等 25 个学生社团。学生们自己成立了这么多的校园组织，全方位发展自我的领导潜能。

学校优势

①学校没有开设 ESL 英语课程，但是全职老师会在课后对国际学生进行语言辅导。

②学校甚至开设了普通话入门等汉语语言与文化的课程，增强在校中国学生的荣誉感，同时也打开其他学生感知中国文化的门径，激发他们对古老中国文化的兴趣。

③学校重视发展学生与全球化接轨的课程设置，努力培养学生成为国际公民。为此特别设置以下课程：到美国以外国家游学社会服务、与西班

牙和法国进行学术交换项目。此外，还与南美、英国和巴基斯坦等不同国家的学校都保持在线教学关系。

④学校的所有艺术表演类课程均有专业艺术家教授指导，学校与皇家艺术团合作在 2013 年的“世界的进步”艺术节获得金奖。

⑤在学校，艺术是学生生活很重要的一部分。学校提供多种课程，供不同年级的学生选择。学生们都能体验包括工作室艺术、商业艺术、艺术历史等内容。学校也会定期在校内和学校网页上展出学生的作品，让更多的人感受学生的创造力。学校为学生提供机会参与秋季舞台剧和冬季的音乐剧表演。同时学生也可以参与由学生自己开设的表演社团。

⑥学校有一对一电脑项目，对高中 9～12 年级学生提供每人一台笔记本电脑进行教学。学校有一对一 iPad 项目，对初中 6～8 年级学生提供每人一台 iPad 平板电脑进行教学。

⑦学校鼓励国际学生提前来学校感受和适应，凡参加并完成学校为期六周的语言培训的国际学生都会得到优先录取的可能。

毕业生去向

100％ 的大学录取率，学生升入的目标大学普遍为康奈尔大学、艾莫利大学、弗吉尼亚大学、威斯康辛大学、圣约翰大学、纽约州立大学水牛城分校、乔治华盛顿大学、罗格斯大学、宾夕法尼亚大学、纽约大学、哥伦比亚大学、维拉诺瓦大学、普林斯顿大学等。

第二十五章 名词解说

1. TOEFL Junior

(1) 考试介绍

TOEFL Junior 俗称小托福，是由美国教育考试服务中心（ETS）专门为检测中小学生的英语能力而开发出来的权威测试系统。

通过测评美国学校的学生（无论母语是英语还是非英语），来匹配测评结果与美国学校年级的对应关系，并建立相应模型，准确评估在美国学校就读的学生其英语语言水平与就读年级的契合与对应。就读美国学校的英语为非母语的国际学生也常常通过该考试来测评其英语水平，并比对美国同年级本土学生的数据来评估其就读年级的高低等。

随着中国低龄化留学的趋势日益明显，申请美国私立初中的学生日益增多，该考试业已成为美国私立初中甚至小学录取中国学生的必备要求之一。从 2012 年 6 月 30 日起，TOEFL Junior 正式取代了以往的 SLEP 考试。

TOEFL Junior 在线报名网址：http：//www. toefljuniorchina. com/

(2) 考试内容、分数及考分对应

根据美国 ETS 官方网站显示的内容看，TOEFL Junior 考试是一项普通英语水平测试，不涉及任何专业学科知识。它包括听力、语言形式和含义以及阅读理解三个部分。每个部分都由 42 道选择题组成。考试时间共计 110 分钟，其中听力为 35 分钟，语言形式和含义为 25 分钟，阅读理解为 50 分钟。TOEFL Junior 考试满分为 900 分，每个部分的分数设置在 200～300 分之间。

(3) TOEFL Junior 与 TOEFL 的区别

考试学生群体不同

TOEFL Junior 专为年龄范围在 11～15 岁的中小学生设计，而且该考试只注重考查学生英语语言实际运用的能力，不会考查在这个年龄段的孩子还未接触到的知识点。比如在听力和阅读理解部分，考试内容都会以基本自然科学常识、校园故事等同学们平时接触到的内容为认知背景。参加该考试的学生主要目的除了检验其英语进阶式学习的实际效果外，也可以为申请美国私立初中留学所用。

TOEFL 考试的学生群体可为高中生、大学生或研究生。在托福考试中会出现大量的专业词汇或是术语，对于学生的背景知识要求很高。绝大多数参加 TOEFL 考试的同学都是做为申请美国、加拿大或其它英语国家高中以上级别院校留学所用。

考试难度不同

不同的考生群体决定了两个考试的难度也是不同的。TOEFL Junior 对学生的实际能力的要求要比 TOEFL 低很多。从英语级别上来说，TOEFL Junior 考试所对应的级别为在语言能力上达到欧洲共同语言框架体系（CEFR）的 A2、B1、B2 三个级别，而 TOEFL 所要求的级别是 C1、C2 两个级别。

考试形式不同

TOEFL Junior 考试形式在 2012 年上半年之前都是 paper based test，也就是笔试。从 2012 年下半年开始，逐渐过渡到 computer based test，也就是机考（需要在计算机上完成考试）。

TOEFL 考试形式，目前在中国都是 internet based test，也就是网考（需要利用计算机通过互联网完成考试）。因此 TOEFL 又被称之为 iBT。

考试分数解读方式不同

TOEFL Junior 考试包括听力、语言形式和含义以及阅读理解三个部分。每个部分的分数范围在 200～300 分之间，最后分数总计是在 600～900 分数区间内。这样的分数设置可以更有效地判别考生在群体当中所处的位置与领先比例。除了给出具体分数，TOEFL Junior 还会提供一份非常详细的数据报告，从三个考试部分详尽解读考生的语言实际运用能力，而且还会指明继续提升的方向和可能。

TOEFL 考试共分为听力、口语、阅读和写作四个部分，每部分的标准化满分为 30 分，总分为 120 分。TOEFL 考试不会提供考试报告。

TOEFL Junior 官网对两个考试分值的比较见表 25.1。

表 25.1

TOEFL 分数	TOEFL Junior 分数	CEFR
0～56	630～735	A2
57～86	750～825	B1
87～109	840～900	B2
110～120		C1

2. iTEP

(1) 考试介绍

iTEP 全称 International Test of English Proficiency，即国际英语水平测试。由美国波士顿教育服务集团（Boston Educational Services）研发。该考试分为学术英语考试（iTEP Academic）、商务英语考试（iTEP Business）、中学英语考试（iTEP SLATE）以及最新推出的专用于旅游酒店管理英语考试的 iTEP Hospitality。对于中国学生而言，主要是 iTEP SLATE 和 iTEP Academic 两种考试最为常见。

该考试除了测试听力、口语、阅读和写作之外，还要测试语法。考试通过计算机在网络上进行。考试时间根据不同的考试类型分别在 60～90 分钟不等。考试合格者，由美国波士顿教育服务集团出具《iTEP 考试能力报告》。这份文件既可作为考生英语水平的权威证明，也可以做为申请留学时所具备的标准化英语考试成绩使用。目前有 300 余所美国大学认可 iTEP 考试成绩。

(2) iTEP 考点及考试费用

iTEP 考试在全球各主要国家都设有考点。在中国北京也设有考点。如北京樱知叶文化交流有限公司（http：//www. keutrexs. cn/）即为在中国境内的官方 iTEP 考试中心之一。

自 2013 年 7 月 1 日起 iTEP 考试费用调至＄99。

iTEP 官网链接：http：//itepexam. com/en/itepexams/overview

(3) iTEP 考试的优势

①iTEP 考试非常灵活。考试通常只测试听力、阅读和语法。如果加试，则需再测试口语和写作。若只常规测试，前三项考试只需要 60 分钟。

若需要加试，则需要再加 30 分钟，一共是 90 分钟。这样灵活的考试设计避免高强度的考试压力，对学生来讲是一件幸事，但是其测评成绩仍然可以精确评估出考生在英语语言五个主要方面的水准。iTEP 考试提供完整的综合测试报告。

②iTEP 考试的报名非常简便，通过和考试中心提前预约即可。避免了有些考生想立即参加考试却报不上名的不便。而且获取成绩的周期很短，通常考试后 5 个工作日即可出成绩。

(4) iTEP 的评分系统

听力、阅读和语法部分由计算机自动评分，写作和口语由教授 ESL 课程的专业人士手工评分。

iTEP 考试成绩按照不同分值一共设为 6 个等级：0.0～2.4 分为初学者（Beginner）、2.5～3.4 分为初级（Elementary）、3.5～3.9 分为中级（Intermediate）、4.0～4.9 分为中上级（Upper Intermediate）、5.0～5.9 分为高级（Advanced）、6.0 分为精通级（ Mastery）。

(5) iTEP 考试成绩报告举例

iTEP 考试成绩报告图例一如图 25.1 所示。

iTEP 考试成绩报告图例二如图 25.2 所示。

iTEP 考试成绩报告图例三如图 25.3 所示。

Official Score Report

Name (Last, First, Middle): [redacted]
Nationality: China **Date of Birth:** [redacted]
Test ID#: [redacted] **Test Date:** 11-Nov-2013
Govt. ID#: [redacted] **Issued By:** Beijing China
Test Version: SLATE-Plus

Overall Assessment: Level 3.5 (Upper Elementary)

To authenticate an iTEP score, please visit our website at www.iTEPexam.com

Assessment by Test Section

TEST SECTION	SCORE	LEVEL	DESCRIPTION
Reading	53	3.0	Elementary
Listening	81	4.5	Intermediate
Grammar	64	3.5	Upper Elementary
Writing	70	3.5	Upper Elementary
Speaking	62	3.0	Elementary

Individual Skill Profile

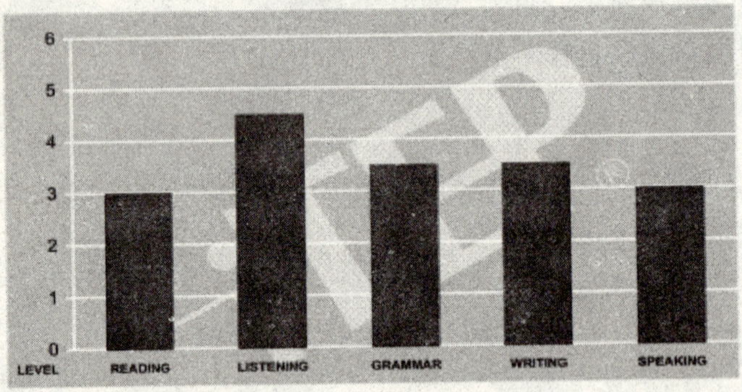

图 25.1

Official Score Report

Name (Last, First, Middle): [redacted]
Nationality: China **Date of Birth:** [redacted]
Test ID#: [redacted] **Test Date:** 11-Nov-2013
Govt. ID#: [redacted] **Issued By:** Beijing China
Test Version: SLATE-Plus

Reading

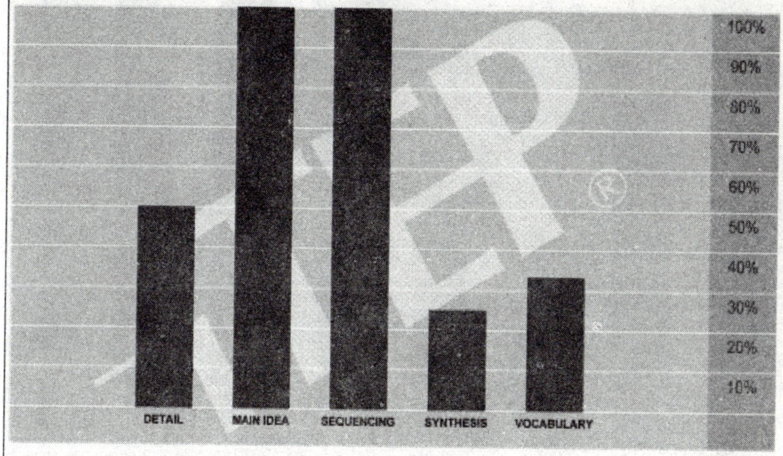

Listening

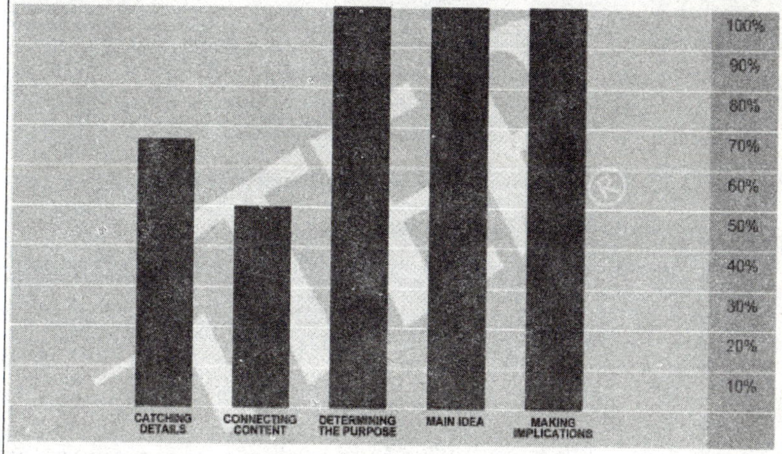

图 25.2

Official Score Report

Name (Last, First, Middle): [redacted]
Nationality: China **Date of Birth:** [redacted]
Test ID#: [redacted] **Test Date:** 11-Nov-2013
Govt. ID#: [redacted] **Issued By:** Beijing China
Test Version: SLATE-Plus

Grammar

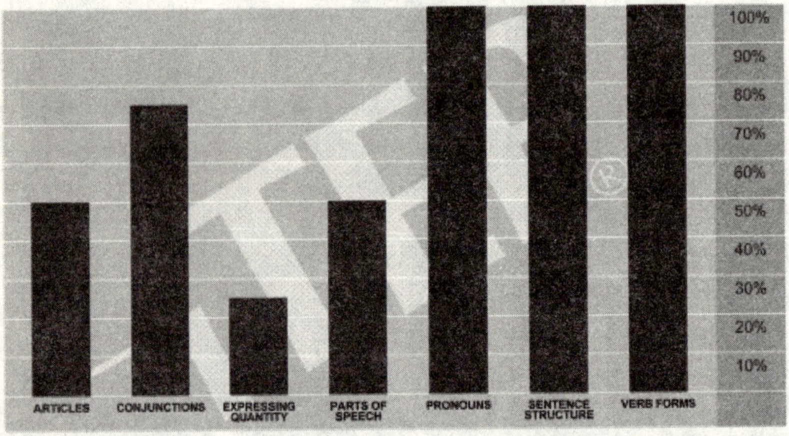

iTEP SLATE	Skill	iTEP SLATE Ability Guide
3.0	Reading	Comprehends some main ideas of familiar topics of classroom and non-classroom materials, but very little detail of complex topics and literature. Can only read simple short sentences and at a slow pace Cannot read a text without use of dictionary.
4.5	Listening	Comprehends main ideas from classroom lessons but misses some details. Comprehends some social topics outside of class, but is challenged by complex social and cultural references. Occasionally needs to ask for repetition or clarification.
3.5	Grammar	Grammar descriptors are not a component of the iTEP SLATE Ability Guide.
3.5	Writing	Writes short paragraphs, but with grammar and vocabulary errors that sometimes hinder comprehension. Cannot clearly express relationships between ideas. Writing lacks organization and correct usage of language conventions.
3.0	Speaking	Communicates basic day-to-day topics and expressions but makes grave errors in grammar and word choice. Pronunciation requires significant effort from listeners.

iTEP SLATE	Level	CEFR Ability Guide
3.5	A2	Can understand sentences and frequently used expressions related to areas of most immediate relevance (e.g. very basic personal and family information, shopping, local geography, employment). Can communicate in simple and routine tasks requiring a simple and direct exchange of information on familiar and routine matters. Can describe in simple terms aspects of his/her background, immediate environment and matters in areas of immediate need.

图 25.3

3. SLEP

（1）名词解释

SLEP是Secondary Level English Proficiency Test的缩写，中文名称是“中学英文程度测验”，是专门为母语为非英语国家的中学生提供的英语能力测验，旨在检测学生对英语的了解程度。SLEP和托福考试的主办机构相同，都是由位于美国新泽西州普林斯顿市的教育测验服务中心ETS（Educational Testing Service）主持，因此它在国内被形象地称为“小托福”考试。

（2）测试目的

SLEP考试是为了考评以英语为第二语言的学生进入美国中学而设立的英文水平测试。在部分美国高中它起到的作用相当于TOEFL。提供SLEP成绩的学生，这些学校通常不需要学生再提供TOEFL成绩。

（3）考试介绍

由于SLEP测验是专门针对中学生去美国留学而设计的考试，因此，难易度非常适合中学生。目前，超过90%的美国私立高中都承认并使用SLEP的成绩考量新生的语言水平，并以此为标准衡量学生是否应该参加ESL的课程。除此之外，SLEP成绩也被美国国务院用来选择公立学校国际交换学生的标准。

（4）考试内容

SLEP是一种标准化的参考性考试，都是单项选择题，答案直接填写在答题纸上，答题时间为90分钟，总分为67分。

考试分为听力与阅读两部分，每部分有四种题型，每种题型都有各自的答题要求。其中第一部分是听力测验，共74题，满分32分，答题时间为45分钟，试题根据美国中学生的常用口语而设计。第二部分是阅读能力，共71题，满分35分，答题时间为45分钟，试题涵盖文法、词汇和阅读理解。按照标准，学生获得42分以上成绩的学生才能进入美国高中接受正规课程。

（5）评分

SLEP成绩从最低分20分到满分67分，在美国中学就读的国际新生的平均分数是43分。SLEP和TOEFL考试成绩之间可以换算，见表25.2。

表 25.2

SLEP	TOEFL（iBT）
37～41	20～31
42～46	32～44
47～52	45～60
53～57	61～79
58～67	80～120

(6) 考试和现状

中国学生可以随时到樱知叶报名并参加考试。TOEFL Junior 取代 SLEP 以来，仍有部分美国学校可以接受该考试。

4. ISEE

(1) 名词解释

ISEE 全称是 Independent School Entrance Exam，即独立学校入学考试，是美国全国性的私立中学入学考试，由美国独立学校入学考试办公室（ISEE Operations Office）和位于纽约的教育档案局（Educational Records Bureau）主办。

(2) 测试目的

ISEE 考试主要考查学生的文字和数字推理能力。与 SSAT 性质相似，ISEE 也是进入美国优秀私立中学的非常重要的指标，学生申请入学时需要把考试成绩提供给校方，而且成绩的好坏将直接决定申请者能否被申请的中学录取。

(3) 考试介绍

ISEE 测试分三个等级：

初级测试者为在读 4～5 年级，欲申请入读 5～6 年级的学生；

中级测试者为在读 6～7 年级，欲申请入读 7～8 年级的学生；

高级测试者为在读 8～11 年级，欲申请入读 9～12 年级的学生。

(4) 考试内容

ISEE 考试主要由阅读、词汇、数学和写作四部分构成。整个考试时间大约 180 分钟，具体见表 25.3。

表 25.3

	初级	中级	高级
数学 1	35 个问题（35 分钟）	35 个问题（35 分钟）	35 个问题（35 分钟）
词汇	40 个问题（25 分钟）	40 个问题（20 分钟）	40 个问题（20 分钟）
阅读	36 个问题（40 分钟）	40 个问题（40 分钟）	40 个问题（40 分钟）
数学 2	35 个问题（40 分钟）	45 个问题（40 分钟）	45 个问题（40 分钟）
作文	一篇（30 分钟）		

（5）评分

ISEE 考试也有短篇的命题作文，但作文不计分，会被送到报考学校的招生部门作为录取的重要参考之一。

与 SSAT 不同，答错题不扣分，以答对的题目计算总分。

（6）报名和考试

ISEE 考试在中国上海设有考点，中国考场每个月每个级别有一次考试机会。

5. SSAT

（1）考试介绍

SSAT 全称 Secondary School Admission Test，中文名称是（美国）中学入学考试。该考试由美国中学入学考试委员会 SSATB（Secondary School Admission Test Board）主办，是申请美国、加拿大私立中学的申请者所要参加的非常重要的一个考试。目前全美有超过 1 000 所私立中学把 SSAT 考试成绩做为录取衡量指标之一。

SSAT 主要测评学生在词汇、数学以及阅读理解方面的能力，也测评学生的写作能力（不计分）。同时该考试也考查考生的发展潜力和批判性思维能力。

SSAT 考试针对 3 至 11 年级的学生，共分为三个级别：初级考试（针对申请 3～4 年级的学生）、中级考试（针对申请 5～7 年级的学生）和高级考试（针对申请 8～11 年级的学生）。

注：SSAT 在中国大陆地区目前只开设中级和高级考试。

SSAT 的中/高级考试由三个部分组成，分别是词汇、数学和阅读理解。

词汇题主要测试学生在词汇、推理和逻辑思维方面的能力。数学题主要涉及数学的基本概念、计算、基础代数和几何，用以测试学生解决实际问题的能力。阅读部分主要测试学生对所读文章的综合理解能力和批判性思维能力。

SSAT 考试还包括一些不计入总分的考查，比如写作。虽然写作成绩不计入总分，但文章会递交给学生所申请的学校作为参考。再如 16 个试验性问题。这些问题也不计分，但对于了解学生的学习能力同样具有重要的参考意义。

SSAT 考试（中级和高级）的考试时间为 3 小时 05 分钟，包括中间 2 次休息时间。表 25.4 为来自 SSAT 英文官网 http：//www.ssat.org 的考试时间分配。

表 25.4

写作		25 分钟
休息		5 分钟
数学Ⅰ	25 个问题	30 分钟
阅读理解	40 个问题	40 分钟
休息		10 分钟
词汇	60 个问题	30 分钟
数学Ⅱ	25 个问题	30 分钟
试验性问题	16 个问题	15 分钟
总时长		3 小时 5 分钟

（2）考试分数

SSAT 词汇、数学、阅读理解三个部分。以 SSAT 高级考试为例，每个部分的分值区间在 500～800 分之间。因此最低总分是 1 500 分，最高总分是 2 400 分。

由于 SSAT 考试采取倒扣分制，即每做错一道题要倒扣 0.25 分，每做对一题得 1 分，不答得 0 分。因此为取得好的考试分数，考生没有必要回答试卷上的每一道题。通过排除法还不能够确定答案的题，建议考生可以放弃。有时合理放弃也不失为一种有效的考试策略。这样既保有分数不被倒扣，也可以帮助考生集中精力并合理利用时间去应对更多有把握的考题。

此外，SSAT 考试还包括诸如写作和试验性问题这两项不计入总分的测试内容。虽然不计入总分，但是成绩还是会递交给学生所申请的学校作为参考。因此考生对这两项考试还是不能掉以轻心，同样需要全力以赴。

除了分数之外，SSAT 考试成绩中每个单项还会有一个百分比。这个百分比反映该考生在前三年所有同年级同性别考生中的领先比例。考试成绩只是呆板的数字，然而这个百分比却通过概率统计来反映考生的实际水平，在相同性别的同龄人中相对具有的优势或劣势更直观、更具体，更有参考价值。

(3) 考试题型介绍

范文写作

从 2012～2013 学年度开始，SSAT 考试中/高级考试的写作部分有了比较大的变化。以高级考试为例，考生会被要求在一个短语和一个作文题之间选择其一作答。这部分考试时间不变，仍为 25 分钟。不过考生可以回答在两页上，代替原来的一页。这个变化对于年龄较小且通常字体较大的学生来说无疑是有利的。

数学

分为 2 个部分，每部分各 25 题。考生会被要求回答一些与学校学习相似的数学题或在实际生活中会遇到的数学问题。

词汇

由 30 道同义词问题和 30 道类比问题组成。

阅读理解

7 篇阅读理解，共有 40 道问题。

试验题部分

SSAT 包括 16 个试验问题。这些问题不计分。

6. SAT

(1) 考试介绍

SAT 全称 Scholastic Assessment Test，中文名称为学术能力评估测试。SAT 由美国大学委员会（College Board）主办，是申请美国大学本科的录取及获取奖学金的重要参考。SAT 考试分为 SAT Ⅰ（SAT Reasoning Test，即推理考试）和 SATⅡ（SAT Subject Test，即学科考试）两个独立的考试。SAT Ⅰ由三个部分组成，即数学、批判性阅读和写作。

每个部分的分值范围都是200～800分，因此SATⅠ总成绩分值为600～2 400分。SATⅡ在英语、历史、第二外语、数学和科学五个范畴里共设有20门考试，每门考试的分值是200～800分。学生可以根据自身情况任意选择一门或几门。SATⅠ满分为2 400分，SATⅡ满分为800分。

SATⅠ考试总时长为3小时45分钟，共分10个部分来进行。首先是5个25分钟的选择题（包含2个数学、2个阅读和1个写作语法能力）；2个20分钟的选择题（包含1个数学和1个阅读）；1个10分钟的选择题（写作语法能力）以及1个25分钟的写作。其余的部分是一个25分钟的加试题（选择题），内容涉及数学、阅读或者写作技能。虽然加试题不计入成绩，但是由于考生无法判断哪一部分是加试题，所以考生仍要全力以赴。

SATⅡ考试时长为1小时。题型以选择题为主，目的是考查考生在某一专业领域的知识掌握。SATⅡ不作为美国大学录取的普遍要求，只有当考生申请顶尖的美国大学（比如排名在前30名的大学），且申请某个具体专业时（比如生物），才会被要求提供SATⅡ考试成绩。但是有能力的学生还是应该提供该项成绩，因为毕竟美国大学的竞争越来越激烈，多一项准备总比两手空空要好。况且我们中国的学生普遍具有理科优势，选择SATⅡ的数学、物理等考试，必定收获满满。

SAT每年可以参加的考试时间为十月份、十一月份、十二月份、一月份、三月份、五月份和六月份。中国目前只有在香港一个地方设有考点，且三月份的考试还没有。考生们应该及早规划自己的考试，包括提前安排好前往周边国家参加考试的住行等，免得贻误战机。

SATⅡ某些科目考试只有在特别月份里才会有，且同一个考试日期不能同时报考SATⅠ和SATⅡ。在每个考试日期，考生可以最多报考3门SATⅡ考试。

SAT考试成绩除了会有一个具体的分数之外，还会有一个百分比。这个百分比反映该成绩在过去一年中全部考试成绩中的领先占比。另外，如果考生参加不只一次SAT考试，其可以在向目标大学送分的时候有选择性地递送最好的某次成绩或最好的单项成绩。

（2）SAT和ACT的区别

ACT（American College Testing）考试同SAT考试一样，都是美国大学认可的入学标准化考试。中国大陆的同学同样可以选择参加ACT考试来满足申请美国大学的条件。那么两者考试究竟有哪些区别？一般来说，SAT 和 ACT 考试的主要表现为以下几个方面。

①SAT 和 ACT 的考试设计理念不同。SAT 侧重的是考查考生的逻辑推理和语言运用能力；而 ACT 更侧重于考查考生在学校里所学的知识点。因此通常会认为在学校里学习成绩好的学生更善于考 ACT，而触类旁通型的学生更善于考好 SAT。

②SAT 和 ACT 的考试结构不同。SAT 考试由十个模块构成：三个数学、三个阅读、三个写作和一个试验题。试验题部分在考试过程中是不标出来的。而 ACT 考试由四个模块构成：一个数学、一个英语、一个阅读和一个科学。

③SAT 和 ACT 的考试内容不同。SAT 考试内容包含三个部分：阅读、数学和写作。ACT 考试内容包含五个部分：数学、英语、阅读、科学和写作（可选项）。SAT 的写作部分是必须的（2016 年后写作部分将改为可选项）。写作部分目前会直接影响 SAT 总成绩和学校录取，但是却不会影响到 ACT 总成绩。

④SAT 和 ACT 的考试形式不同。首先，SAT 更注重测试考生的词汇量，其所需要考生掌握的词汇量要远远多于 ACT 考试的词汇量。其次，SAT 不直接测试考生语法，但 ACT 直接测试考生的语法。再次，SAT 的题型不全是多选题，但 ACT 的题型全部是多选题。

⑤SAT 和 ACT 的考试计分方法不同。SAT 考试的三个部分，每部分分值范围从 200 分到 800 分，因此总成绩是三部分分值的总和，总分范围从 600 分到 2 400 分。ACT 考试的四个部分（写作成绩不计入总分），每部分分值范围从 1 分到 36 分，总成绩是四部分分值的平均分，满分是 36 分。

⑥SAT 和 ACT 的考试时间不同。SAT 一年之内提供七次考试：分别在一月、三月（或四月，且中国香港不设此考试日期）、五月、六月、十月、十一月和十二月；而 ACT 在一年之内提供六次考试：分别在二月、四月、六月、九月、十月和十二月。另外，SAT 需要在计划考试时间的六个星期之前报名，而 ACT 需要在计划考试时间的四个星期之前报名。

7. ACT

（1）名词解释

ACT（American College Test）是一种美国大学入学考试，始于

1959年，全美所有大学和学院均认可，是申请美国大学的必要条件之一，也是申请大学奖学金的有力依据。和SAT相比，ACT考试更像是一种学科考试，它侧重于考核考生对学科知识的掌握度，同时也评测考生独立思考和判断的能力。难度上，ACT考试比SAT要容易一些，尤其对中国考生而言，选择ACT考试可能更容易在短时间内获得相对满意的成绩（ACT包括中国学生擅长的数学，这对提高总分非常有帮助）。ACT考试中的最高得分是36分，美国学生ACT平均分大概在20分左右，28分以上可以申请美国顶尖学校及奖学金。

(2) 在线报名

中国学生想在国内参加ACT测试，必须在GAC（全球评估证书课程，是获全球认可的大学预科课程，专为以英语为第二语言的学生准备）大学预科先培训9个月，培训结束后，才可参与考试。内地有培训点的省市为：北京、上海、青岛、湖南等。考试需提前一个月在专门网站注册报名，报名网址：http：//www. actstudent. org/regist/index. html。

(3) 考试时间

ACT的受众比较广，全世界每年有近250万人次参加考试。ACT考试每年举行6次，国际学生可以参加其中的5次，具体时间分别为2月中、4月中、6月初、10月底和12月初。整场考试用时将近4个小时，中间休息两次。

(4) 考试地点

目前，ACT已经登陆内地，国内很多城市均设有考点，学生可就近报名。

(5) 考试费用（截止到2014年10月份）

38美元（不含写作）、54.50美元（含写作）。

(6) 考题分布（见表25.5）

表25.5

考试科目	考试时长（分钟）	考题类型	考题数目（道）
英语	45	选择	75
阅读	35	选择	40
数学	60	选择	60
科学	35	选择	40
写作（可选）	30	自由发挥	1

英语考试主要测试考生对语法掌握的熟练程度，涉及句子一致性、句子结构等。

ACT 的阅读难度比 SAT 要小，总共包括 4～5 篇文章，文章题材可能是散文、小说、叙事，内容可能包括社会生活、社会科学、人文科学和自然科学等。

数学考试是中国学生的加分项目，一般拿到 30 分很轻松。现有的数据显示：中国考生的数学平均分为 25 分。ACT 数学考试对于国内高中的孩子而言简直是小菜一碟，举个例子，ACT 考试中有这样一道数学题：$19+3X=5X+11$，那么 $X=?$ 最可喜的是，考生在考场中还能使用计算器。

科学（物理、化学、生物、地理等）只有一张考卷，40 个选择题。考试内容相当于中国高中必修课的内容。出题方式灵活，非常考验课程知识的掌握度和逻辑推理能力。

写作为非必考内容。但是没有写作的 ACT 成绩，申请美国大学时说服力不大。

ACT 考试做错不会扣分。如果觉得这次考试不够理想，可以再次报考，申请大学时，只需将最好的一次成绩送分给学校。

（7）备考方略

备考 ACT，4～5 个月应该是个合适的时间。这段日子里，需要为 ACT 考试做四件事：猛增词汇量、找到语感、巩固知识和心理准备。

参加 ACT 考试，词汇量起码要达到 1 万个。所以只能下苦功夫了，每天定量背诵，反复加强，可以选用艾宾浩斯遗忘曲线原理来巧记单词。想要在阅读上得高分，就必须多多培养语感，常看英文报纸，阅读英语故事，坚持用英语写日记，做练习题。科学部分的考试相对容易，内容几乎都是课堂上老师教过的。如果把握不是太大，适当复习一下也是必要的。最后一个，也是最重要的一项就是心理调适准备。中国学生对 ACT 普遍陌生，因为毕竟是“洋考”，而短短几个月的接触时间，就要此消彼长，还是有些强人所难。但也没有什么好怕的，充其量不过区区 215 道选择题，实在没什么大惊小怪的。和我们曾经经历过的任何一次“国考”，都永远是小巫见大巫。

（8）分数及有效期

ACT 考完后 1～2 周，就可以从 ACT 官方网站上查到成绩。ACT 每部分的满分是36分，四部分的所得成绩加起来再除以4，就得出一个综合分数，这就是最后的总分（无写作的情况下）。

ACT成绩有效期为2年。

8. TOEFL/iBT

（1）名词解释

托福TOEFL（Test of English as a Foreign Language）是由美国教育考试服务处Educational Testing Service（ETS）举办的一种英语水平考试，申请去美国留学的国际学生大多都需要参加测验，以证明语言水平足够在当地学习与生活。

（2）在线报名

中国内地的考生可通过教育部考试中心托福网考报名，网址：http：//toefl. etest. edu. cn，http：//toefl. etest. net. cn 。

（3）报名步骤

创建个人档案

注册成为网上报名系统用户时需要填写姓名、证件号码、邮寄地址、电话号码和电子信箱地址等，姓名（中文和英文）、性别、身份证件类型、证件号码和生日等信息一旦提交以后，就不允许再修改。记住你的用户名和密码。

支付考试费

可去银行电汇支付或者用网上银行支付。网上报名时，页面上有“付款”的链接，点击进行付款。可以选择中国工商银行或中国招商银行网上付费。

注册考试

交费完成后，点击“注册考试”，即可注册托福网考考试。考试日前7天（不含考试日）为常规报名日；考试日之前第7天至考试日第3天（不含考试日）为逾期报名日，报名时得另外支付逾期报名附加费，考前3天停止报名。比方说：8月8日考试，那么8月1日零时常规报名截止。8月1日零时至8月5日零时为逾期报名阶段，得支付逾期报名附加费。8月5日零时停止报名。

考试注册完成后，系统会提示输入四所免费送分学校的信息，如果还没有申请学校，可以先空着，如果申请的学校多过四所，那么多出来的学校，每所另外支付136元。

填写背景调查

填写背景信息，可不填。然后选择“同意”托福关于考试的所有条款。查看邮箱，收到确认邮件，点击邮件中的链接，在报名网站上将会显示报名是否成功。

具体考试地点、日期和考位查询请登录考试中心托福网考报名网站：http：//toefl. etest. edu. cn 或 http：//toefl. etest. net. cn，或致电考试中心，托福网考全国服务热线：86-10-62798822。

考试当天，考生最好提前30分钟到场。

（4）考试地点

国内托福的考点很多，考生可上官方网站上进行查询，就近考试。

（5）考试费用（截止到2014年10月份）

托福网考考试费：人民币1 540元

逾期报名附加费：人民币235元

转考费：人民币535元

恢复已取消的成绩：人民币135元

托福成绩送分费（每份）：人民币126元

口语或写作单项复议：人民币535元

口语和写作双项复议：人民币1 067元

（6）备考方略

①单词永远是少不了的：词汇是根本，词汇量上来了，听、说、写才会顺畅，多背吧。

②会听：在英语听力网上下载一些校园场景的对话或校园话题类的演讲，边听边写，快速提高听力能力。

③张嘴说：不管对不对，首先要勇于表达。如果对自己刚才说的话不确定，可以记下来问老师或同学或上网查正确的表述。

④多写：时常可以用英语写些小片段，让父母、老师帮忙修改。看到非常美的文章，可以背诵一些常用的句子，脑子里有存货，考试的时候才有的取。

⑤多看：和SAT等考试一样，多看看美国人写的文章，习惯老外的思维。

⑥多做模拟题：现在发布各类考试模拟题的网站非常多，考生可找几家权威网站练手，熟悉考试界面、了解考试流程、合理使用时间。如果不怕花钱，ETS（美国教育考试服务中心）官方网站上有许多收费考题，和正式考题的模式完全一样，可以找到临场相同的状态、感觉。

(7) 分数及有效期

新托福每部分满分 30 分，总分 120 分。考完 15 天后，考生就可以在报名网站查找到自己的成绩。

TOEFL 考试的有效期为两年，是从考试日期开始计算的。例如：2010 年 1 月 16 日参加考试，那么，考生的成绩在 2012 年 1 月 16 日之前有效。

(8) TOEFL iBT

TOEFL iBT 即 TOEFL Internet-based Test ，也就是新托福考试。它是基于计算机因特网环境的考试，每套考题有固定时间和题目，考试中心的电脑联网到普林斯顿考试中心。

(9) 测试目的

其测试结果被广泛采用，主要用于申请留学院校。

(10) 新旧对比

较之于之前的考试，新托福考试变动在于将英语分为听、说、读、写四个部分，并有机地结合在一起，对学生的听力、阅读、写作、口语四项英语语言能力进行综合测试。

新托福包括口语部分的考试，所以学校在录取时不必再将口语考试（TSE）成绩作为录取学生的附加要求。

(11) 考试介绍

新托福考试大概持续四个小时，考试的顺序是：阅读、听力、口语、写作，听力之后有 10 分钟的休息时间，四个部分的考试将在一天内完成。考试中每一部分开始前，会有英文文字提示，告知考生如何回答问题。

虽然新 TOEFL 考试采用机考形式，但不采用计算机适性出题的方式，题目难度与上一题回答是否正确无关。新托福考试是线形的，也就是说考生需要回答各种难度的试题，而不仅仅是难度与考生能力水平相当的试题。

(12) 考试内容

阅读：分值为30分，时长约为60～100分钟，内容包括3～5篇文章，每篇650～750个单词，每篇对应12～14道试题。题目类型有图表题、篇章总结题、词汇题、指代关系题、简化句子题、插入文本题、事实信息题、推断题、修辞目的题以及否定排除题等。

听力：分值为30分，时长在20～30分钟之间，内容包含两个对话和四段课堂讲解。每个对话涉及2个或2个以上的说话者，时长为2～3分钟，每个对话对应5道试题；每段讲解对应6道试题，每个讲解是4～6分钟。

口语：分值为30分，总时间约为20分钟，总共有6题，1～2题为独立回答题，准备时间为15秒，回答问题时间为45秒。问题会被朗读出来，同时会出现在屏幕上。

3～4题学生要先阅读一段文字，然后再听一段与阅读文字在内容上相关的听力材料，最后考生按照要求回答相关问题。考题有两种，一种是情景题，另一种是学术题。阅读材料长约70～100单词，学生仅有45秒钟的阅读时间。听力材料可能是对话，也可能是演讲，其长度大约为1分半钟，150～180个单词。在回答每个问题时，学生有30秒的准备时间，60秒的回答问题时间。题目要求考生总结阅读材料中隐含的说话者的观点。

5～6题以考试中的听力材料为基础，要求考生回答相关问题。听力材料通常有两种，一种是话情景题，另一种课堂讲解学术题。在回答每个问题时，学生有20秒的准备时间，60秒的时间回答问题。

写作：分值为30分，答题时间限制在50分钟内，总共有两道试题。

独立写作试题部分需30分钟的时间，作文要求是陈述并解释对待某一问题的某个看法，作文篇幅在300字左右。对于以阅读和听力材料为基础的写作试题，学生首先要花费3分钟时间阅读一篇学术演讲，然后再听一段大约为2分钟的课堂讲解。考生共有20分钟的时间来总结听力材料中的要点，并解释这些要点与阅读材料中的要求有何不同。最终，学生要写作一篇150～225个单词的作文，在写作的同时学生可以看到并参照放听力材料时隐去的阅读材料。作文评分以回答的质量、完整性和准确性为依据。

加试：加试题可能出现在听力或阅读部分，也可能阅读、听力两部分都出现加试题。加试部分有的算分，有的不算分，具体哪题算分，哪题不算分，那就只有改卷的老师知道了，所以最好还是把所有题目都做完。

(13) 评分

新托福会针对英语听说读写这 4 项语言能力分别进行评分，每项能力的成绩为 1～30 分；还将提供一个总分来体现考生的总体表现，以显示考生是否已具备在英语语言环境中参加学术学习并在学习中取得成功所需的技能。

新托福分数报告包括四项技能的分数、总分、机考托福对照分数。将会根据分数范围将分数划分为不同的级别，分数说明将对每一级别进行说明，用以将帮助英语学习项目的教师识别学生的学习需求，将学生分到适当的级别和班级。除此之外，考生在获取分数的同时将获得分析性反馈，该反馈将帮助考生和其英语教师了解在英语学习中需要加强的地方。

在与之前托福考试链接上，将提供机考成绩对照，帮助成绩使用单位与之前托福考试成绩要求进行比较。

9. GPA

(1) 名词解释

GPA 英语全称是 Grade Point Average，就是平均成绩点数。GPA 的精确度往往达到小数点后 1～2 位，如：3.4，2.56。中国学生申请美国学校时，需要将平均分数折合成 GPA，不同学校折合方式不同，最好事先咨询清楚。普遍的方式是，将分数先转换成成绩点数，再按照点数计算 GPA。百分制和成绩点数的转换参见下表。

表 25.6

分数	等级	成绩点数	表现
90～100	A	4	极佳
80～89	B	3	佳
70～79	C	2	平均
60～69	D	1	差
60 以下	E	0	不及格

（2）计算方法

GPA 的标准计算方法稍有点复杂，现在介绍中国学生常常用得到的粗略计算法。

例如某学生的五门课程的学分和成绩为：

A 课程 4 学分，成绩 93（A）；

B 课程 3 学分，成绩 82（B）；

C 课程 2 学分，成绩 96（A）；

D 课程 6 学分，成绩 75（C）；

E 课程 3 个学分，成绩 84（B）。

则 GPA=（4＊4＋3＊3＋2＊4＋6＊2＋3＊3）/（4＋3＋2＋6＋3）＝3.00（中国学生只要将各科成绩转换成成绩点数，然后除以课程学分总数即可。）

在美国，绝大多数学校都采用 4 分制的计算方法，也有极少数采取 5 分制，即 A 等成绩为 5，B 等为 4，C 等为 3，D 等为 2，F 等为 1。国内学生申请时，有必要注明 GPA 是采用哪种积分制计算的。美国大学对奖学金申请者的 GPA 要求一般是在 3.0 以上。

10. ESL

（1）名词解释

ESL 全称是 English as a Second Language，中文名称是“英语作为第二语言”，特指非母语英语教程。此课程是美国、加拿大等英语系国家面向新留学生和新移民而开设的，用以提高非英语人士英语能力的学习课程，使母语为非英语的人在英语听说读写等方面达到一定水平。

（2）课程设置

中学生留学美国，除非有公认的托福、雅思等语言成绩，否则，都要通过学校的英语考试即 ESL 考试才能进行专业课程的学习，而 ESL 语言课程正是为学生通过这项考试而开设的。

（3）课程特色

ESL 作为一种语言课程，是非常科学有效的，它的与众不同之处在于按英语水平的高低分班学习，而不是通常惯例下的简单按照年龄和年级分班。由于同一个班的学生英语水平都差不多，老师可以根据班级的英语水平因材施教，从而在最短的时间内有针对性的提高学生的听说读写能力。

(4) 课程介绍

目前，许多美国中学都提供 ESL 课程。一般情况下，学生修读的 ESL 课程是有学分的，所以被叫做 Academic ESL，不过要额外收费。而学生到底需要学多长时间，这取决于学生的英语学习进展情况。而学生也不必过于担心被本土学生落下，因为外国学生在读 Academic ESL 的同时，可以修读少量专业课程。

(5) ESL 考试

ESL 最常见的分为初级（beginning level）、中级（intermediate level）、高级（advanced level）三个等级。学生在入学前先接受测试确定其英语程度，然后选择适合自己水平的 ESL 授课班级。各级的学生在每一期的学习结束进行考试，达到标准后再升到下一级。最终，学完 ESL 课程后，学生可以顺利进入专业课程的学习。

学生也可以多次参加 ESL test 的，当取得好成绩后，可以越级跳读或直接升入正常班学习专业课。

11. SEVIS

(1) 名词解释

SEVIS 全称为 Student and Exchange Visitors Information System，是美国政府的外国学生及交流访问者信息系统，是 F、J、M 类别非移民的信息报告。

SEVIS 系统的诞生源于“9·11”事件，是美国政府为掌握外籍学生的状况而设计的一种系统。它责成招收外国学生或交换学者的学校，必须代为收集每个外籍学生的个人信息及选课、休学、转学等一应资料，并呈交相关部门进行审核。

(2) 注意事项

国际学生使用该系统，必须缴付 200 美元。

去使馆签证前，必须登录该信息系统，完成相应信息录入。同时，在线缴交 200 美元 SEVIS 费，并将缴费记录下载打印。否则，就不能申请签证。

12. I-20 表

（1）名词解释

I-20 表是美国移民局签发的接受留学生的法律文件，由入读学校向移民局提交。I-20 表格记载着留学生就读的学校、院系、在美国合法居留的期限及其财政状况等信息。签证时，I-20 是和录取信一块使用的。学校的录取信是入学申请获准的学校官方文件，证明申请人符合学校的招生条件，可攻读完成相应层次的学业。I-20 表格则是移民局准予以学生身份入境完成学业的法律许可，证明持有人符合美国移民法的规定，可入境留学。

（2）注意事项

收到 I-20 表时，须核对表上的所有信息是否正确。发现错误，要请求学校重新核发，否则，极易拒签。确认无误后，立刻预约签证。

原则上，一所学校就有一份 I-20 表。申请几所学校，就应有几份 I-20 表格。签证时，只能选择其一使用。

（3）常见问题

①I-20 表上还需要签名吗？是的，要签上学生自己的名字。

②表中的“admission number”为什么是空的？入境海关随机获得，再填。

13. DS-160 表

（1）名词解释

DS-160 表自 2010 年 3 月 1 日正式启用，是美国大使馆签证网上在线申请表格，代替了原来使用的 DS-156、DS-157 和 DS-158 等三个表格，更简单，更便捷。

（2）注意事项

①填写表格前，先准备好电子版的照片，照片要符合要求。

②正确选择美国使领馆辖区，确定面签的使馆。

③填写中要随时保存，以免系统自动关闭，丢失信息。

④申请人全名用中文填写，其他信息用英文。

⑤填写完成后，将表格另存至电脑或U盘，以备不虞之需。

⑥打印最后的确认页，面签时提交使馆。

14. AP

（1）名词解释

AP课程是美国学校为那些学有余力的学生开设的，难度比常规课程和SAT都要大，相当于国内的“强化班”，大多数美国高中都开设有此课程。AP全称为Advanced Placement，即大学预修课程，目前开设的AP课程总共有三十多门。高中选修AP课程，申请大学时，会具有更多的优势；进入大学后可以免修同类课程，而且还可以节省时间提前毕业。

就读AP课程有如下好处。

①提高GPA成绩：每门AP课程的成绩可平均增加GPA 0.1分。

②证明学生的学习能力和发展潜力：在美国，只有在常规课程中表现出色的学生才能修读荣誉课程，只有通过荣誉课程的学生才能修读AP课程，所以，AP课程在一定程度上也是学习能力强的表现。通过AP课程，学生拓展了自己的学习领域，更加明确了自己的发展方向。这些很好地规划了自己的高中生活，又有明确志向的学生，大学当然会更加青睐啦。

③有利于申请美国一流大学：美国众多大学包括哈佛、耶鲁等名校都承认、接受AP学分。修读AP课程的学生学习接受能力强、知识面广、个性上也更自信，很符合大学的招生要求。

④可折换成大学学分：AP课程修读的是大学大一的课程，学生升入大学后，可以抵相应的学分，不用重新修读。另外，在美国大学，获得学分是要交钱的，一个学分为1 000美元，而一门AP课程大约可抵大学3～6个学分，即可以省下3 000～6 000美元，这可是一笔不小的数字。

（2）AP考试

修读AP课程便可参加AP考试，AP考试通过即可获得学分。

AP考试中的生物、微积分、化学、经济、心理学、历史等是大学一年级的课程，但是外语课程就不是，“相当于大学三年六个学期的课程”。外语考试包括听、说、读、写4个部分，考试时间总长为3小时。其中听力占20%、阅读占30%、写作占30%、口语占20%。

(3) AP 考试报名

报名网址：http：//www.collegeboard.com

(4) 考试时间

AP 考试于每年 3 月前报名，5 月考试

(5) 考试地点

目前大陆只有极少数的学校开设了 AP 考点，大部分学生还是只能到香港参加考试。具体地点参见报名网站。

(6) 考试费用（截止到 2014 年 10 月份）

每门课程考试费用为 121 美元。

(7) 考试内容

美国高中 AP 课程有 22 个专业 37 门课程，AP 考试每门都包括多项选择题和自由答卷两部分。考试内容贯穿美国高中整个阶段的学习，并有延伸和深入。

(8) 备考方略

虽然 AP 考试报名时可以不受限制，报多少门都行，但是每个人的精力都是有限的，在有限的时间内，要想通过每一门 AP 考试，关键还是要选择报考合适数目的 AP 考试，一般 3～5 最佳，如果把握不大，可再减少 1～2 门。

最有效的备考方式有如下几条。

①参加 AP 培训，咨询 AP 课程老师，借鉴老师的经验制定学习和备考计划。

②借助辅导书反复复习 AP 教材上的内容，推荐第一遍可以详细复习，第二遍根据 AP 历年考纲复习，第三遍针对要点进行复习，并辅以练习。

③做历年真题，了解题目类型，并边做边逆向思考：出题思路是什么、考题包含哪方面内容等等，找出不足，加以弥补。做错的题目，最好做个标记，下次复习的时候着重记忆。

(9) 评分标准

考试采取 5 分制，大多数大学接受 3 分以上的成绩就可以抵学分，少数知名大学如哈佛等，要求 4 分或 5 分才能折抵大学学分。

6 月底之前考生就可以收到成绩单。

第二十六章
美国高中排名

美国私立高中学校三万多所，就是认认真真排个大小个儿都得需要一定工夫，更何况给学校排名次，更是一件颇费周折的事。说实话，现在弄出来的排名，也不见得真是那么回事儿，美国人就没怎么把美国高中排名当回事儿。我们也就别太较真儿，别太在意，本章内容仅供参考而已。

其实，在美国排名很随意。随便什么人都可以弄，随便什么人都可以根据自己的标准来弄。美国高中排名有好多，标准各异，五花八门。我们选择普林斯顿和福布斯的排名给大家介绍一下，让大家有个感性认识。

普林斯顿杂志做的私立高中排名分两种：一是寄宿学校，一是走读学校。我们这里选录的是前 30 的学校，也按照寄宿和走读两类分开（见表 26.1和表 26.2）。

普林斯顿的排名设有 AP 课程、SAT 平均分、受赠款、师生比例等评价标准，但是常青藤联盟、MIT 和斯坦福等顶尖大学录取率才是主要的参考值。前 30 的排名基本上就是着眼于顶尖大学的录取比例来排序的。

《福布斯》杂志做的私立高中排名有别与于普林斯顿，是将寄宿学校和走读学校混编在一起排大小高低（见表 26.3）。《福布斯》的排名主要考量的标准是常青藤大学等 10 所顶尖大学的录取率、学校获得的捐助款、师生比例、高学历教师比例等。

《福布斯》从两方面考核学校。一是着眼学校的现实实力，一是看重学校的升学能力。这两部分的权重旗鼓相当，各占比 50%。

学校的现实实力从三个层面加以考核：学生与教师比例、教师高学位比例、学校受捐款规模。学生与教师的配置比例低，说明学校愿意为学生舍得投入，学校的师资配备充足。因为一个教师照顾的学生越少，也就越能照顾得充分，照顾得周到。反之，一个教师要照顾的学生多，则不容易细致入微地帮助到每一位学生。高学位教师占比，反映的是学校整体教师的受教育状况和专业技能的水准，这直接影响到学生教育的质与量。捐赠款额既反映学校的财力，也反映学生反哺的现实，间接折射着学生对母校的认可。著名校友则是学校的人脉资本与招牌影响力的直接反映，应该是重要的参考指标，但不可能是主要的量化取舍之一。

学校的升学能力是最重要的衡量标尺，考察的是申请到布朗大学、哥伦比亚大学、康奈尔大学、达特茅斯学院、哈佛大学、麻省理工学院、普林斯顿大学、斯坦福大学、宾夕法尼亚大学和耶鲁大学等10所顶尖大学的过去5年的录取比。这就存在考核范围过窄的问题，比如有的女生申请这10所大学绰绰有余，但个人就喜欢女子院校，就喜欢文理学院，结果就直接选择了卫斯理学院，列入考核范围的这10所大学一所也没有申请。这个数据就没能被采集，造成学校升学能力的隐性不足，这就必然有失偏颇。

一些学校的独到特色也无法在《福布斯》的考核条框之内，因而这些学校的突出优势就无法被其排名认可。但是这些鹤立鸡群的学校之所以能够一枝独秀，完全是实力与理念的直接体现，完全是足够优秀的具体表现。比如奥巴马总统女儿就读的斯德维尔友谊学校就不同凡响，这所学校虽然没能进入榜单，但确实足够优秀。又由于该校地处美国首都华盛顿，因而入学竞争异常激烈，就是榜单上的一些学校也只能望其项背。

但是《福布斯》将大学录取数据作为最重要的考核标准来排定私立高中名次还是值得肯定的，只是范围应予扩大。视野更广泛，数据才更详实，说服力才更强。

福布斯在55所顶尖私立学校的初选名单中选出排名前20所的学校列成这个榜单，这里既有寄宿学校，又有走读学校。我们从中可以看出，福布斯排名前20的学校中走读学校明显多于寄宿学校，走读学校是12所，寄宿学校才8所。而且排名冠亚军的是 Trinity School 和 Horace Mann 两所走读学校，在我们国内鼎鼎有名的菲利普斯安多福仅列为季军。实际上，走读和寄宿并不影响学校的品质，只是由于寄宿学校进入国内较早等缘故，才引起我们国人的特别关注。目前存在的误区是，大家在舍弃高考独木桥的同时又挤上了美国寄宿学校的独木舟，这应该引起我们的重视。与其削尖脑袋去挤寄宿学校，莫不如轻松自如进走读，况且走读学校总体质量还要比寄宿的要高很多，总体质量高的走读学校数量也比寄宿的要多很多。我们选择留学目标学校重点看学校的品质，而非寄宿或走读等旁枝末节，切不可舍本逐末。

可以肯定的是，无论哪个排名，榜单上的高中都是美国非常棒的学校，但是非常好的高中也并不都在那个排名上。

我们要理性地看待这些排名，切不可认死理儿、钻牛角尖儿。美国总统就没盯着排名，他女儿就上了一所没上排名的学校。我们国际学生也完全大可不必抱着排名不放，选择学校一定要匹配，要合适。

我们认为，排名是选校的重要参考，但绝对不是唯一依据。选校应该切合实际，最大限度地契合学生的实际状况。我们樱知叶一直奉行的理念就是匹配型留学，把合适的学生推荐到合适的学校。

适合自己的就是最好的。从学生角度来看学校，就要求学生适合学校。学生如果不考虑适合自己与否，一味盯着排名，那么不匹配的学校适应起来也会很吃力。从选送学校的角度来看学生，就要求学校合适。学校如果不合适，与学生不匹配，学生也很难适应。

选择选校，还是应该遵循我们那两句话准则：学生适合就好，学校合适才好！

1. 美国私立寄宿高中排名

表 26.1 是普林斯顿给出的美国 2015 年最佳寄宿学校前 30 的排名。

表 26.1

Rank	School	State	Ivy League MIT Stanford placement (Matric A)	Harvard placement rank	Yale placement rank	Princeton placement rank	MIT placement rank	Stanford placement rank	SAT score average	Boarding student grade	Enrollment gender	Endow-ment per student (USD)	Total enrollment	Average class size	Boarding student tuition (USD)
1	Phillips Academy Andover ★★★★★ 4.7 out of 5 based on 25 student review(s)	MA	30%	11	11		13	11	2079	9th-PG	Coed	$783,589	1109	13	$48,850
2	Phillips Exeter Academy ★★★★★ 4.6 out of 5 based on 25 student review(s)	NH	28%	16	15	14	3		2101	9th-PG	Coed	$809,031	1063	12	$47,790
2	Lawrenceville School ★★★★★ 4.6 out of 5 based on 19 student review(s)	NJ	28%		28	1	22	20	2095	9th-PG	Coed	$345,000	800	12	$55,350

续上表

Rank	School	State	Ivy League MIT Stanford placement (Matric A)	Harvard placement rank	Yale placement rank	Princeton placement rank	MIT placement rank	Stanford placement rank	SAT score average	Boarding student grade	Enrollment gender	Endow-ment per student (USD)	Total enrollment	Average class size	Boarding student tuition (USD)
2	Milton Academy ★★★★★ 4.6 out of 5 based on 6 student review(s)	MA	28%	3	20				2062	9th-12th	Coed	$ 246,465	990	14	$ 51,330
5	Noble and Greenough School ★★★★★ 4.5 out of 5 based on 2 student review(s)	MA	26%	9		17			2020	9th-12th	Coed	$ 181,197	585	13	$ 48,400
5	Groton School ★★★★ 4.5 out of 5 based on 4 student review(s)	MA	26%	8	15	20		13	2110	8th-12th	Coed	$ 891,892	370	13	$ 55,700
7	St. Paul's School ★★★★★ 4.7 out of 5 based on 4 student review(s)	NH	25%	14	26	27	19	25	2041	9th-12th	Coed	$ 718,868	530	11	$ 49,690
8	Hotchkiss School ★★★★ 4.5 out of 5 based on 4 student review(s)	CT	23%	25	9	12				9th-PG	Coed	$ 767,857	560	12	$ 52,430

续上表

Rank	School	State	Ivy League MIT Stanford placement (Matric A)	Harvard placement rank	Yale placement rank	Princeton placement rank	MIT placement rank	Stanford placement rank	SAT score average	Boarding student grade	Enrollment gender	Endow-ment per student (USD)	Total enrollment	Average class size	Boarding student tuition (USD)
9	Deerfield Academy ★★★★★ 4.6 out of 5 based on 8 student review(s)	MA	20%		20	13		14	2000	9th-PG	Coed	$ 576,190	630	12	$ 54,850
9	St. Albans School ★★★★★ 4.6 out of 5 based on 1 student review(s)	DC	20%	11	6					9th-12th	Boys only	$ 67,826	575	13	$ 57,600
9	Belmont Hill School ★★★★★ 5 out of 5 based on 1 student review(s)	MA	20%	6					1990	9th-12th	Boys only	$ 185,714	420	12	$ 48,300
12	Choate Rosemary Hall ★★★★★ 4.6 out of 5 based on 10 student review(s)	CT	19%		17		19		2020	9th-PG	Coed	$ 383,133	830	12	$ 52,840
12	Middlesex School ★★★★★ 4.7 out of 5 based on 3 student review(s)	MA	19%	23			13	27	2080	9th-12th	Coed	$ 533,333	375	12	$ 54,160

续上表

Rank	School	State	Ivy League MIT Stanford placement (Matric A)	Harvard placement rank	Yale placement rank	Princeton placement rank	MIT placement rank	Stanford placement rank	SAT score average	Boarding student grade	Enrollment gender	Endow-ment per student (USD)	Total enrollment	Average class size	Boarding student tuition (USD)
12	Concord Academy ★★★★ 4.4 out of 5 based on 1 student review(s)	MA	14%				7		2089	9th-12th	Coed	$ 184,573	363	12	$ 52,200
14	Thacher School ★★★★★ 4.8 out of 5 based on 5 student review(s)	CA	14%				9	8	1962	9th-12th	Coed	$ 575,000	240	11	$ 53,500
14	Cate School ★★★★★ 5 out of 5 based on 3 student review(s)	CA	14%					16	1970	9th-12th	Coed	$ 230,769	260	10	$ 42,350
17	Peddie School ★★★★ 4.5 out of 5 based on 4 student review(s)	NJ	12%			30			2000	9th-PG	Coed	$ 545,631	515	12	$ 53,600
18	Emma Willard School ★★★★★ 5 out of 5 based on 1 student review(s)	NY	11%				27		1962	9th-PG	Girls only	$ 250,000	320	12	$ 54,220

续上表

Rank	School	State	Ivy League MIT Stanford placement (Matric A)	Harvard placement rank	Yale placement rank	Princeton placement rank	MIT placement rank	Stanford placement rank	SAT score average	Boarding student grade	Enrollment gender	Endow-ment per student (USD)	Total enrollment	Average class size	Boarding student tuition (USD)
18	St. Andrew's School ★★★★★ 4.8 out of 5 based on 1 student review(s)	DE	11%						1999	9th-12th	Coed	$ 578,947	285	11	$ 53,500
20	Webb Schools ★★★★★ 4.7 out of 5 based on 5 student review(s)	CA	10%						1920	9th-12th	Coed	$ 53,333	375	16	$ 53,575
20	Loomis Chaffee School ★★★★ 4.1 out of 5 based on 4 student review(s)	CT	10%						1915	9th-PG	Coed	$ 267,857	672	11	$ 53,750
20	Northfield Mount Hermon School ★★★★ 4.1 out of 5 based on 8 student review(s)	MA	10%						1850	9th-PG	Coed	$ 186,154	650	12	$ 54,700
20	Taft School ★★★★★ 4.6 out of 5 based on 2 student review(s)	CT	10%						1938	9th-PG	Coed	$ 406,897	580	12	$ 52,300

续上表

Rank	School	State	Ivy League MIT Stanford placement (Matric A)	Harvard placement rank	Yale placement rank	Princeton placement rank	MIT placement rank	Stanford placement rank	SAT score average	Boarding student grade	Enrollment gender	Endow-ment per student (USD)	Total enrollment	Average class size	Boarding student tuition (USD)
20	Kent School ★★★★★ 4.9 out of 5 based on 3 student review(s)	CT	10%							9th-PG	Coed	$ 138,298	564	12	$ 54,300
20	Hill School ★★★★ 4.4 out of 5 based on 5 student review(s)	PA	10%						1883	9th-PG	Coed	$ 247,423	485	14	$ 53,500
26	Georgetown Preparatory School ★★★★★ 4.8 out of 5 based on 1 student review(s)	MD	9%			17			1890	9th-12th	Boys only	$ 41,667	480	16	$ 54,820
26	Blair Academy ★★★★★ 4.8 out of 5 based on 3 student review(s)	NJ	9%						1860	9th-PG	Coed	$ 169,683	442	11	$ 53,600
26	St. Mark's School	MA	9%				22		1898	9th-12th	Coed	$ 397,015	335	10	$ 50,975
26	Miss Porter's School ★★★★ 4.1 out of 5 based on 4 student review(s)	CT	9%						1912	9th-12th	Girls only	$ 330,330	333	11	$ 54,605

续上表

Rank	School	State	Ivy League MIT Stanford placement (Matric A)	Harvard placement rank	Yale placement rank	Princeton placement rank	MIT placement rank	Stanford placement rank	SAT score average	Boarding student grade	Enrollment gender	Endow-ment per student (USD)	Total enrollment	Average class size	Boarding student tuition (USD)
30	Masters School	NY	8%						1990	9th-12th	Coed	$42,857	560	14	$55,050
30	St. George's School ★★★★ 4.2 out of 5 based on 1 student review(s)	RI	8%						1903	9th-12th	Coed	$298,630	365	11	$54,100
30	Hun School of Princeton ★★★★ 4.2 out of 5 based on 2 student review(s)	NJ	8%			8			1810	9th-PG	Coed	$17,094	585	13	$53,150

2. 美国私立走读高中排名

表 26.2 是普林斯顿给出的美国 2015 年最佳走读学校前 30 的排名。

表 26.2

Rank	School	State	Ivy League MIT Stanford placement (Matric A)	Harvard placement rank	Yale placement rank	Princeton placement rank	MIT placement rank	Stanford placement rank	SAT score average	Day student grade	Enrollment gender	Endow-ment per student (USD)	Total enrollment	Average class size	Day student tuition (USD)
1	Collegiate School	NY	41%	4	1	2			2195	K-12th	Boys only	$111,111	630	14	$41,200
2	Brearley School ★★★★ 4.4 out of 5 based on 1 student review(s)	NY	38%	5	2	3	17	29		K-12th	Girls only	$145,954	692	12	$41,900
2	Trinity School ★★★★ 4.5 out of 5 based on 4 student review(s)	NY	38%	7	8	23	12			K-12th	Coed	$41,667	960	15	$43,320
4	Saint Ann's School	NY	37%	16	6	9	5	5		PK-12th	Coed		1083	12	$37,900
5	Spence School ★★★★★ 5 out of 5 based on 1 student review(s)	NY	36%	11	9	11	27	20	2150	K-12th	Girls only	$110,942	658	17	$43,000

续上表

Rank	School	State	Ivy League MIT Stanford placement (Matric A)	Harvard placement rank	Yale placement rank	Princeton placement rank	MIT placement rank	Stanford placement rank	SAT score average	Day student grade	Enrollment gender	Endow-ment per student (USD)	Total enrollment	Average class size	Day student tuition (USD)
5	Chapin School	NY	36%	9	14	23	22			K-12th	Girls only	$ 123,626	728	16	$ 39,300
7	Dalton School ★★★★★ 4.5 out of 5 based on 7 student review(s)	NY	35%	20	3	14		27	2090	K-12th	Coed	$ 50,781	1280	15	$ 40,220
8	Winsor School ★★★★ 4.4 out of 5 based on 1 student review(s)	MA	34%	2	12		1	16	2100	5th-12th	Girls only	$ 117,647	425	13	$ 40,550
9	Roxbury Latin School ★★★★ 4.2 out of 5 based on 1 student review(s)	MA	33%	1	23	10		29	2250	7th-12th	Boys only	$ 353,535	297	13	$ 27,900
10	Ethical Culture Fieldston School ★★★★★ 4.8 out of 5 based on 2 student review(s)	NY	29%		23	28				PK-12th	Coed	$ 30,000	1600	17	$ 43,265
11	Greenwich Academy	CT	27%	28	12	4		14	2035	PK-12th	Girls only	$ 74,813	802	14	$ 39,000
11	Polytechnic School ★★★ 3 out of 5 based on 1 student review(s)	CA	27%	18		20	11	5		K-12th	Coed	$ 58,140	860	17	$ 32,300

续上表

Rank	School	State	Ivy League MIT Stanford placement (Matric A)	Harvard placement rank	Yale placement rank	Princeton placement rank	MIT placement rank	Stanford placement rank	SAT score average	Day student grade	Enrollment gender	Endow-ment per student (USD)	Total enrollment	Average class size	Day student tuition (USD)
13	Marlborough School ★★★★★ 4.8 out of 5 based on 1 student review(s)	CA	26%		5		19	7	2040	7th-12th	Girls only	$65,177	537	12	$35,050
14	Harker School ★★★★ 4.3 out of 5 based on 6 student review(s)	CA	25%			10	6	5	2120	K-12th	Coed		1700	16	$40,500
14	Germantown Friends School ★★★★ 4.1 out of 5 based on 6 student review(s)	PA	25%					29	1990	K-12th	Coed		861	18	$31,575
14	Boston University Academy ★★★★ 4 out of 5 based on 1 student review(s)	MA	25%	15	28		1	16	2162	9th-12th	Coed		158	12	$37,988
16	St. Mark's School of Texas ★★★★★ 4.7 out of 5 based on 2 student review(s)	TX	24%			6	3		2140	1st-12th	Boys only	$109,756	820	15	$26,858

续上表

Rank	School	State	Ivy League MIT Stanford placement (Matric A)	Harvard placement rank	Yale placement rank	Princeton placement rank	MIT placement rank	Stanford placement rank	SAT score average	Day student grade	Enrollment gender	Endow-ment per student (USD)	Total enrollment	Average class size	Day student tuition (USD)
16	Crystal Springs Uplands School ★★★★ 4.4 out of 5 based on 2 student review(s)	CA	24%			26	22	1	2153	6th-12th	Coed	$ 42,857	350	14	$ 38,990
16	Pingry School ★★★★ 3.8 out of 5 based on 1 student review(s)	NJ	24%			7			2077	K-12th	Coed	$ 85,294	1020	14	$ 35,895
19	Rye Country Day School ★★★★★ 5 out of 5 based on 1 student review(s)	NY	23%	22	28				2039	PK-12th	Coed	$ 26,744	860	13	$ 36,100
20	Riverdale Country School	NY	21%					29		PK-12th	Coed	$ 47,170	1060	16	$ 43,600
20	Brunswick School	CT	21%	20	18	30		23		PK-12th	Boys only	$ 100,000	940	15	$ 38,200
20	Harvard-Westlake School ★★★★★ 4.8 out of 5 based on 6 student review(s)	CA	21%					10	2098	7th-12th	Coed	$ 25,000	1600	13	$ 33,500

续上表

Rank	School	State	Ivy League MIT Stanford placement (Matric A)	Harvard placement rank	Yale placement rank	Princeton placement rank	MIT placement rank	Stanford placement rank	SAT score average	Day student grade	Enrollment gender	Endow-ment per student (USD)	Total enrollment	Average class size	Day student tuition (USD)
23	Menlo School ★★★★★ 5 out of 5 based on 1 student review(s)	CA	20%				7	4	2042	6th-12th	Coed	$ 28,387	775	15	$ 39,500
23	Convent of the Sacred Heart ★★★★ 3. 8 out of 5 based on 1 student review(s)	NY	20%					26		PK-12th	Girls only	$ 50,746	670	16	$ 42,810
23	San Francisco University High School ★★★★ 4. 3 out of 5 based on 3 student review(s)	CA	20%	24	28			3	2140	9th-12th	Coed	$ 33,766	385	14	$ 39,000
26	Regis High School ★★★★★ 4. 5 out of 5 based on 4 student review(s)	NY	19%		19				2120	9th-12th	Boys only	$ 130,841	535	14	
26	Nightingale-Bamford School	NY	19%		20				2040	PK-12th	Girls only	$ 109,091	550	12	$ 41,785

续上表

Rank	School	State	Ivy League MIT Stanford placement (Matric A)	Harvard placement rank	Yale placement rank	Princeton placement rank	MIT placement rank	Stanford placement rank	SAT score average	Day student grade	Enrollment gender	Endow-ment per student (USD)	Total enrollment	Average class size	Day student tuition (USD)
26	College Preparatory School ★★★★★ 4.8 out of 5 based on 2 student review(s)	CA	19%	18				9	2165	9th-12th	Coed	$ 29,851	335	14	$ 37,090
26	Branson School	CA	19%					2	1981	9th-12th	Coed	$ 45,161	310	13	$ 39,475
26	Hopkins School ★★★★★ 5 out of 5 based on 2 student review(s)	CT	19%		4	28	22		2134	7th-12th	Coed	$ 51,395	681	12	$ 37,550
26	Bishop's School ★★★★★ 4.9 out of 5 based on 2 student review(s)	CA	19%						2063	7th-12th	Coed	$ 29,487	780	15	$ 31,250
26	Commonwealth School	MA	19%	25			9		2165	9th-12th	Coed	$ 86,667	150	12	$ 37,090
26	Haverford School ★★★★ 3.8 out of 5 based on 3 student review(s)	PA	19%			23	27		1900	PK-12th	Boys only	$ 36,458	960	16	$ 35,900

续上表

Rank	School	State	Ivy League MIT Stanford placement (Matric A)	Harvard placement rank	Yale placement rank	Princeton placement rank	MIT placement rank	Stanford placement rank	SAT score average	Day student grade	Enrollment gender	Endow-ment per student (USD)	Total enrollment	Average class size	Day student tuition (USD)
30	Lakeside School ★★★★★ 4.8 out of 5 based on 1 student review(s)	WA	17%				16	20	2041	5th-12th	Coed	$205,161	775	16	$29,800
30	Ransom Everglades School ★★★★★ 4.9 out of 5 based on 6 student review(s)	FL	17%						2010	6th-12th	Coed	$22,549	1020	15	$32,970
30	Newark Academy ★★★★★ 4.6 out of 5 based on 2 student review(s)	NJ	18%							6th-12th	Coed	$30,631	555	13	$34,760

3.《福布斯》美国私立高中排名

表 26.3 是《福布斯》给出的美国 2015 年最佳私立高中前 20 名排名。

表 26.3

排名	学校	寄宿/走读	所在州	建校	十名校录取率	师生比例	高学历师资	受捐款(百万)	著名校友
1	Trinity School	走读	NY	1709	41%	1∶6	82%	$ 40.4	Colson Whitehead, John and Patrick McEnroe, Katrina vanden Heuvel
2	Horace Mann School	走读	NY	1887	36%	1∶12	94%		Jack Kerouac, William Carlos Williams, James Schlesinger
3	Phillips Academy Andover	寄宿	MA	1778	33%	1∶5	73%	$ 641.8	Humphrey Bogart, George H. W. Bush, George W. Bush
4	The Brearley School	走读	NY	1884	37%	1∶6	73%	$ 106	Caroline Kennedy, Tea Leoni, Kyra Sedgwick
5	Roxbury Latin School	走读	MA	1645	36%	1∶8	76%	$ 105	James Pierpont (principal founder of Yale), biologist Jared Diamond, former Treasury Secretary Roger Altman
6	Phillips Exeter Academy	寄宿	NH	1781	29%	1∶5	83%	$ 854	Gore Vidal, George Plimpton, Mark Zuckerberg
7	Collegiate School	寄宿	NY	1628	40%	1∶5	72%	$ 61.7	John F. Kennedy Jr. , David Duchovny. Bill Kristol
8	St Paul's School	寄宿	NH	1856	30%	1∶5	74%	$ 346	William Randolph Hearst, J. Pierpont Morgan, Sen. John F. Kerry
9	The Spence School	走读	NY	1892	33%	1∶7	73%		Helen Clay Frick, Gwyneth Paltrow, Aerin Lauder
10	The Winsor School	走读	MA	1886	31%	1∶7	89%	$ 50.4	Olympic gold medalist Tenley Albright, film director Hilary Birmingham, former Vogue editor Barbara Cushing Mortimer Paley
11	The Chapin School	走读	NY	1901	30%	1∶7	82%	$ 75.8	Vera Wang, Ivanka Trump, Queen Noor of Jordan
12	Harvard-Westlake School	走读	CA	1900	30%	1∶8	84%	$ 45	Sally Ride, Candice Bergen, Maggie and Jake Gyllenhaal

续上表

排名	学校	寄宿/走读	所在州	建校	十名校录取率	师生比例	高学历师资	受捐款(百万)	著名校友
13	The Dalton School	走读	NY	1919	31%	1∶7	75%		Anderson Cooper, Claire Danes, Chevy Chase
14	Lawrenceville School	走读	NJ	1810	27%	1∶8	76%	$270	Malcolm Forbes, economist George Akerlof, musician Huey Lewis
15	Groton School	寄宿	MA	1884	26%	1∶5	76%	$270	Franklin Delano Roosevelt, Sam Waterston, Curtis Sittenfeld (author of bestselling Prep)
16	Milton Academy	寄宿	MA	1798	26%	1∶5	78%	$153	T. S. Eliot, Buckminster Fuller, Robert F. Kennedy, Ted Kennedy
17	College Preparatory School	走读	CA	1960	29%	1∶8	83%	$12	Artist Miranda July, billionaire Cher Wang, Academy Award-winning director Chris Tashima
18	Noble and Greenough School	走读	MA	1866	27%	1∶6	60%	$73	Louis Agassiz Shaw, inventor of iron lung; JFK attended lower school
19	Hopkins School	走读	CT	1660	23%	1∶6	81%	$60	Composer Charles Ives, author Theodore Winthrop, engineer Paul MacCready
20	Deerfield Academy	寄宿	MA	1797	23%	1∶6	42%	$306	John McPhee, Matthew Fox, several Rockefellers

铁道版 留学书

加拿大留学指南

ISBN:978-7-113-17625-9

定价:49.90 元

推荐去加拿大留学的同学阅读!

加拿大教育以其完善的体系、严格的标准、丰厚的师资团队而著称于世。此外,其多元的文化氛围,高品质的生活质量,也深深吸引着世界各地的留学生们。本书内容翔实,信息实用可信,对于许多微小的细枝末节都有所涉及,是中国学生赴加拿大留学的必备指南。

印象加拿大:异国求学、就业、生活历练记

ISBN:978-7-113-16850-6

定价:35.00 元

央视编导亲身经历,细腻展示各种细节!

向每一位移民以及有意向去加拿大求学、生活的读者推荐!

这样一部加拿大华人生活的真实写照,将为您呈现一个最真实、最感性的加拿大!本书有主人公及其朋友们出国之路的跌宕起伏、留学生活的磕磕绊绊、移民经历的酸甜苦辣以及人生转折的得失落差。

陪读新加坡:一位中国母亲陪子留学实录

ISBN:978-7-113-13254-5

定价:28.00 元

从小学到大学,新加坡留学真实读本!

一位来自神州大地的母亲,毅然决然选择新加坡作为培养下一代的基地,离开了熟悉的成都,只身前往陌生的狮城。从小学到高中,作为孩子的陪读,她一陪就是七八年。这期间,她尝尽了个中的艰辛,也收获了儿子成长的喜悦。这位令人钦佩的母亲,详细记录了儿子成长的点滴瞬间,并把它辑录成为一本可读性和实用性都很强的读物。

投稿、团购请扫描中国铁道出版社经管编辑部官方微信